OUBLIER NOS CRIMES

L'amnésie nationale, une spécificité française ?

Dirigé par Dimitri Nicolaïdis

Éditions Autrement - collection Mémoires - N° 84

La nation, les crimes et la mémoire

Dimitri Nicolaïdis

En mémoire de mon grand-père, Max Reinhardt, ouvrier immigré allemand, interné au camp du Vernet (Ariège) en 1939-1940.

Est-ce par hasard que nous publions maintenant un ouvrage collectif sur le thème des « crimes français et la mémoire », ou aurions-nous atteint le moment opportun ? Paradoxalement, alors que nous cherchons à attirer l'attention sur un phénomène frappant par sa régularité – la propension des Français à occulter certaines pages de leur histoire, phénomène qu'on retrouve bien sûr ailleurs, comme en Autriche ou au Japon –, cette constante cesse d'en être une, et c'est à qui aura le privilège de faire tomber le dernier tabou encore debout. La quête de la vérité ne connaît plus de limites, et l'on assiste périodiquement au dévoilement désordonné d'événements traumatiques de notre passé, qui resurgissent ainsi au gré des commémorations ou de polémiques accidentelles dont se saisissent (ou que provoquent) les médias. À force de rapiéçages, le récit traditionnel de notre épopée nationale a perdu beaucoup de son sens, sans pour autant qu'une nouvelle version vienne remplacer l'ancienne.

Dans ce contexte, la mémoire est devenue le recours ultime, gage d'authenticité et source illimitée d'informations, à la fois nouvel outil du savoir et, en tant que reflet des représentations collectives, objet d'étude pour elle-même. Cette mémoire inflationniste induit dans notre société un autre rapport au temps : l'histoire n'est plus cet objet que l'on met à distance pour mieux l'interpréter, lui assigner un sens ; elle est tissée dans le vécu d'individus et de groupes aux destins entrecroisés et superposables, se recompose en fonction des strates mémorielles de multiples agents, collectifs et individuels, acteurs et observateurs, décideurs et victimes. Désormais c'est au cœur du présent que le passé se manifeste, rendant moins naturelle la position de surplomb que l'historien adoptait avec commodité.

Cette transformation dans la relation passé/présent a certes démultiplié nos points de vue et considérablement élargi nos horizons de recherche. Mais elle a aussi favorisé une certaine confusion dans la mesure où, par nature, il n'existe que *des* mémoires juxtaposées qui rendent très difficile tout effort de synthèse. Si les Français sont de mieux en mieux informés, cette information n'en accuse pas moins une réelle perte de sens. La mémoire est à la mode lorsque les anciennes certitudes font défaut et que le passé semble être capable d'offrir des points de repère, qui plus est personnalisés. Mais, en passant d'une histoire linéaire à une mémoire éclatée, nous avons incontestablement gagné en liberté et perdu en responsabilité. Attentifs à tous les discours, à toutes les formes de témoignages, nous sommes de plus en plus enclins à l'indulgence et semblons dire : à chacun sa vérité...

Ainsi, à la faveur de la guerre du Golfe, la sauce « affaire Boudarel[1] », qui mijotait depuis longtemps, a-t-elle enfin pris et permis à quelques militaires de se transmuer en victimes de la barbarie communiste, tandis que dans nos salles obscures flotte un parfum suranné et exotique qui nous rendrait presque nostalgiques de ce pays qu'on appelait l'Indochine. Succession d'images à valeur égale, elles ne progressent plus vers une fin même provisoire, ne présentent aucune opinion sur ce que furent la domination blanche en Annam-Tonkin-Cochinchine et la guerre qui y mit un terme. Car la seule opinion qui vaille est l'opinion « modérée », celle qui concilie les points de vue.

À son tour, le verrou algérien semble avoir sauté à l'occasion de l'anniversaire de l'indépendance algérienne, et la parole longtemps retenue trouve enfin des auditeurs attentifs : les souvenirs des appelés (Bertrand Tavernier, *La Guerre sans nom*) côtoient ceux des pieds-noirs, des harkis, des combattants du FLN et des victimes du 17 octobre 1961 – il suffit de penser aux quelques débats et documentaires diffusés à la télévision ces dix dernières années. Il n'est plus question de reconstituer l'événement

---

1. Georges Boudarel est ce professeur d'université qui fut accusé de « crimes contre l'humanité » par un ancien ministre et quelques militaires, pour avoir lutté aux côtés du Viêt-minh pendant la guerre d'Indochine et s'être chargé de la rééducation politique dans un camp de prisonniers de guerre.

mais de comprendre, de l'intérieur, la position occupée par chacun[2]. Chaque témoignage relativise celui du voisin et interdit toute hiérarchisation.

Ces exemples montrent bien qu'il ne suffit pas de soulever le voile, de dire toute la vérité, encore faut-il lui donner un sens, et donc rendre sa cohérence au passé, avec ses trop-pleins et ses trous, ses silences assourdissants et ses paroles ignorées. En partant de l'hypothèse qu'il y aurait quelque chose de spécifique dans le rapport que la France entretiendrait aux crimes commis en son nom, nous voudrions amorcer un débat qui jusqu'ici n'était traité que partiellement, à travers un aspect toujours singulier du phénomène (Vichy, l'Algérie...) – approche parcellaire qui, comme nous le verrons, favorise les interprétations en termes de clivages idéologiques. Le rapprochement des différentes contributions devrait dessiner quelques pistes pour comprendre le phénomène dans sa globalité, mais, d'ores et déjà, tentons de présenter quelques-uns des éléments du débat.

Le « crime » est-il une notion historique ?

Le mot « crime », on en conviendra, n'est pas une notion que l'on trouve fréquemment dans le vocabulaire historique, et on peut à juste titre se demander si l'historien est en droit de se poser ce type de question. Au départ, il semblerait plutôt que nous nous trouvions en présence d'un « problème de société » formulé en termes moraux. Quelles que soient les motivations de l'historien, celui-ci doit évidemment constituer son objet dans une optique historique. Or, le crime n'est pas une notion univoque et saturée, et peut renvoyer à des réalités hétérogènes ; quel rapport entre une répression sociale, le massacre d'une population par une autre, un assassinat commandité par l'État ?... Parler abruptement de « crimes français » rend au départ l'intention difficilement intelligible, dans la mesure où le terme de « crime » est un emprunt à deux domaines conjoints, le droit et la morale, dont on voit mal *a priori* comment les relier à une perspective historique. Le seul ouvrage de synthèse jamais écrit sur le sujet[3] adoptait d'ailleurs un point de vue explicitement moral. Pourtant, ici, il ne s'agit ni d'une notion juridique ni d'une notion morale, mais d'un phénomène historique dont il faut maintenant donner une définition.

La personnalité d'une nation se reconnaît aux lois qu'elle se donne, aux valeurs sur lesquelles s'appuie en principe l'équilibre social et aux cri-

---

2. Voir l'entretien avec Benjamin Stora dans cet ouvrage.
3. Alfred Grosser, *Le Crime et la Mémoire*, Flammarion, Paris, 1989.

tères d'identification de ses citoyens. À moins de se renier elle-même ou de reformuler le contrat social, la nation se doit de « vivre » en conformité avec les règles qu'elle s'est prescrites. Or, il arrive que surviennent des événements déviants qui engagent la nation en tant que telle dans une voie incompatible avec l'image qu'elle a d'elle-même. Le crime national est cet événement incompatible avec les représentations constitutives de l'identité nationale. Le critère de définition n'est donc pas la nature du crime (par exemple une condamnation à la peine capitale ne peut être considérée de ce point de vue comme criminelle avant 1981), mais sa non-conformité avec un système de valeurs historiquement daté. Ne pourrait-on pas, alors, faire remarquer que l'exploitation du fellah algérien ou la soumission des populations africaines au XIXᵉ siècle furent des réalités largement conformes aux mentalités de l'époque ? Aux mentalités probablement, mais certainement pas aux principes universels qui fondent la République française, et c'est bien de la contradiction entre les deux que naîtront les crises. Ces écarts commis au nom de la France ont d'ailleurs été systématiquement dénoncés en leur temps.

Il existe en fait un signe qui ne trompe pas : la tendance, de la part des autorités responsables, à dissimuler ou à minimiser l'événement, à en altérer le sens ; et la docilité avec laquelle la société (n')intègre (pas) ces éléments dans le système de représentations sociales et nationales qui est le sien. C'est pourquoi la meilleure façon de comprendre le sens de ces déviances acceptées – puisque, jusqu'à une date récente, des condamnations réelles ou symboliques n'intervinrent qu'exceptionnellement –, c'est d'interroger le rapport que les Français entretiennent avec leur passé. Faire l'histoire de la mémoire des Français, comprendre ce phénomène d'amnésie collective, ce n'est pas additionner des microcommunautés, mais se confronter à une seule et même collectivité ; ce n'est pas considérer la mémoire comme une fin en soi, mais comme un formidable révélateur d'une logique nationale à l'œuvre.

Ainsi, le phénomène des « crimes français » (il faudrait inventer une expression plus convenable) doit être examiné à un double niveau : l'histoire et la mémoire, l'événement passé et son inscription dans le présent. La connaissance est une chose, la mémoire en est une autre ; la première nous parle de vérité, la seconde d'identité. Il va de soi que la seconde nous intéresse ici beaucoup plus que la première, ne serait-ce que parce que notre objectif principal n'est pas de révéler au lecteur ce qu'il connaît probablement déjà dans une large mesure, mais de répondre, à travers l'étude d'une réalité nationale problématique, marginale donc symptomatique, à la question : « Qu'est-ce qu'être français ? » Tout au long de cet ouvrage, il ne sera en réalité question que d'identité nationale.

France/Allemagne ou les mémoires décalées

Le « crime contre l'humanité » fut longtemps chez nous exclusivement associé au procès de Nuremberg et à l'Allemagne hitlérienne. Lorsque les députés français ont adopté le principe de l'imprescriptibilité des « crimes contre l'humanité » en 1964, ils ne songeaient essentiellement – les débats de l'époque le prouvent – qu'au retour éventuel d'un de ces criminels nazis et non à l'inculpation d'un citoyen du pays des droits de l'homme. En Allemagne, le discours officiel accorde une place toute différente au passé récent de la nation : « Les Allemands ne doivent jamais oublier ce que des hommes de leur nationalité ont perpétré au cours de ces années de honte », déclarait en 1952 Theodor Heuss, premier président de la République fédérale d'Allemagne. Cet appel à la mémoire fut martelé inlassablement : « Nous pensons aujourd'hui dans le deuil, disait Richard von Weizsäcker président de la RFA en 1994, à tous les morts de la guerre et de la tyrannie. Nous pensons en particulier aux six millions de Juifs qui ont été assassinés dans des camps de concentration allemands. Nous pensons à tous les peuples qui ont souffert dans la guerre, avant tout aux citoyens innombrables de l'Union soviétique et aux Polonais qui ont perdu la vie. [...] Nous pensons aux Sinti et aux Romas assassinés, aux homosexuels tués, aux malades mentaux objets de meurtre, aux hommes qui ont dû mourir pour leurs convictions religieuses et politiques [...][4]. »

Loin d'être superficielle, cette façon d'assumer le passé est bien plutôt un élément consubstantiel à la nouvelle démocratie allemande telle qu'elle a été réinventée, à partir de 1949, en rupture totale avec ce qu'avait été l'État nation allemand, dans un passé proche comme lointain. Dans l'Allemagne contemporaine, l'élément fondateur de la démocratie moderne est en effet l'éthique, qui non seulement marque au plus profond le contenu de la loi fondamentale, mais constitue bien souvent la référence autour de laquelle sont formulés les grands enjeux nationaux et s'organise le débat politique, que ce soit à propos de la justice, de la défense, de l'écologie, de l'enseignement ou même de la culture. Contrairement peut-être au cas japonais, il ne s'agit pas là d'une référence importée, artificiellement mise

---

4. Ces citations sont empruntées au livre d'Alfred Grosser, *op. cit.*, p. 101-103.

en avant, mais d'une caractéristique ancienne de la société allemande fortement marquée par l'esprit du protestantisme et par l'idéalisme kantien, son prolongement. Beaucoup d'intellectuels allemands, comme l'historien Wolfgang Jäger ou le philosophe Jürgen Habermas, voient dans les institutions démocratiques l'incarnation d'un idéal communautaire propre à la société politique allemande[5]. L'identité nationale allemande se manifesterait ainsi au travers d'un « patriotisme constitutionnel[6] »... que sembleraient démentir les flambées de violences racistes survenues depuis la réunification.

La société civile allemande, qui reste particulièrement fermée[7], ne s'est pas miraculeusement métamorphosée, et on se souviendra que, dans l'immédiat après-guerre et jusque dans les années 1960, les Allemands – ou encore plus les Japonais – se considéraient largement comme des victimes. La différence avec le Japon est qu'en Allemagne le discours officiel, celui des dirigeants, des médias ou des intermédiaires culturels, n'a jamais vraiment autorisé la déresponsabilisation du peuple allemand, a bien plutôt favorisé un travail pédagogique important, notamment dans les écoles. Le résultat est qu'aujourd'hui la crise d'identité qui touche une nation engagée dans un processus de restructuration ne débouche pas, malgré la violence, sur une crise des institutions ou du modèle démocratique, comme ce fut le cas entre les deux guerres.

Les Français, eux, n'ont pas vécu la guerre comme une rupture mais, selon le mot du général de Gaulle, comme une parenthèse. Celle-ci refermée, la République retrouvait ses marques, et la France reprenait le chemin tracé depuis les origines. Pour autant, l'épisode incongru que représentait le régime de Vichy, incarnation de l'Anti-France, ne fut pas exemplifié, ne servit pas de référence centrale dans le débat politique, fut bien plutôt minimisé, et rapidement refoulé jusque dans les années 1970. Les manuels scolaires insistaient alors sur les facteurs externes (l'Occupation) et passaient sous silence la dynamique interne du nouveau régime, ou même sa nature collaborationniste, sans parler de son rôle dans l'application de la solution finale puisque de toute façon la persécution des Juifs n'était généralement pas mentionnée. Était-il inévitable de gommer la tache ? Passé

5. Voir Joseph Jurt, « L'identité allemande et ses symboles », Les Temps modernes, n° 550, mai 1992, p. 125-153.
6. Dolf Sternberger, Verfassungspatriotismus, Landeszentrale für politische Bildung, Hannover, 1982.
7. Il suffit de comparer les communautés immigrées, les politiques de naturalisation ou les chiffres des mariages mixtes en France et en Allemagne...

la période cathartique de l'épuration, la réponse rapide de la classe politique prit la forme consacrée d'une série de lois d'amnistie échelonnées entre 1947 et 1953. Sous prétexte de réconciliation nationale et de paix civile, c'était l'idée même d'une fracture à l'intérieur de la nation que ces mesures cherchaient à exorciser.

Si des faits imputables à un régime antirépublicain dont les dirigeants avaient été condamnés comme « traîtres à la patrie » n'étaient pas pris en compte, on imagine bien ce que pouvait avoir d'indicible, en l'absence d'alibi contextuel, tout ce qui risquait de mettre directement en cause la France au travers de ses dirigeants politiques, de son administration ou d'attitudes collectives. L'amnistie[8] – tradition française trop bien ancrée pour qu'elle puisse être réduite à une simple mesure de circonstance – est la traduction politique d'une représentation dominante de la nation, reconstituée notamment par Suzanne Citron par le biais de ces formidables vecteurs de la mémoire officielle que sont les manuels scolaires du primaire[9]. Plonger dans un Lavisse, parcourir le récit apologétique d'une France immémoriale et idéale, permettrait peut-être de comprendre, par exemple, comment une majorité du peuple français pouvait accorder sa confiance au Maréchal au lendemain du désastre de juin 1940, ou encore pourquoi en 1957, en pleine décolonisation, 70 % des Français avaient une opinion favorable de l'œuvre accomplie par la France dans ses colonies. Encore en 1981, un nouveau manuel relatait les mutineries de 1917 sans même signaler le cas des fusillés pour l'exemple, mais en insistant sur le rôle positif des héros nationaux, Pétain et Clemenceau.

On mesure ainsi la dimension performative de la mémoire, puisque les représentations collectives sont à la fois (absence de) trace de l'événement et ce qui le rend possible. Dans un sens, c'est bien parce que l'idée de « crime français » apparaissait comme une contradiction dans les termes qu'il restait toujours possible de légitimer les actes non pas exceptionnels et « anormaux », mais commis dans une logique précise, par exemple celle nécessitée par la conquête coloniale ou celle de la sauvegarde de l'Algérie française. Les lois d'amnistie qui, après la guerre d'Algérie, se succédèrent sous le pouvoir gaulliste (1962, 1964, 1966, 1968) puis socialiste (1982 : réhabilitation totale des généraux factieux) n'étaient-elles pas la confirmation a posteriori d'une immunité implicite des militaires, policiers ou autres fonctionnaires responsables d'actes de torture, d'exécutions sommaires, de

---

8. Voir l'article de Stéphane Gacon dans cet ouvrage.
9. Suzanne Citron, *Le Mythe national. L'histoire de France en question*, Les Éditions ouvrières/ Études et documentation internationales, Paris, 1987.

déplacements de populations, de détentions arbitraires, de répressions aveugles comme à Paris le 17 octobre 1961, de brimades administratives ou de manifestations racistes ? Dans la mesure où finalement les garde-fous risquaient à la longue de n'avoir qu'une fonction purement rhétorique en l'absence de sanctions et de mauvaise conscience, il peut sembler alors plutôt étonnant que, mis à part le cas particulier du régime de Vichy, et malgré la censure ou le 13 mai 1958 pour ne pas remonter à Mac-Mahon, la démocratie française n'ait jamais vraiment connu de dérive populiste et autoritaire.

Lorsqu'il fait voter une loi d'amnistie, l'État est en effet à la fois juge et partie ; mais s'agit-il bien de la même réalité ? Quelle est cette instance qui malgré tout parvient toujours à s'élever au-dessus des forces en présence, à s'abstraire des contingences au point de se dédoubler et de faire admettre comme naturel ce tour de passe-passe ? Pour bien mesurer le phénomène, il suffit de se souvenir d'une amnistie récente, celle qui accompagna les accords de Matignon sur la Nouvelle-Calédonie en 1988. Personne n'a oublié le drame de la grotte d'Ouvéa, les images sont encore assez nettes. Nous revoyons aussi l'image de la poignée de main Tjibaou-Lafleur sous l'œil réjoui de Michel Rocard. Mais, entre les deux, un sens a-t-il été donné à cette tragédie, la France a-t-elle jamais reconnu la vraie nature du conflit [10] ? Après la réélection de François Mitterrand qui ouvrit effectivement la voie aux négociations, tout s'est passé comme si l'État français, irresponsable, était constamment resté dans une position externe, arbitre entre les différents protagonistes. « Rocard nous a frustrés de notre victoire », déclarait un responsable kanak, privé d'un succès inavouable, prix à payer pour la paix et l'espoir retrouvés.

En fin de compte, si la démocratie française semble au moins aussi solide que l'allemande malgré un discours officiel sur le passé bien moins transparent, c'est peut-être justement parce que l'ancrage démocratique, par ailleurs plus ancien en France qu'en Allemagne, a toujours été compatible avec la nature schizophrénique de l'État républicain : le jeu entre le

---

10. Au-delà de quelques reportages instructifs mais sans perspective, les médias audiovisuels ont-ils vraiment rendu compte de la situation, héritage de plus d'un siècle de colonisation ? L'opinion publique savait-elle par exemple que la population de l'île est passée de 100 000 habitants lors de la prise de possession de l'île en 1853 à 20 000 en 1920 ? Connaissait-elle l'ampleur des répressions contre les révoltes de 1878 et de 1917 ou encore cette anecdote à propos de l'Exposition coloniale de Paris en 1931 où les visiteurs pouvaient admirer en toute sécurité un groupe de Kanaks, enfermés dans une cage ? Était-elle bien informée du déséquilibre économique, fruit de spoliations foncières à vaste échelle, ou de la politique démographique de la métropole visant à assurer la prépondérance caldoche ?

côté pile de la raison d'État et le côté face des principes universels, si bien illustré par la pratique de l'amnistie, permet à l'État d'agir sur le réel tout en occupant une position détachée, de se déplacer dans le champ symbolique pour retrouver l'image qu'il a su imposer à ses propres yeux comme à ceux des autres, de rebondir ainsi constamment. Peut-être est-ce là une réalité universelle, mais elle a pris chez nous une dimension particulière. Pour rendre compte de cette particularité, il convient de se référer au système de représentations sur lequel s'est construite la nation française entre la Révolution et les premières décennies de la III\ :sup e République. L'« exception française » et la « spécificité républicaine » sont bien encore en jeu lorsqu'il s'agit de la manière de gérer les écarts d'une nation.

République une et indivisible ou l'impossible faille

En 1900, deux ans après que le capitaine Dreyfus eut été non pas acquitté, mais reconnu coupable « avec les circonstances atténuantes », puis gracié dix jours plus tard, Waldeck-Rousseau fait voter une loi d'amnistie dont il reconnaît explicitement le caractère amoral : « L'amnistie ne juge pas, elle n'accuse pas, elle n'innocente pas, elle ignore. » Mais qu'ignore-t-elle exactement ? Non pas la teneur de l'événement, sa nature condamnable, mais l'événement lui-même, la possibilité qu'ait pu surgir la division du sein de la nation. L'oblitération commence là, dans la conception singulière de l'identité nationale qui rend à la fois inévitable et inadmissible l'existence d'une faille dans l'édifice social et politique. Elle tient donc à la nature du régime républicain, fondé autant sur le respect des règles démocratiques que sur le principe de souveraineté, et nous oblige à un détour par les origines, lorsque la Révolution tente de traduire politiquement le principe de souveraineté hérité des pratiques de sociabilité et des théories rousseauistes du siècle des Lumières.

En effet, la France invente alors un modèle de démocratie dont les bases sont très différentes du modèle britannique. Fondamentalement individualiste, la société anglaise, en créant la rupture du libéralisme, avait rendu possible l'essor conjoint du capitalisme et de la démocratie et placé l'individu au centre du système. L'État, garant des libertés, n'est conçu que comme le lieu où s'organise la société sur des bases communes à tous les citoyens comme à tous les agents économiques, le pouvoir restant de ce fait séparé de la société civile. Espace de rencontre des points de vue contradictoires, la démocratie s'apparente à un jeu d'équilibre politique au même titre que les lois du marché assurent l'équilibre économique optimal.

La conception française est fort différente : le peuple souverain, en effet, ne correspond pas à l'addition d'intérêts particuliers, mais constitue une réalité unique et indivisible qui suppose l'identité (rhétorique) du peuple et du pouvoir, et par conséquent ne souffre pas la présence de facteurs de division, « factions » ou associations corporatistes. De 1789 à 1794, le débat politique s'organise transversalement à l'intérieur du souverain, et les conflits prennent la forme d'une compétition de légitimités : pour conquérir ou conserver le pouvoir, il s'agit de parler « au nom du peuple », d'incarner « la volonté du peuple ». Inévitablement, la souveraineté populaire se définit en fonction de ce qui n'est pas elle, les « aristocrates » bien sûr, les Vendéens en rupture de Révolution, mais aussi les étrangers que les principes universels interdisent d'identifier autrement que par des critères politiques. Le projet révolutionnaire de régénération de la nation aboutit ainsi à un processus d'exclusion dont la Terreur et la répression en Vendée sont une des traductions, de même que les mesures prises à l'encontre des étrangers présents sur le territoire national, ou encore ce décret du 7 prairial an II qui prévoit « de ne plus faire de prisonniers anglais [11] » !

À partir du Directoire pourtant, ce modèle cède la place – tout au moins dans la pratique – à celui d'une démocratie représentative où s'affrontent partis, opinions, et bientôt classes sociales. Mais la notion de souveraineté une et indivisible marque encore profondément les représentations de la nation et donc les luttes politiques : l'impossible coexistence de légitimités concurrentes exacerbe les oppositions et favorise l'instabilité institutionnelle jusqu'à la IIIe République. Celle-ci triomphe définitivement de ses adversaires au moment même où s'impose le modèle de l'État nation en Europe, autour des années 1880.

Car si l'idée nationale, théorisée dès le XVIIIe siècle par des penseurs comme Herder ou Fichte, trouve son expression politique idéale dans une Révolution française offerte comme modèle d'émancipation aux peuples européens, pour autant elle ne se traduit pas immédiatement par l'émergence d'une communauté parfaitement intégrée et structurée autour d'un appareil d'État. Il faut attendre qu'un long processus de nationalisation en profondeur de la société soit rendu possible, notamment par l'unification des espaces, le progrès technique et la place nouvelle accordée aux masses,

---

11. Voir Sophie Wahnich, « Anglais : des ennemis extraordinaires (janv.-juil. 1794) », *Dictionnaire des usages socio-politiques. Fascicule 4*, Klincksieck/INALF, Paris, 1989, p. 35-61.

pour que se constitue un espace politique homogène où l'État incarne l'ensemble de la collectivité[12]. Mais ce processus commun à tous, qui se propage par cercles concentriques à partir de la fin du XIXe siècle, se déploie selon un schéma singulier à chacun des pays. Il n'existe pas deux modes d'être-ensemble semblables, deux symboliques nationales similaires, et chaque nation possède par conséquent ses propres critères d'identification. Ainsi les habits républicains de la nation française vont-ils installer la communauté nationale dans une tension constante entre l'enracinement territorial et l'aspiration à l'universel[13].

Placé dans une position d'équilibre qui le met à la merci des forces centrifuges internes (le contre-modèle catholico-traditionaliste) et externes (la constitution d'un vaste empire colonial), le régime républicain y puise sa force et son dynamisme, avançant le principe de la laïcité contre l'exclusivisme religieux et celui de l'assimilation/intégration contre les inégalités sociale, géographique, linguistique, raciale... Mais comment, avec des principes d'organisation sociale et politique aussi exigeants, réussir à forger une nation homogène et éviter la dilution de la communauté ? En réalité, deux logiques apparemment opposées continuent à coexister : d'une part une logique d'ouverture contenue dans le projet républicain, dont la dimension universaliste suppose l'existence de critères identitaires larges et un corps social ouvert – ouverture aux immigrés notamment, nécessitée par la stagnation démographique que la France est, en Europe, la seule à connaître au XIXe siècle ; d'autre part une logique de fermeture inscrite au cœur même de l'État nation, qui explique aussi bien la tentation de l'antisémitisme que l'encadrement administratif des étrangers.

C'est dans l'interstice que la faille ne manque pas de se révéler, et d'ébranler ainsi l'ensemble de l'édifice. Car l'édifice républicain, on l'a vu, est construit d'un seul bloc, mais un bloc qui, loin d'être immobile, suit le fil du destin national dans une tension constante entre principes universels et logique nationale. Ce fragile équilibre n'est assuré qu'à condition de couper le membre gangrené (décolonisation, révoltés ostracisés dans les bagnes tropicaux), d'exclure l'individu coupable (la figure du traître/bouc émissaire), et, plus souvent encore, de gommer les aspérités qui risqueraient de révéler tout à la fois la sinuosité du parcours hasardeux de la « France »

---

12. Voir Gérard Noiriel, *La Tyrannie du national. Le droit d'asile en Europe (1793-1993)*, Calmann-Lévy, Paris, 1991 ; et Dimitri Nicolaïdis, « Penser l'identité nationale », *Les Temps modernes*, no 548, mars 1992, p. 19-51.
13. Voir Hélène Dupuy, « Terroirs et mémoires. Généalogie d'un mythe national », *Espaces Temps*, no 42, 1989. Voir aussi son article dans cet ouvrage.

et le caractère hétérogène du corps social français. Le mythe républicain est la synthèse qui permet de maintenir ensemble des éléments hétérogènes, synthèse univoque qui suppose un récit linéaire débarrassé de toute ambivalence – à la différence de l'histoire britannique plus perméable aux points de vue contradictoires. Reste que les dangers qui guettent la République une et indivisible ne sont pas de même nature, et qu'on peut interpréter différemment les stratégies déviantes mises en œuvre pour sauvegarder l'unité nationale, suivant que le danger perçu provient de l'intérieur ou de l'extérieur de la communauté.

Des coupures idéologiques…

Lorsqu'on cherche à rendre compte d'une situation de crise sociale et politique où la violence abolit les règles établies, à mettre en mots, par exemple, la Vendée, la Commune, l'affaire Dreyfus, Vichy ou la guerre d'Algérie, on en vient généralement à opposer paysans blancs et bourgeois bleus, bourgeois conservateurs et ouvriers révolutionnaires, réactionnaires catholiques et républicains dreyfusards, fascistes et démocrates, impérialistes occidentaux et nationalistes indigènes… Que ces distinctions correspondent au clivage gauche/droite ou au contraire le traversent, qu'elles soient approximatives ou illusoires, on ne saurait *conter* l'histoire autrement qu'en fonction d'idéologies. Car l'idéologie – en tant que « système d'images, d'idées, de principes éthiques, de représentations globales, de gestes collectifs, de rituels religieux… » (François Châtelet) qui à la fois reflète des positions socio-économiques, politiques et symboliques, règle l'organisation sociale à l'intérieur d'une collectivité et s'énonce comme un projet perfectible mobilisateur d'énergies – est le langage le plus immédiatement accessible et intelligible pour que nous, acteurs comme interprètes, puissions « faire l'histoire ». Pour décrire les grandes ruptures de l'histoire, saisir l'actualité ou prendre une décision politique, manuels d'histoire, médias et pouvoirs n'ont pas d'instrument plus commode que les « idées », claires et transparentes.

Les historiens, quant à eux, sont d'autant plus enclins à mettre l'accent sur le caractère radical des clivages qui traversent notre histoire contemporaine que les divisions internes ont toujours représenté, dans l'optique républicaine, une menace grave pour la nation française[14]. La

---

14. Cette crainte d'un morcellement de la souveraineté populaire éclaire l'attitude fondamentale des dirigeants politiques dont l'objectif affiché a toujours été la réconciliation des Français,

violence inavouable est à leurs yeux le résultat d'une lutte entre deux représentations cohérentes et irréductibles de la communauté nationale, fondée de part et d'autre sur l'éradication totale du système adverse. L'histoire de France devient ainsi une succession de conflits franco-français, peut-être la perpétuation sous des formes différentes d'une même guerre civile. La manière dont Jean-Clément Martin a suivi sur deux siècles l'imaginaire de la guerre de Vendée[15], ou dont il décrit dans ce volume l'évolution des représentations de la violence révolutionnaire depuis la Révolution elle-même jusqu'à la République triomphante, en est une très bonne illustration. De même, la réévaluation par Benjamin Stora des dimensions intracommunautaires de la guerre d'Algérie, corroborée par son analyse des mémoires française et algérienne après l'indépendance[16], montre de façon exemplaire comment, à l'occasion de crises décisives, se jouent la cohésion et l'identité mêmes du corps social – ce qui peut expliquer l'impression que l'auteur a privilégié, sur la guerre franco-algérienne elle-même, la vision d'une double guerre civile : du côté français, pieds-noirs contre opinion métropolitaine, OAS contre libéraux... ; du côté algérien, FLN contre MNA, nationalistes contre harkis...

Cette lecture peut sembler d'autant plus pertinente que, d'une époque à l'autre, les filiations sont évidentes. L'affaire Dreyfus apparaît bien, de ce point de vue, comme le « mythe fondateur[17] » pour les uns, un désastre national pour les autres : Pierre Vidal-Naquet, dans son combat pour le respect des droits de l'homme pendant la guerre d'Algérie, se définissait lui-même politiquement comme un dreyfusard[18]. Quant aux cinq maréchaux de France de la Grande Guerre, quatre (Foch, Pétain, Lyautey et Fayolle) furent d'authentiques antidreyfusards, le cinquième, Joffre, étant proche des milieux cléricaux. Un autre militaire, le général Weygand, chef des armées en 1940, souscrivit au monument Henry élevé en mémoire du commandant accusateur de Dreyfus. Leur biographie dessine un certain trajet de l'histoire de France, de Verdun à Vichy en passant par la guerre du

---

le dépassement des divisions par l'affirmation d'une réalité collective supérieure. Cette mentalité donne sa coloration aussi bien au socialisme jauressien qu'à l'idéologie coloniale et éclaire le rôle du gaullisme et du PCF dans l'intégration sociale réussie après la guerre.

15. Jean-Clément Martin, *La Vendée de la mémoire, 1800-1980*, Le Seuil, Paris, 1989.

16. Benjamin Stora, *La Gangrène et l'Oubli. La mémoire de la guerre d'Algérie*, La Découverte, Paris, 1991. Voir aussi son article dans cet ouvrage.

17. Michel Winock, « Le mythe fondateur : l'affaire Dreyfus », Serge Bernstein et Odile Rudelle (dir. par), *Le Modèle républicain*, PUF, Paris, 1992.

18. Pierre Vidal-Naquet, *Face à la raison d'État. Un historien dans la guerre d'Algérie*, La Découverte, Paris, 1989.

Rif, illustration d'une idéologie aux racines traditionalistes et catholiques qui, d'après Pierre Birnbaum, donne sa configuration au nationalisme français[19]. Ainsi, selon l'optique purement idéologique, deux France dressées l'une contre l'autre s'affrontent sur différents terrains dans une lutte déréglée qui atteint son paroxysme sous Vichy. Le crime correspond alors à la violence commise par un camp sur l'autre au nom du modèle d'organisation sociale prôné, et le martyrologue à un symbole efficace pour favoriser l'identification.

... aux continuités étatiques

Pourtant, l'ambiguïté d'un personnage comme Pétain, dont témoignait jusqu'en 1993 le dépôt, chaque 11 novembre, d'une gerbe présidentielle sur la tombe du héros de 1917, est un des nombreux éléments de brouillage de la coupure entre nationalisme et républicanisme. Phase optimale dans la lutte entre républicains et antirépublicains, l'affaire Dreyfus peut-elle s'appréhender exclusivement par les discours tenus par les différents acteurs du drame ? L'armée n'était-elle qu'un refuge pour réactionnaires ou représentait-elle aussi un des lieux de cristallisation du sentiment national vingt ans après Sedan, vingt ans avant la Première Guerre mondiale ? Les dirigeants républicains, malgré des convictions majoritairement dreyfusardes, n'étaient-ils pas structurellement solidaires de corps et d'institutions au fondement de l'État nation, comme l'armée justement, ou la justice ?

La nature même du travail de l'historien, tributaire des sources écrites, favorise bien sûr l'approche purement idéologique de l'histoire. Mais l'idéologie nationaliste, par exemple, n'est pas la seule manifestation du phénomène national, et une approche plus structurelle de l'histoire nationale, au travers des logiques administratives et des corps d'État notamment, permettrait peut-être d'unifier ce qu'on pourrait appeler l'« âge de l'État nation », commencé dans les années 1880 et dont on ne connaît pas encore le terme. À l'intérieur de ce moment historique, les découpages, fonctions des grandes césures idéologiques (la dichotomie traditionalistes/universalistes, la compétition des impérialismes, l'opposition totalitarismes/démocraties libérales, la guerre froide...), sans être négligés, devraient mieux s'articuler aux permanences liées au triomphe du modèle national, y compris dans sa version républicaine. La difficulté d'une telle

---

19. Pierre Birnbaum, « Nationalisme à la française », *Pouvoirs*, n° 57, 1991, p. 55-69.

approche tient au fait que la nation est un cadre communautaire invisible, une donnée structurelle tellement évidente qu'on ne la repère pas dans des discours, mais dans des pratiques qui justement se dissimulent derrière l'écran idéologique – ainsi, les politiques d'intégration ou d'exclusion des étrangers ne sont appréhendées qu'en fonction du discours de légitimation tenu par les différents régimes ou gouvernements qui les mettent en œuvre, et non en fonction d'un processus d'homogénéisation à long terme, repérable dans des pratiques administratives et partiellement dissocié d'une volonté politique quelconque.

La question du crime, de la déviance d'un État par rapport aux principes, est justement un biais particulièrement éclairant pour appréhender la réalité nationale. Depuis la fin du XIXe siècle, chaque nation, engagée dans un double processus d'exclusion et d'homogénéisation nécessaire à la formation d'un corps social cohérent à l'échelle d'un territoire, se définit en partie *contre* ce qui n'est pas elle, et détermine des critères d'intégration plus ou moins généreux. Il existe donc, au cœur même de l'État nation, une dynamique interne qui tend à faire dévier celui-ci des règles qu'il s'était fixées, jusqu'à commettre des exactions pour préserver l'intégrité du corps social. Ici il ne s'agit plus d'une faille susceptible d'apparaître à l'intérieur de la société française, mais de la façon dont la collectivité nationale gère ses relations à l'autre, fantasme un danger extérieur.

La figure de l'altérité la plus commune est celle de l'étranger, voire de l'étranger ennemi[20]. Mais l'*autre* pose d'autant plus de problèmes qu'il occupe un espace intermédiaire où, tout en continuant à afficher sa différence, il vit dans la fiction d'une intégration virtuelle à la communauté nationale. C'est bien sûr le drame de la colonisation française de ne s'être jamais donné les moyens matériels ou psychologiques des principes assimilationnistes qui la légitimaient. Quoi qu'il en soit des différences culturelles jugées conciliables ou irréductibles, les facteurs objectifs (la démographie) et subjectifs (les mentalités occidentales[21]) suffisent à expliquer l'échec d'un modèle colonial qui, sous couvert d'humanisme, a en réalité d'autant plus exacerbé les frustrations des peuples colonisés. La tragédie algérienne, comme le dit ici Benjamin Stora, repose presque tout entière sur un mensonge gigantesque, celui de trois départements français administrativement rattachés à la métropole et malgré tout fondés sur un système de ségrégation sociale et politique quasi totale entre la minorité européenne

---

20. Voir l'article de Michael Jeismann dans cet ouvrage.
21. Voir l'article d'Alain Ruscio dans cet ouvrage.

et la grande majorité des musulmans algériens (respectivement 984 000 et 8,5 millions en 1954).

On peut comprendre le sens symbolique du « nos ancêtres les Gaulois » récité par les très rares écoliers de l'Afrique française, à condition que ces derniers aient l'espoir d'intégrer un jour le corps social en pleine égalité avec les Français de souche. Or, cette intégration, malgré le sang versé lors des deux guerres mondiales, restait inenvisageable tout en interdisant l'amorce d'une autonomie politique qui aurait signifié la négation du fantasme d'une République universelle, réitéré à la conférence de Brazzaville en 1944 avec l'« Union française » et encore en 1958 avec la « Communauté ». Chaque révolte des peuples colonisés révélait le caractère fallacieux du système colonial – fondé sur l'exploitation économique, l'expropriation foncière, et le travail forcé en Afrique noire – et donc son extrême faiblesse. On ne pourrait comprendre sans cela l'infinie dureté des répressions, depuis la conquête (voir les exploits du général Bugeaud en Algérie dans les années 1840 ou des capitaines Voulet et Chanoine dans le bassin du Niger en 1898) jusqu'aux derniers instants de la décolonisation (bombardement de Damas en 1945, répression accrue en Tunisie et au Maroc en 1952-1954, intensification de la guerre en Indochine en 1954 et en Algérie sous de Gaulle...). La conjonction des milliers de morts de Sétif (Algérie) en mai 1945, de Haiphong en novembre 1946 et des dizaines de milliers de victimes à Madagascar en 1947, alors que la fin de la guerre mondiale annonçait plutôt une libéralisation, marque une réaction de peur extrême devant la perspective de voir l'édifice s'effondrer d'un seul coup.

La question de la cohésion du corps social et de sa plus ou moins grande perméabilité se pose bien sûr différemment à l'intérieur de la métropole. Esquissée sous la Révolution au moment des débats sur les étrangers, elle prend toute sa dimension à la fin du XIXᵉ siècle alors que l'administration détient enfin les moyens techniques d'identification des nationaux[22]. L'étranger, à la marge du corps social, se distingue du même coup d'autant mieux de la masse homogène des citoyens français. En 1870, les ressortissants allemands ne sont pas inquiétés malgré la guerre avec la Prusse ; mais, en 1914, la République les interne dans des camps, et de nouveau en 1939, notamment les nombreux réfugiés politiques qui avaient fui le nazisme[23]. Les années 1930, comme les années 1990, voient les mesures administratives discriminatoires se multiplier et les cri-

---

22. Voir Gérard Noiriel, *op. cit.*
23. Voir l'article d'Anne Grynberg dans cet ouvrage.

tères d'intégration s'appauvrir. Au point que sont désormais visés les nationaux de fraîche date, perçus comme des éléments corrupteurs et désagré-
gateurs de la communauté nationale. Les juifs ashkénazes vilipendés dans
la presse des années 1930, dénaturalisés par le régime de Vichy et bientôt
livrés aux nazis en priorité sur les « Français israélites », comme les Beurs
aujourd'hui victimes des bavures policières, sont d'une certaine manière
exclus *a priori* de la protection des lois puisque marginalisés à l'intérieur du
système social.

De ce point de vue, en dépit de la rupture idéologique, la logique
d'exclusion au principe de l'État nation assure une continuité réelle entre
la IIIᵉ République agonisante et le régime de Vichy. Si une telle logique se
prolonge d'un régime à l'autre, il va de soi que l'idéologie fait malgré tout
la différence au travers du choix extrêmement étroit des critères d'appartenance à la communauté nationale, à l'origine notamment de la législation
antisémite, des rafles, de Drancy, Pithiviers et autres antichambres de la
mort. Pour autant, on ne peut confondre les victimes, donner un sens
identique à la chasse aux résistants et à la persécution des Juifs : il peut
arriver que les deux coïncident comme dans le cas des FTP-MOI[24], mais
incontestablement deux logiques différentes sont à l'œuvre lorsque d'un
côté se perpétue la cassure à l'intérieur de la nation qui voit s'affronter deux
groupes conscients des valeurs pour lesquelles ils combattent, et lorsque de
l'autre l'homogénéisation de la communauté conduit l'État à adopter des
mesures d'exclusion à l'égard de groupes situés subjectivement à la périphé-
rie de la nation. On peut toujours discuter pour savoir si l'exclusion des
francs-maçons et des communistes par le régime de Vichy mais aussi, en ce
qui concerne les seconds, par la IVᵉ République[25], appartient plutôt au premier cas qu'au second, ou vice versa ; reste qu'on ne saurait faire l'économie de cette distinction si l'on veut que la question de la continuité de
l'État puisse être posée en toute légitimité.

Vichy et la République

Le 14 juillet 1992, le président Mitterrand, interrogé par des journalistes sur la responsabilité de l'État français dans le génocide juif cinquante
ans après la rafle du Vél' d'Hiv', déclarait : « Ne lui demandez pas des

---

24. Au sein desquels la Résistance communiste avait regroupé les immigrés dont le groupe
Manouchian, immortalisé par la célèbre Affiche rouge.
25. Au début de la guerre froide, d'anciens résistants communistes, originaires d'Europe centrale et orientale, se virent retirer la nationalité française acquise après la Libération.

comptes à cette République ! Elle a fait ce qu'elle devait », et, par un jeu de mots pas du tout circonstanciel, « l'État français » était réduit à ce nom que le régime de Vichy, en rupture de République, s'était donné et sous couvert duquel des crimes avaient été commis. Deux jours plus tard, le même François Mitterrand, par sa présence silencieuse, marquait l'importance de la commémoration organisée sur les lieux de la rafle du 16 juillet 1942. C'est Robert Badinter, président du Conseil constitutionnel, qui, d'une certaine manière, présenta, dans un discours d'une très grande émotion, la position officielle : sans hésiter à mettre au centre la question de la responsabilité de l'État comme de la société, il décrivit les multiples aspects du dispositif administratif mis en place pour l'arrestation des Juifs, fit notamment remarquer qu'il n'y avait pas eu de « révolte unanime des consciences » et parla de l'« altération de l'âme d'une nation ». Mais, au moment de clore son discours, il affirma aussi que « la République ne saurait être tenue pour comptable des crimes commis par les hommes de Vichy » !

Ce n'est que deux mois plus tard, à l'occasion d'un colloque organisé pour le bicentenaire de la République et ouvert par Robert Badinter, que celui-ci répondit à sa façon aux interrogations qu'avait suscitées chez moi son discours du 16 juillet. Il donna en effet une définition de la République qui avait le très grand mérite de rendre particulièrement cohérente ce qu'Alfred Grosser et Pierre Vidal-Naquet appellent dans cet ouvrage la position Mitterrand-Badinter. « La volonté souveraine du peuple se donne à elle-même comme limites, dans la République, le respect des droits fondamentaux de l'homme. Sans doute, le souverain peut les détruire, c'est la République même qu'il renierait, et c'est à un autre régime qui n'aurait plus de républicain que le nom que le peuple s'abandonnerait. » En apportant une définition strictement juridico-idéologique de la République, en affirmant « l'identité fondamentale de la République et des droits de l'homme », le gardien de la Constitution protégeait ainsi définitivement les institutions républicaines à l'intérieur d'une tautologie : si la République est identifiée à sa loi fondamentale, la Déclaration des droits de l'homme et du citoyen, le non-respect des droits de l'homme signifie que la République n'est plus. Une telle représentation de l'histoire politique confirme la vision gaullienne de Vichy conçu comme une parenthèse illégitime ; car, si l'on s'en tient aux lois et à l'idéologie sur lesquelles reposait le régime de Vichy, la césure totale séparant les deux régimes est en effet une réalité incontestable.

Ce point de vue à la fois juridique et idéologique, à une époque de retour du positivisme et d'attachement aux textes, est aujourd'hui dominant, triomphe au travers du procès Touvier, version française du procès Barbie, où se font clairement face d'un côté l'ignominie fasciste, l'antisémitisme et la pure violence, de l'autre les valeurs républicaines, la démocratie et le droit. On a enfin fait le procès d'un Papon, dont la carrière comme haut fonctionnaire ne fut pas même interrompue à la Libération, malgré sa participation à la déportation de Juifs de la Gironde sous l'Occupation, et qui fut notamment préfet de police de Paris lors du 17 octobre 1961 avant d'être ministre sous Giscard d'Estaing ? Peut-être alors un autre point de vue s'imposera-t-il à côté du premier, celui des permanences nationales et des logiques étatiques, si éloquemment illustré par *Monsieur Klein* (1976), film de Joseph Losey, où le personnage d'Alain Delon bascule progressivement à l'extérieur du monde clos et protégé qui est le sien, se trouve en fin de compte dépouillé de son identité sociale par la machine administrative qui peut alors déporter celui qui n'est plus qu'un « Juif », un exclu du corps social en cet été 1942.

Que cette réalité souterraine n'apparaisse qu'au travers d'une œuvre cinématographique n'a rien de fortuit. Car ce refoulé-là est un élément vital de la mentalité des serviteurs de l'État, de la représentation du régime républicain au-delà même de la sphère du pouvoir. Mais pour ces femmes et ces hommes de bonne volonté, à l'idéal exigeant, la République est aussi une image désincarnée, une idée pure qui justifie toutes les audaces dans la lutte contre les injustices. Là, dans cet écart entre la complexité d'une France réelle parfois grisâtre et l'idéal qui *malgré tout* l'aiguillonne, s'exprime on ne peut mieux la nature schizophrénique de la République. C'est au nom de la République qu'un de Gaulle exilé continuera seul la lutte, malgré un peuple largement pétainiste en 1940 ; en son nom qu'un Vidal-Naquet dénoncera inlassablement les crimes commis par l'État « républicain » ; en son nom encore qu'un Badinter se battra pour que soit abolie la peine de mort malgré une opinion majoritairement hostile.

Quelle(s) mémoire(s) retrouvée(s) ?

Le débat autour des ruptures et des continuités de l'histoire nationale n'est peut-être qu'à peine esquissé, mais le fait même qu'on puisse juger aujourd'hui un Français pour crimes contre l'humanité est une première qui traduit une évolution considérable, en une vingtaine d'années, des mentalités et des représentations du passé. Après l'événement-rupture de mai 1968, la libéralisation de la société française, l'obsolescence du modèle politique gaulliste, la valorisation des particularismes et de la diversité du tissu social, régional, culturel de la France favorisèrent un changement significatif du regard des Français sur leur histoire. En même temps que le rapport État/société se transformait tout au long des années 1970 et 1980, dans le sens d'une nette autonomisation de la seconde et d'une déconsidération du premier, les questions de société et les polémiques intellectuelles cessèrent de s'inscrire automatiquement dans une logique d'affrontement entre forces politiques institutionnelles, entre modèles nationaux concurrents (gaulliste contre communiste). La société civile regagnait une certaine liberté, et avec elle les microcommunautés dont les revendications identitaires vigoureuses avaient l'État pour cible privilégiée. Le rôle pionnier de jeunes intellectuels juifs dans la redécouverte d'une mémoire communautaire singulière, marquée par l'aporie de la Shoah, est essentiel pour comprendre le mouvement qui s'amorce au début des années 1970, dont une conséquence essentielle est l'assimilation de la spécificité du génocide juif par la mémoire officielle, mais aussi l'apparition corrélative des négationnistes.

Ce mouvement conduisit, entre autres choses, à une réévaluation inévitable du cliché de la France sous l'Occupation, de la nature du régime de Vichy et de son rôle dans l'exécution de la solution finale[26], d'abord grâce à quelques historiens anglo-saxons (R. Paxton, M. Marrus), mais surtout grâce à des non-spécialistes qui, par le biais du documentaire (*Le Chagrin et la Pitié* de Marcel Ophüls) ou de la fiction (*Lacombe Lucien* de Louis Malle), contribuèrent très largement à la remise en cause du mythe de la France unanimement résistante[27]. Les nouvelles orientations historiographiques insistèrent sur les caractéristiques originales et la dynamique propre du régime, et finirent par marquer de leur empreinte les manuels scolaires les plus récents, par imprégner le sens commun. La nouvelle représentation dominante du régime de Vichy a autorisé le déroulement des procès Touvier et Papon.

Paradoxalement pourtant, alors qu'un des épisodes les plus discutables de notre histoire se trouve enfin placé au centre de la sphère publique, il ne fait plus l'objet d'aucune controverse mais contribue bien plutôt à rassembler les Français autour d'un « devoir de mémoire » auquel seuls quelques extrémistes marginaux cherchent à se soustraire. En fait, il n'est peut-être pas si étonnant qu'il ait fallu attendre qu'un consensus se dessine pour permettre aux procès Touvier et Papon d'avoir lieu, en toute quié-

---

26. Voir Henry Rousso, *Le Syndrome de Vichy, de 1944 à nos jours*, Le Seuil, Paris, 1987.
27. Voir *Paris brûle-t-il ?* (1966) de René Clément, sommet de l'idéologie gaulliste.

tude. Car il ne faudrait pas être dupe d'un consensus qui, comme tous les consensus, a d'abord pour fonction de dissimuler une réalité dérangeante, ici celle, comme nous l'avons déjà vu, des permanences de l'histoire. D'autant plus que ce faux-semblant n'est pas aisément décelable, dans la mesure où il se présente sous l'aspect du scientisme et de l'objectivité retrouvée.

En effet, depuis la « fin (supposée) des idéologies » et l'entrée dans une ère postmoderne où la recherche d'un sens (dans les deux acceptions du terme) de l'histoire est une démarche désormais peu prisée, le passé est devenu un objet froid, une source d'érudition illimitée, et la mémoire un refuge non plus réduit mais informe, et qui sent bon la nostalgie. En affirmant avoir évacué tout dogmatisme idéologique, toute controverse politique de la sphère de la recherche, l'histoire néopositiviste qui triomphe aujourd'hui, sans atteindre l'illusoire objectivité, risque en revanche de dévitaliser le discours historique et d'aggraver à terme la crise d'identité nationale, inséparable des crises sociale et politique qui malmènent notre démocratie. Pour s'en persuader, il suffit d'observer, avec Suzanne Citron, l'évolution perceptible des derniers manuels scolaires, leur présentation très lisse d'où ont été retranchés les éléments trop émotionnels ou anecdotiques susceptibles de « colorer » le récit offert à l'enfant. Cette nouvelle pédagogie, si elle possède tous les signes de la légitimité scientifique, semble vouloir interdire toute identification. Sans avoir à regretter les vieux manuels de notre enfance, pourquoi ne tenterions-nous pas de recomposer le puzzle républicain sur lequel, après tout, nous-mêmes figurons ? Sans cela, saturés d'informations, nous considérerons bientôt les crimes français de la même façon que nous recevons aujourd'hui les images diffusées par le petit écran, images d'horreurs, images d'ailleurs, que nous avons appris à maintenir à distance raisonnable[28].

L'enjeu d'un tel ouvrage, on le voit, n'est pas mince, notamment pour qui cherche à réfléchir aux moyens de surmonter la crise du politique à laquelle nos sociétés font face. Retrouver nos repères identitaires est un préalable nécessaire au bon fonctionnement de notre démocratie, dont le cadre est fatalement national, et à la possibilité pour notre communauté de s'ouvrir de nouveau aux éléments extérieurs. Pour y parvenir, nous devons réinvestir notre identité nationale de valeurs collectives positives, sans rupture avec un passé enfin démythifié, assumé jusque dans ses aspects les plus sombres. Sinon, comme l'exprime très bien ici Benjamin

---

28. Voir Luc Boltanski, *La Souffrance à distance*, Métailié, Paris, 1993.

Stora, la guerre d'Algérie, par exemple, risque de se prolonger encore long-temps sous une forme larvée, continuant à faire de l'immigration un « problème » plutôt qu'une chance pour la nation. La crise de l'intégration n'est en effet que l'expression d'une crise d'identité qui correspond chez nous à un essoufflement du modèle républicain. La perte relative de nos valeurs républicaines, qui constituent en France le ciment national, nous fait transiter par un no man's land source de désarroi et d'inquiétudes, inévitablement favorable à la recherche de boucs émissaires. Nous croyons quitter les rives de la République, alors que nous n'avons pas d'autre choix que la reconstruction d'une *respublica*. Mais, si à la place du mythe ne subsistaient que *des* vérités déstabilisatrices, nous risquerions de jeter le bébé avec l'eau du bain. Notre intention n'est donc pas de détruire la belle unité nationale, ni de donner mauvaise conscience aux Français, mais bien de proposer une représentation de la France non plus monolithique mais à la fois plurielle et signifiante, où la mythologie républicaine ferait place à la mémoire républicaine.

Dimitri Nicolaïdis

1. Amnésie.
Sonder la mémoire collective

Y'a bon les colonies

Alain Ruscio

« Regardez l'histoire de la conquête de ces peuples que vous dites barbares, et vous y verrez la violence, tous les crimes déchaînés, l'oppression, le sang coulant à flots, le faible opprimé, tyrannisé par le vainqueur. Voilà l'histoire de votre civilisation ! » Ce n'est pas un dangereux extrémiste, un anti-patriote, qui s'exprime ainsi. Mais le jeune député radical Georges Clemenceau, devant la Chambre des députés, le 30 juillet 1885[1]. Le temps n'est pourtant plus, et c'est heureux, pour la recherche historique où la dénonciation anticolonialiste portait sur les seuls « excès » du système, étalait presque avec complaisance les horreurs de la conquête et de la répression. Aujourd'hui, une critique – au sens premier et qui devrait rester unique du mot – plus fondamentale, en tout cas d'un autre type, se met en place. Comment le phénomène colonial a-t-il influé sur les évolutions des histoires nationales en Afrique et en Asie ? Quelle place l'outre-mer a-t-il occupée dans l'évolution de la société métropolitaine ? Il n'empêche. Si la dénonciation des violences est un peu « courte » historiquement, la dimension humaine ne peut être évacuée. Prenons garde à une sorte de mouvement de balancier : ce n'est pas parce qu'un certain anticolonialisme primaire s'est polarisé sur un aspect, négligeant l'étude minutieuse et non partisane, que le rappel des crimes coloniaux, aujourd'hui, doit être systématiquement soupçonné. Il en va de la crédibilité des études historiques sur la question, parfois ébranlée par un certain « révisionnisme colonial ».

---

1. Cité par Charles-Robert Ageron, *L'Anticolonialisme en France de 1871 à 1914*, PUF, Paris, Dossiers Clio, 1973.

Au commencement était la « race »

La tendance à juger l'autre, le différent, à l'aune de ses critères familiers, seconde nature tant ils ont été inculqués dès l'enfance, est universelle. Sous toutes les latitudes, de tous les temps, « étranger » et « étrange » furent notions cousines. L'Europe occidentale, de ce point de vue, n'est pas particulièrement originale. Mais le vieux continent a politiquement, culturellement, territorialement dominé d'immenses domaines en Asie, Océanie, Afrique et Amérique, au XIXᵉ et durant une partie du XXᵉ siècle. Dans un premier temps, il a découvert avec un certain étonnement ces peuplades. Comment diable pouvait-on être si peu blanc ? Puis, dans les territoires conquis, il a disposé de la force, et donc du droit. Il a pu, de ce fait, sûr qu'il était de l'universalité de ses conceptions, tenter d'y faire entrer à toute force les mentalités et les pratiques de ses « protégés ». Nul concept, de ce point de vue, ne traduit mieux l'esprit colonial que celui, fort utilisé à l'époque, d'assimilation. Ceci est particulièrement vrai pour une tendance longtemps dominante du colonialisme français. Parlant des « Annamites », une revue spécialisée, au début du siècle, assurait que nous devions « non seulement leur apprendre à parler en français, mais encore leur enseigner à penser et à agir en français ». Pour conclure : « La question, prise à son véritable point de vue, revient en effet à celle-ci : du cerveau annamite faire un cerveau français[2]. » Assimiler : « Rendre semblable à », selon *Le Robert*. Oui, ces gens vivant ailleurs ne nous étaient pas semblables. Et c'était fort anormal. Il fallait faire quelque chose. L'esprit colonial est fils légitime du refus de la différence.

Il faut une réelle capacité d'oubli des faits pour affirmer, comme le fait René Pléven, commissaire aux Colonies du gouvernement provisoire, lors de la fameuse conférence de Brazzaville : « Par instinct aussi bien que par raisonnement, le Français réagit contre la discrimination raciale[3]. » En réalité, le concept de « races » et sa compagne inséparable, la notion de hiérarchie entre elles, aujourd'hui réfutés par tous les scientifiques, ont *en permanence*, et de bout en bout, accompagné l'histoire coloniale française. Ils en ont été, plus que la justification, le *fondement* : « En observant attentivement les colonies, on sera convaincu que le seul principe de leur sûreté consiste dans l'essence de la couleur blanche. Si c'est ce qu'on appelle un

---

2. « Assimilation des Annamites », *Courrier d'Haiphong*, 1900 ; cité in Revue de presse, *Revue indo-chinoise*, Hanoi, 14 janvier 1901.
3. « la Conférence africaine française (30 janvier-8 février 1944) », Éditions du Baobab, Brazzaville, 1944.

préjugé, ce préjugé est *le conservateur des colonies* ; lui seul vaut une armée, et sans lui une armée serait insuffisante », écrivait, fort lucidement, dès les années 1820, un colon de la Martinique[4].

En 1853-1855 paraît un ouvrage destiné à un immense retentissement, l'*Essai sur l'inégalité des races humaines*[5], du comte Joseph Arthur de Gobineau. Ouvrage puissant, fortement documenté, mais qui n'apparaît pas, dans l'histoire des idées, comme d'une originalité folle. C'est la systématisation d'idées fortement prégnantes dans la France du XIXe siècle, à l'aube des grandes conquêtes, qui a fait la force du « gobinisme ». Affirmation liminaire, dès le chapitre premier : « Toute civilisation découle de la race blanche, aucune ne peut exister sans le concours de cette race. » C'est un lieu commun, alors, d'affirmer le caractère *naturel* de la supériorité de la race blanche. Le XIXe siècle, éminemment scientiste, quantifie même cette supériorité. À l'École d'anthropologie de Paris, fondée et dominée par la forte personnalité de Paul Broca, on dissèque des cadavres, on pèse des cerveaux, on mesure la capacité de crânes appartenant à des individus « de races différentes »... Tous les travaux aboutissent à la même conclusion : le cerveau blanc arrive bon premier. Les ouvrages de vulgarisation s'emparent de ces « évidences ». Dans l'article « Nègre » de la toute première édition de son dictionnaire[6], Pierre Larousse s'appuie sur l'autorité scientifique reconnue par tous : « Un fait incontestable et qui domine tous les autres, c'est qu'ils ont le cerveau plus rétréci, plus léger et moins volumineux que celui de l'espèce blanche. » Quelques décennies plus tard, l'un des grands écrivains coloniaux, Ernest Psichari, écrira, dans ses carnets de route : « Pourquoi les humanistes de France ne veulent-ils pas admettre que la tête du Noir est faite pour porter des caisses et celle du Blanc pour penser ?[7] » Puisque « les scientifiques » l'ont prouvé, puisque les voyageurs l'ont constaté, il faut être des « philanthropes » ou des « humanistes de France » pour le nier. Laissons là ces indécrottables naïfs.

---

4. « Notes sur les gens de couleur par un propriétaire colonial aussi respectable qu'instruit », libellé anonyme, Martinique, années 1820 ; cité in Jean-Luc Bonniol, *La Couleur comme maléfice. Une illustration créole de la généalogie des Blancs et des Noirs*, Albin Michel, Paris, 1992.
5. Firmin-Didot, Paris, 2 vol.
6. *Grand Dictionnaire universel du XIXe siècle*, Éditions de Paris, Paris, 1866 ; réimpr. Éditions Slatkine, Genève, 1982.
7. « Carnets de route », in *Œuvres complètes*, Éditions Louis Conard, Librairie Jacques Lambert, Paris.

Quoi qu'on ait dit, écrit par la suite, tout l'esprit colonial est là, avec, il est vrai, une infinie variété de nuances, du racisme agressif et destructeur au paternalisme bon enfant.

La bonne conscience de l'homme blanc, partant à la conquête du monde pour y porter sa *(la)* civilisation, pour y semer ses valeurs, a été, au moins autant que les intérêts stratégiques ou économiques, une cause *profonde* de l'expansion. La France, tout à la fois fille aînée des Lumières et fille aînée de l'Église, a incontestablement cru en sa *mission*. À l'aube de la période ici étudiée, Jules Michelet n'évoquait-il pas, dans l'une de ses innombrables pages lyriques, « l'assimilation universelle à laquelle tend la France » ? Dans « l'assimilation des intelligences, la conquête des volontés, qui, jusqu'ici, a réussi mieux que nous ? Chacune de nos armées, en se retirant, a laissé derrière elle une France[8] ». La spécificité de l'esprit colonial français est peut-être là. Les Britanniques, les Néerlandais administraient, géraient. Les Français, si fiers de leurs valeurs, voulaient être imités. Et aimés.

Le colonialisme est né dans la violence

Mais cet esprit universaliste, généreux en son fondement, a un corrélat. Lucien Lévy-Bruhl, principal théoricien français de *La Mentalité primitive*, écrit en 1922 : « Les sociétés primitives, en général, se montrent hostiles à tout ce qui vient du dehors [...]. Il faut que les changements, même si ce sont incontestablement des progrès, leur soient imposés. Si elles demeurent libres de les accueillir ou de les rejeter, leur choix n'est pas douteux. » Lorsque, justement, les « protégés » refusent d'accepter les critères occidentaux du progrès, ne font-ils pas la preuve qu'ils sont des « barbares », selon le vocabulaire de l'époque ? Et la violence ne vient-elle pas tout naturellement compléter l'arsenal des « civilisateurs » ? Si les peuples conquis ont l'inconscience ou le culot de ne pas apprécier notre présence, voire s'ils se révoltent au nom de fumeux et incertains motifs nationalistes, ne faut-il pas, dans leur intérêt même, élever la voix face aux plus modérés, sévir vis-à-vis des excités, éliminer enfin impitoyablement les mauvais bergers ? « Dès lors, conclut Lévy-Bruhl, les rapports qui nous paraissent le plus naturel et le plus inoffensif entre les sociétés humaines risquent d'exposer le groupe à des dangers mal définis et d'autant plus redoutables... De là, chez les primitifs, des signes de crainte et de défiance que les Blancs interprètent

---

8. *Introduction à l'Histoire universelle*, Paris, 1831.

souvent comme de l'hostilité, puis du sang versé, des représailles, et parfois l'extermination du groupe[9]. »

Un siècle et demi durant, des conquêtes ont eu lieu dans le sang, des opérations de « maintien de l'ordre » ont laissé sur le terrain des victimes, nombreuses, des guerres d'émancipation nationale ont amené des pratiques inavouables. Nul n'a, à notre connaissance, tenté d'établir un tableau statistique des morts dues à ces trois phases de l'histoire coloniale. La tâche est, il est vrai, probablement insurmontable, tant les estimations varient, tant la documentation fiable est inexistante ou inaccessible. Mais, même en admettant que les polémiques de l'anticolonialisme primaire évoqué plus haut ont exagérément généralisé certains faits, la multiplicité des témoignages sur les crimes et exactions *réels* est pourtant suffisamment éloquente. Dix ans après la conquête de l'Algérie, en 1841, Alexis de Tocqueville concluait d'un voyage d'enquête : « Nous faisons la guerre de manière beaucoup plus barbare que les Arabes eux-mêmes. » Avant de reconnaître, navré : « C'est, quant à présent, de leur côté que la civilisation se rencontre[10]. » Moins soucieux de ménager nos « humanistes de France », comme aurait dit Psichari, les officiers de l'ère de la conquête fournirent, dans leurs Mémoires, moult détails. « Toutes les populations qui n'acceptent pas nos conditions, écrit le lieutenant-colonel de Montagnac, doivent être rasées. Tout doit être pris, saccagé, sans distinction d'âge ni de sexe : l'herbe ne doit plus pousser où l'armée française a mis le pied [...]. Voilà comment il faut faire la guerre aux Arabes : tuer tous les hommes jusqu'à l'âge de quinze ans, prendre toutes les femmes et les enfants, en charger les bâtiments, les envoyer aux îles Marquises ou ailleurs. En un mot, anéantir tout ce qui ne rampera pas à nos pieds comme des chiens[11]. » Démesure d'un officier éprouvé, au lendemain d'une bataille ? Sans nul doute. Mais propos imprimés, et publiés par une honorable maison, le calme revenu. Preuve d'un certain état d'esprit.

On pourrait continuer la liste. L'Indochine ? « Les incendies de villages, les massacres en masse, les baïonnettades, les exécutions de notables », (ces expressions sont de Jean-Louis de Lanessan, gouverneur général), étaient pratiques courantes[12]. De 1885 à 1895, le Tonkin a ressemblé à une terre en voie de désertification humaine. Le pouvoir civil dut

---

9. *La Mentalité primitive*, Librairie Félix Alcan, Bibliothèque de philosophie contemporaine, Paris, 1922.
10. « Travail sur l'Algérie », octobre 1841 ; in *Œuvres*, vol. I, Gallimard, La Pléiade, Paris, 1991.
11. Philippeville, 15 mars 1843 ; in *Lettres d'un soldat*, Plon, Paris, 1885.
12. *La Colonisation française en Indochine*, Paris, 1895.

intervenir pour faire cesser des pratiques que certains réprouvaient humainement, tel Lanessan, mais aussi parce qu'elles... faisaient partir en fumée la matière imposable. Madagascar ? Des témoins de la conquête ont vu cent fois, comme à l'entrée des villages tonkinois, « des piquets surmontés de têtes sans cesse renouvelées, les exécutions se faisant presque journellement[13] ». L'Afrique noire ? La Tunisie ? Le Maroc ? Partout, des exactions, dans l'exacte proportion de la résistance des éléments autochtones. Là où les mouvements étaient relativement faibles (rivalités tribales préexistant à l'arrivée des Européens, faiblesse ou capitulation des « élites indigènes », armements faibles ou insuffisants...), l'installation se faisait dans un calme apparent, les éléments « douteux » étant cependant éliminés. Là où, en revanche, des résistances se faisaient jour, pas de pitié. Il fallait civiliser ces régions, même contre la volonté des civilisables.

Le pouvoir colonial une fois installé, il fallut le maintenir, contre les soubresauts nationalistes. Il serait possible d'établir une liste des moments de la répression tout aussi longue que celle des moments de la conquête. Mais la répétition serait fastidieuse. Qu'on rappelle seulement la guerre du Rif, les révoltes de 1931 en Indochine, les « événements » de mai 1945 dans le Constantinois, du printemps 1947 à Madagascar, du cap Bon (Tunisie) en 1952... Presque partout, les mêmes moyens de résistance : la révolte, plus ou moins spontanée, la violence contre les représentants de l'ordre, collaborateurs « indigènes » ou colons et administrateurs français. Presque partout, les mêmes moyens de briser les révoltes. Taper, vite et fort, avant que la gangrène ne s'installe. « Des gouverneurs à poigne, quelques bataillons de légionnaires nouveaux et quinze avions de bombardement feront beaucoup mieux que toutes les parlotes », affirme le bien-pensant et futur vichyste Georges Barthélemy à la veille de l'Exposition de Vincennes[14]. Le résident de France à Tunis des années 1950, Jean de Hauteclocque, dit à Vincent Auriol : « Jusqu'ici, monsieur le Président, nous avons bandé mou, maintenant il nous faut bander dur[15]. » On sent dans ces propos l'incommensurable mépris que devaient avoir ces gens pour ceux qui, en France, devaient hésiter – ou pis, protester – devant l'emploi de la force. Être colonial, c'est être viril. La conquête est une pénétration, le maintien de l'ordre

---

13. Savaron, « Mes souvenirs à Madagascar, avant et après la conquête », *Mémoires de l'Académie malgache*, XIII, Tananarive, 1932 ; cité in Pierre Boiteau, *Contribution à l'histoire de la nation malgache*, Éditions Sociales, Paris, 1958.

14. *La Gazette coloniale*, 5 février 1931.

15. Cité par Charles-André Julien, *Et la Tunisie devint indépendante*, Éditions Jeune Afrique, Paris, 1985.

une affaire d'hommes, de vrais. Toute timidité est synonyme d'émasculation. Question : n'y a-t-il pas là un terrain de recherche conjoint pour historiens et psychanalystes (il est vrai déjà défriché par Oscar Mannoni) ?

Le colonialisme est la phase la plus aiguë de cette maladie appelée paternalisme. Et la punition, même la plus sévère, fait partie de l'arsenal mis à la disposition des éducateurs pour parvenir à leurs fins. Si le peuple enfant dont le destin nous a confié la garde paraît remuer un peu trop, il faut froncer les sourcils : « Amis français qui nous lisez, considérez qu'aucun moyen ne peut ici suppléer à la fermeté, à l'énergie, écrit en 1949 un colon de Dalat, Arnaud Barthouet ; on ne comble pas, on n'assouvit pas *ces gens*, surtout en se mettant à leur portée toute déraisonnable, en les traitant en enfants gâtés. Veuillez noter, par contre, qu'ils acceptent toujours la contrainte et la coercition justifiées, appliquées à bon escient. Faute de les traiter comme il convient, ils ne viennent à résipiscence ; ils demeurent butés, intransigeants, insatiables[16]. » De la *fessée* comme moyen de répondre aux questions nouvelles posées par l'histoire... C'est écrit cinq années avant Diên Biên Phu...

Contacts ou faux contacts ?

Il y a la violence à l'état pur. Elle porte l'uniforme, celui du soldat ou celui du gendarme. Mais le pouvoir colonial installé, il y a celle, plus insidieuse, une fois l'ordre établi, des mille blessures de la vie quotidienne.

Qui les Européens rencontrent-ils chaque jour ? Leur univers « indigène » est restreint. Boys à la maison, officiants des petits métiers dans la rue, pousse-pousse en Indochine, cireurs de souliers au Maghreb, porteurs en Afrique noire... Certains, célibataires, ont une « congaï » (Indochine) ou une « mousso » (Afrique noire). D'autres fréquentent, de temps à autre, des « évolués », mais les invitent rarement chez eux. Deux mondes coexistent sans s'interpénétrer. On saisit que le quiproquo fondamental est peut-être né ici, dans ce contact qu'on est tenté d'appeler faux contact. Nul, peut-être, n'a mieux résumé ce drame qu'Augustin Berque, en une formule aussi courte qu'éclairante : « Les indigènes et nous : juxtaposés, non associés ![17] »

Qu'est-ce donc que cet « indigène » pour le colon ? Au mieux, celui-ci peut accorder une certaine affection. Au pire, il fait preuve de violence

---

16. *Indochine (au-dessus des drames, des bourrages et des comédies)*, Delmas, Imprimeur-Éditeur, Bordeaux, 1949.
17. « Notes de politique indigène », 1933 ; in *Écrits sur l'Algérie*, textes recueillis et présentés par Jacques Berque, Éditions Édisud, Aix-en-Provence, 1986.

quotidienne. Entre les deux, le plus souvent : l'absence de regard. L'indigène est comme invisible, on peut voir à travers. Une composante, certes indispensable, de sa vie quotidienne. Comme peut l'être le mobilier. L'homme blanc, sûr de ses valeurs, n'a aucune raison particulière d'échanger, d'égal à égal, des impressions avec ces êtres si différents. D'où une multitude de petits faits, inégalement vexatoires pour les victimes, mais qui, répétés à l'infini, sur deux, trois ou quatre générations, ont pu creuser des fossés plus profonds que certains actes plus violents de la conquête.

Au premier rang figurent sans aucun doute les insultes racistes. Il faut avoir le courage de le reconnaître : elles étaient quotidiennes. Lyautey, grand colonial s'il en fut, dut un jour critiquer « cet état d'esprit déplorable qui se résume dans l'expression de "sale bicot" appliquée uniformément à tous les indigènes », ceux-ci en gardant « une amertume que rien n'efface [18] ». Louis Roubaud dira après lui : « Le mot "bicot" et l'état d'esprit qu'il exprime sont plus néfastes à l'œuvre française en Afrique du Nord que dix invasions de sauterelles dans les champs de blé [19]. » En Afrique, la couleur de la peau des « protégés » marqua beaucoup les colonisateurs. Le Noir, décidément, ne pouvait être une couleur humaine. Tout au plus une enveloppe étrange. « Dieu, qui est un Être très sage », ne pouvait avoir mis « une âme, surtout une âme bonne, dans un corps tout noir », comme le notait déjà ironiquement Montesquieu [20]. Les termes dont étaient affublés les Noirs d'Afrique s'en ressentirent. Aristide Bruant, dans son dictionnaire d'argot, s'était amusé à les recenser. « Blanchette », « Bamboula », « Tête de cirage » étaient les plus gentils [21]. Les « Indochinois » avaient droit à « Nha Que », abâtardi en « Nhaq »…

Lorsque le colonisé passe à l'acte, lorsqu'il se révolte, l'insulte, jusquelà vaguement (ou franchement) méprisante, se fait hargneuse. « Kroumir », mot rendu célèbre lors de la conquête de la Tunisie, devient vite, dans la France des années 1880, expression dégradante. « Ce mot est employé par le peuple comme synonyme de sale individu », explique un autre dictionnaire d'argot fin de siècle [22]. Le mot « salopard », lui, est forgé lors de la guerre du Rif, avant de connaître le succès que l'on sait. Dans les

18. *Paroles d'action* : *Madagascar, Sud-Oranais, Oran, Maroc (1900-1926)*, Armand Colin, Paris, 1927.
19. *Mograb*, Éditions Bernard Grasset, Paris, 1934.
20. *De l'esprit des lois*.
21. *Dictionnaire français-argot*, Paris, 1901 ; réédition, Éditions Chimères, coll. « Absinthe », Paris, 1990.
22. A. Delvau, *Dictionnaire de la langue verte. Argots parisiens comparés*, 1re édition, Paris, Dentu, 1866 ; ajout de Fustier, supplément à la 3e édition, Paris, 1883.

années 1950, encore, Marie Dubas, bientôt relayée par Édith Piaf, chantera *Le Fanion de la Légion* : « Les salopards vers le fortin/Se sont glissés comme des hyènes[23]. »

Et puis, une forme de relations particulières, faite de « petite » violence. Même si tous les coloniaux, loin de là, ne furent pas des brutes véritables, la claque, la bourrade, voire le coup de pied, le coup de chicote, furent des moyens relativement généralisés. Théophile Gautier, voyageant à Alger en 1845, notait déjà que « l'on acquiert vite, en Algérie, une très grande légèreté de main et de bâton[24] ». Pas seulement en Algérie, on l'imagine : « Quel est celui qui a jamais hésité à allonger une claque à l'Annamite ou au Chinois qui l'a par mégarde bousculé sur un trottoir ? », interroge un journaliste de Saigon au début du siècle[25]. Dans la rubrique « Le mois humoristique » du *Monde colonial illustré*, le dessinateur Marcel Jeanjean imagine ce dialogue entre le maître, encore couché, et son boy noir, qui vient de le réveiller :

« Quel temps fait-il ?...

– Comme ti veux, missié !...

– Comment ? Comme je veux ?

– Quand le temps pas comme ti veux, tu donnes coup de pied quelque part, alors je dire : comme ti veux ![26] »

Le colonisateur n'appartenait pas à une autre « espèce », pour reprendre un terme de l'apogée du règne de l'Europe, que la moyenne des humains. Il était seulement placé dans des conditions sociales, impliqué dans un réseau de relations humaines où ses qualités devenaient des traits exceptionnels, certes, mais ses petits travers de grands défauts et ses tares morales des vices qui, vite, devenaient insupportables à ses subordonnés. Or, force est de constater que, souvent, ce n'étaient pas les éléments humainement les plus intéressants qui partaient outre-mer. « C'est le médiocre qui impose le ton général de la colonie », écrivait, en 1957, Albert Memmi. Car, ajoutait-il, « c'est lui qui a le plus besoin de compensation ». Le drame est que le médiocre, toujours et partout, s'imposa ; « de sorte que, si tout colonialiste n'est pas un médiocre, tout colonisateur doit accepter en

---

23. Paroles de Raymond Asso, musique de Marguerite Monnot, Les Éditions de Paris, Paris, 1945.

24. *En Afrique*, Michel Levy, Paris, 1965 ; repris sous son titre le plus connu, *Voyage pittoresque en Algérie*, La Boîte à documents, Paris, 1989.

25. *Le Saigonnais*, 27 mai 1884 ; cité par Charles Meyer, *La Vie quotidienne des Français en Indochine*, 1860-1910, Hachette, Paris, 1985.

26. Janvier 1927.

quelque mesure la médiocrité de la vie coloniale, doit composer avec la médiocrité des hommes de la colonisation[27] ». Henry de Montherlant fait dire au personnage principal de son roman colonial, *La Rose de sable* : « Voilà bien le premier vice de la colonisation. Elle permet de commander en autocrates à des gens qui sont faits pour le subalterne, et qui sentent derrière eux tout le pays – opinion, bureaux, police, tribunaux... – prêt à les soutenir systématiquement, quoi qu'ils fassent[28]. » Pour un Yersin, humble mais immense savant, découvreur du bacille de la peste, vivant quarante années de son existence auprès de « ses Annamites », combien de chefs de cantons incultes, potentats de domaines inimaginables en Europe ? Pour une Isabelle Eberhardt, devenue musulmane, maîtrisant parfaitement la langue du pays, fondue tellement dans la population arabe que même les habitants des villages traversés ne s'apercevaient pas qu'elle n'était pas vraiment des leurs, combien de petits Blancs grossiers vivant cinq, dix ans près de leurs serviteurs sans le moindre mot de réelle communication ? Pour un « monsieur » accordé dans la rue, combien de « bicot », de « Nha Que » ou de « Bamboula » blessants ? Pour un sourire, combien de regards de haine ou de dédain ou, pis, d'absence de regard ? Pour une main tendue, combien de coups de pied aux fesses ? Pour un Albert Camus, un Jules Roy, un Emmanuel Roblès, clamant avec une touchante sincérité qu'il était temps encore de rendre viable une Algérie où coexisteraient Arabes et Européens, combien de pieds-noirs définitivement fermés à toute évolution, accrochés à leurs minces (pour certains) privilèges ? Pour un réformateur (timide), combien de conservateurs (forcenés) ?

Il y eut, dans le personnel métropolitain et colonial, et à tous les niveaux de responsabilités, des libéraux. Il y eut des observateurs attentifs et ouverts des populations asiatiques ou africaines. Il y eut des projets généreux, du Royaume arabe de Napoléon III à l'éphémère Union française. Mais le moins que l'on puisse dire est que ces libéraux ne furent guère entendus, en tout cas, pas écoutés, que ces projets avortèrent toujours devant les fronts du refus passéistes. jusqu'aux derniers moments du système, on constate que certains « petits Blancs », ne voulant pas tirer de leçons des événements, s'obstinèrent. Jamais les réformes tendant à introduire un peu d'égalité dans le système colonial ne purent aboutir. Le pouvaient-elles ? C'est un autre débat historique.

---

27. *Portrait du colonisé, précédé du Portrait du colonisateur*, Buchet Chastel, Paris, 1957.
28. Gallimard, Paris, 1968.

Pourquoi ce silence ?

On peut valablement s'interroger, en ce début de siècle, sur l'étrange silence qui règne sur les violences commises pendant si longtemps, à l'abri du drapeau tricolore, aux quatre coins de la planète.

Écartons tout d'abord, comme système d'explication, le manque d'informations. *Celui qui voulait savoir savait.* La censure – formelle – n'a pratiquement pas joué. On est même étonné de l'abondance de la matière dont disposent les historiens pour dresser un tableau des brutalités coloniales. La liste des dénonciations publiques, au grand jour, des excès coloniaux, est longue : discours et livres d'hommes politiques de tous horizons, pamphlets, enquêtes journalistiques, rapports de commissions... Aux courants anticolonialistes traditionnels, des noms connus, voire prestigieux, se sont joints. Après son *Voyage au Congo*, puis au Tchad, André Gide, au terme d'enquêtes minutieuses sur place, a dressé de durs tableaux de la colonisation en Afrique[29]. Le grand journaliste Albert Londres a fait de même[30]. D'Indochine, Paul Monet[31], Roland Dorgelès[32], puis Andrée Viollis[33] ont ramené des reportages bien documentés et très accusateurs. Du Maghreb, très tôt, des voix se sont élevées, parmi lesquelles celle de l'ancien gouverneur général Maurice Viollette[34] pour attirer l'attention sur des situations explosives. En revanche, le consensus autour des valeurs de la colonisation, très large en France à l'apogée de l'empire, a créé le terrain pour que ces voix soient étouffées. Des gens ont protesté, crié, ils n'ont pas été entendus par la masse de la population de la métropole, c'est aussi simple que cela.

On peut, certes, expliquer cette indifférence par l'activité multiforme, incessante, du lobby lié économiquement et/ou idéologiquement à la colonisation.

Le parti colonial. Notion floue, aux contours mal définis. Pas une structure véritable. Mais un groupe de pression actif, efficace, veillant à ne jamais laisser s'éteindre la flamme impériale. Des hommes politiques, dans tous les partis, lui furent liés. Il pénétra tous les milieux, industriels,

---

29. *Voyage au Congo. Carnets de route*, Gallimard, Paris, 1927 ; *Retour du Tchad*, Gallimard, Paris, 1928.
30. *Terre d'ébène*, imprimerie Busson, Paris, 1929.
31. *Français et Annamites*, PUF, Paris, 1925 ; *Les Jauniers. Histoire vraie*, Gallimard, Paris, 1930.
32. *La Route mandarine*, Albin Michel, Paris, 1929.
33. *Indochine SOS*, préface d'André Malraux, Gallimard, Paris, 1935.
34. *L'Algérie vivra-t-elle ? Notes d'un ancien gouverneur général*, Librairie Félix Alcan, Paris, 1931.

commerçants, journalistes, enseignants... L'Église, l'armée, la grande presse en furent des piliers solides. Une littérature aujourd'hui bien oubliée, mais quantitativement imposante, décrivit par le menu les mœurs étranges de « nos protégés ». À l'apogée, le parti colonial fut capable d'organiser, à Vincennes, une immense exposition qui recueillit, incontestablement, l'engouement populaire (sept millions de Français la visitèrent). L'école laïque véhicula une image de l'empire dont se souviennent encore deux ou trois générations de Français : Brazza demandant aux braves Noirs de toucher le drapeau tricolore, symbole de libération, nos militaires Faidherbe et Gallieni, nos missionnaires, le père de Foucauld en tête...

Certes, dira-t-on. Mais on pouvait être pour l'empire sans pour cela laisser peser une chape de silence sur les excès et crimes commis outre-mer. C'est vrai. Mais il faut prendre en compte l'esprit partisan propre à chaque groupe humain, qui tend à faire corps avec chacun de ses éléments. On peut dire aujourd'hui, avec le recul, qu'il y eut bel et bien une stratégie mise en place par le parti colonial, stratégie visant à désamorcer un risque de scandale dès qu'il s'en profilait un à l'horizon, à obliger la hiérarchie politique et militaire à s'engager dans la bataille à ses côtés, à faire bloc. Le procédé était simple, toujours le même. En cas d'accusation, crier à l'honneur profané de « nos soldats ». Puis déployer le contre-feu : il y a peut-être eu des « excès », mais il s'est agi de cas marginaux. Nous couperons les membres gangrenés. Mais n'en profitez pas pour tenter d'éclabousser « notre belle œuvre d'outre-mer ». D'ailleurs, ceux qui accusent sont-ils « de bons Français » ? Ne seraient-ils pas manipulés par des milieux étrangers ? Et cela a marché. L'affaire Voulet-Chanoine, les procès – tous plus ou moins étouffés – des tortionnaires lors de la répression de la révolte vietnamienne du Nghe Tinh (1931) en témoignent. Et que dire de l'usage de la torture lors des conflits de décolonisation ? On sait aujourd'hui que, de 1945 à 1962, des milliers de combattants vietnamiens, malgaches, algériens furent torturés. Les témoignages abondèrent. Mais les gouvernements français, en particulier ceux de la IVᵉ République, couvrirent de fait ces atteintes gravissimes aux droits de la personne humaine. Contre l'évidence, les mêmes procédés – dénégation, mauvaise foi – furent utilisés. La torture, quelle torture ? Et les voix des Pierre Vidal-Naquet, Robert Bonnaud, Robert Davezies, Henri Alleg, se perdirent dans un silence gêné comme les rares eaux dans les sables du Sahara.

Que pouvaient, dans ces conditions, les rares protestataires ? Que pesait un opuscule, même signé André Gide, face aux milliers de publications exaltant l'œuvre bienfaisante de nos administrateurs coloniaux ? Que pouvait la petite voix discordante d'Andrée Viollis contre le concert de louanges dans l'entourage du ministre Paul Reynaud, en visite en Indochine ? Que pouvaient les surréalistes iconoclastes, en 1931, pour ébranler la bonne conscience des Français ? En 1900, *L'Assiette au beurre* et *Le Petit Journal* luttaient-ils à armes égales ? En 1930, *La Révolution prolétarienne* et *Le Pèlerin* ? En 1950, *Témoignage chrétien* et *France-Soir* ? En 1960, *Vérités sur l'Algérie* et *Paris-Match* ?

Mais l'activité d'un lobby ne peut tout expliquer. Ce qui, *a posteriori*, apparaît peut-être le plus grave, c'est la *banalisation* des brutalités et crimes coloniaux. On ne fait pas d'omelettes sans casser d'œufs. Et puis, ces œufs – ces hommes – appartiennent-ils vraiment à notre espèce ? Lors de la conquête du Tonkin, des soldats français envoient aux familles restées en France de curieuses cartes postales. On y voit des têtes de « rebelles » coupées, jonchant le sol ou posées sur des caisses. Le thème des têtes coupées accompagne d'ailleurs tous les épisodes des diverses conquêtes coloniales. *L'Illustration*, hebdomadaire alors lu dans toutes les familles, publie en 1894 une photo abominable. Commentaire serein : « Groupe étrange et éminemment suggestif de treize têtes de pirates décapités[35]. » Certains enfants de France apprennent à lire dans un illustré contant *Les Aventures du capitaine Ratapoil* : « Un jour, ayant à lui seul capturé vingt Bédouins qui avaient voulu surprendre le poste, Ratapoil les fit agenouiller devant lui à la file puis, se servant de son sabre comme d'une faux, il abattit d'un seul coup les têtes des vingt Moricauds, ce qui les contraria beaucoup[36]. » C'est l'époque où l'on se raconte en famille des histoires drôles où il n'est question que de cagnas ravagées, de sauvages punis, quand ce n'est pas de fillettes violées...

Crimes banals, crimes banalisés. Par quoi ? Mais par la qualité particulière des victimes. Des Noirs, des Jaunes, des Arabes, des de-toutes-les-couleurs, sauf le blanc. En un mot, des « indigènes ». Des hommes, les colonisés ? Oui, mais... Louis Roubaud, au cours d'un reportage au Maroc, recueille ce témoignage d'un Arabe « évolué », plutôt francophile. Une jeune femme française lui présente son enfant. « Dis bonjour au monsieur », demande-t-elle à son fils. Le témoin poursuit : « Le petit chercha autour de lui, me regarda, étonné, et prononça : "C'est pas un monsieur, c'est un indigène"[37]. » Seul le racisme, avoué ou souterrain, permet d'évoquer sans

---

35. 11 août 1894.
36. *Les Aventures du capitaine Ratapoil*, Éditions Pellerin, Épinal, s.d.
37. *Mograb, op. cit.*

sourciller les violences contre les populations dominées. De tout temps, une minorité farouchement anticoloniale a tenté de faire de l'agitation, de mobiliser. Sauf à de très rares occasions, elle rencontra l'échec. « Le bon peuple français, qui utilise ses loisirs entre le bistro et les courses de chevaux, applaudit à la conquête militaire et approuve les atroces expéditions coloniales », déplorait Victor Méric au début du siècle. Pour conclure : « Et que faire ? S'indigner véhémentement ? Dénoncer les crimes et les abus ? Flétrir les canailleries ? Ça ne change rien. Le bon peuple n'a pas le temps de prêter l'oreille [38]. » Les organisateurs de la contre-Exposition coloniale, qui, en 1931, voyaient leurs travées vides, n'étaient sans doute pas loin, même s'ils éprouvaient de la douleur à se l'avouer, de penser la même chose. Et bien des militants anticolonialistes de l'époque des guerres d'Indochine et d'Algérie virent avec une certaine amertume leurs appels à l'action se heurter au mur du silence ou de l'indifférence, quand ce n'était pas du racisme pur et simple. Qu'on se souvienne seulement d'Élise, l'héroïne du beau roman de Claire Etcherelli, constatant avec effroi l'indifférence de ses compagnons de travail et de misère devant les souffrances des Algériens [39].

Car enfin, imagine-t-on que des faits comme ceux que nous avons cités auraient pu disparaître si facilement des mémoires – ou n'y jamais pénétrer – si les victimes avaient été européennes ? Imagine-t-on que les dizaines de milliers de morts du Nghe Tinh (1931), de Sétif (1945), de Madagascar (1947) (« une affaire Dreyfus à l'échelle d'un peuple », disaient alors certains), que les « Viets » et autres « fellaghas » qui moururent sous la torture seraient passés à la trappe de l'histoire s'ils avaient été *blancs*, normaux, comme avait dit l'humoriste. Et que dire du dramatique hiatus entre l'énorme (et justifiée) protestation contre les assassinats du métro Charonne de février 1962 et le quasi-silence lors des pogromes d'octobre 1961 ? Il est vrai que les premiers morts – huit – étaient français, les seconds – plusieurs centaines – algériens. Trente ans plus tard, d'ailleurs, malgré un timide début de révélation des drames, Charonne était resté gravé dans la mémoire de 77 % des jeunes Français, l'Octobre noir seulement de 55 % [40].

L'appel à l'humanisme, lorsqu'il s'est agi de la défense des « races inférieures », a en permanence échoué. Voilà la réalité incontournable de

---

38. « La flibusterie coloniale », *Les Hommes du jour*, 3 juin 1911.
39. *Élise ou la vraie vie*, Denoël, Paris, 1967.
40. Enquête réalisée en octobre 1991 auprès de 1 234 jeunes Français âgés de 17 à 30 ans ; in « Connaissance de la guerre d'Algérie », Laboratoire de recherche ethnométhodologique, Université Paris VIII, Paris, coédition Ligue de l'enseignement/Institut du monde arabe, 1993.

l'histoire de l'anticolonialisme français. Certes, les Français ne peuvent être tenus pour collectivement responsables des excès commis outre-mer. Pourtant, « Irais-je jusqu'à dire que c'est de ta faute, non / Mais tu y es pour beaucoup, mon frère[41] » (Nazim Hikmet).

Alain Ruscio

---

41. « La plus drôle des créatures », 1948, *Anthologie poétique*, Les Éditeurs français réunis, Paris, 1964.

Les camps français, des non-lieux de mémoire

Anne Grynberg

À partir du début de l'année 1939 et jusqu'à la fin de la Seconde Guerre mondiale, la France fut une « terre de camps ». Militants politiques étrangers jugés « indésirables », républicains espagnols, combattants des Brigades internationales, réfugiés du Reich hitlérien, antifascistes italiens, communistes et syndicalistes français furent internés sous la IIIᵉ République. Puis le gouvernement de Vichy arrêta massivement les Juifs étrangers d'abord, tous les Juifs ensuite : c'est dans les camps du Sud, sous administration française, que l'on puisa les premiers « déportables » de la zone non occupée. *Via* Drancy, ils furent ensuite envoyés « vers l'Est », selon la pudique et fallacieuse expression officielle de l'époque.

Pendant plusieurs décennies, l'historiographie est restée parcellaire, les témoignages confidentiels, les lieux muets.

Qu'a-t-on voulu ainsi oublier, ou occulter ?

Au lendemain de la Première Guerre mondiale, la France, qui laisse ses frontières ouvertes et où l'on est assuré de trouver du travail, devient le plus important pays d'immigration d'Europe. Le nombre des étrangers résidant sur son sol ne cesse de croître. Entre 1914 et 1934, il passe de 1 150 000 à plus de trois millions ; leur pourcentage par rapport au chiffre total de la population avoisine alors les 7 %[1]. Le nombre de Juifs étrangers augmente considérablement, lui aussi : plus de 150 000 nouveaux immi-

---

1. Chiffres fournis par le rapport Bonnevay, *Journal officiel*, Documents parlementaires, Chambre, annexe 2 723, 19 décembre 1933.

grants juifs arrivent en France dans l'entre-deux-guerres, venus surtout de Pologne, de Russie et de Roumanie, également de Grèce et de Turquie.

Jusqu'à la fin des années 1920, la France assume fidèlement sa vocation de terre d'accueil et favorise l'intégration des immigrés, même si l'administration se montre exigeante, tracassière parfois[2]. Mais, à partir de 1931, elle est frappée par la crise économique qui se manifeste aux États-Unis depuis 1929, bientôt accompagnée d'une grave crise sociale marquée notamment par une spectaculaire montée du chômage.

C'est dans ce contexte difficile que commence l'immigration allemande, dès la désignation de Hitler comme chancelier, en 1933. Le nombre de réfugiés augmente constamment jusqu'en 1939, en des flux successifs qui s'organisent en fonction des événements que traverse l'Allemagne nazie – les lois raciales de Nuremberg en 1935, la nuit de cristal en 1938... 200 000 personnes environ passent par la France – pour une période très variable, car pour beaucoup Paris n'est qu'une étape, et 40 000 réfugiés seulement s'installent dans le pays. S'y ajoutent les Sarrois et les Autrichiens fuyant le Grand Reich.

Dans les sphères politiques françaises, ce n'est pas vraiment l'enthousiasme. Certes, Camille Chautemps, président du Conseil, décide d'ouvrir les frontières aux réfugiés et demande aux consuls en poste en Allemagne d'examiner favorablement leurs demandes de visas, mais des tris sont opérés par les diplomates, qui acceptent plus facilement les citoyens allemands aisés et capables de subvenir aux besoins de leur famille sans tomber à la charge de l'État français que les *Ostjuden* – Juifs polonais vivant en Allemagne parfois depuis des générations sans en avoir acquis la citoyenneté – dépourvus de toute ressource. Parmi ces derniers, certains, faute d'un permis de séjour, optent pour l'immigration clandestine.

Cependant, malgré les précautions prises par le gouvernement français soucieux de « protéger la main-d'œuvre nationale » contre une éventuelle concurrence, l'indignation s'exprime dans la presse de droite, dont de nombreux articles dénotent des relents prononcés de xénophobie et d'antisémitisme : le développement de la crise économique et sociale

---

2. On peut rappeler par exemple la loi du 11 août 1926, qui consacre légalement l'existence de la carte d'identité de travailleur étranger, que tout employeur doit exiger de son personnel immigré. Cette loi interdit d'employer des étrangers dans une profession autre que celle qui leur a permis d'obtenir la carte de travailleur ; elle proscrit également l'embauche avant l'expiration du contrat de travail lié à la délivrance de la carte d'identité. De plus, les chefs d'entreprise qui utilisent une main-d'œuvre étrangère doivent tenir un registre spécial, susceptible d'être vérifié par des agents de l'État. Le décret du 5 janvier 1927 précise la manière de le tenir et les colonnes qu'il doit comporter. (Cf. *jo*, Lois et décrets, 5 février 1927) On n'en dénombre pas moins de onze.

s'accompagne en effet d'une crise politique et d'une crise d'identité nationale qui fragilisent le respect des valeurs républicaines et de la tradition française du droit d'asile. *L'Ami du peuple* du 20 juin 1933, par exemple, fustige violemment « le flot pressé des judéo-socialo-germains ».

De tels propos influencent peut-être la mise en place des dispositions de plus en plus restrictives qui caractérisent dès lors, et jusqu'à la Seconde Guerre mondiale, la politique française d'immigration – à l'exception d'une brève embellie sous le Front populaire, avec la constitution d'un sous-secrétariat chargé des services de l'immigration et des étrangers, confié à Philippe Serre. À partir de 1938, l'aggravation de la situation internationale exacerbe encore la méfiance envers les étrangers qui, aux yeux d'une partie croissante de la classe politique et de l'opinion publique françaises, apparaissent à la fois comme une charge économique et comme un danger pour la paix – la paix sociale et la paix internationale. Le 14 avril 1938, le jour même de l'entrée en fonction du gouvernement Daladier, le ministre de l'Intérieur Albert Sarraut souligne la nécessité de « mener une action méthodique, énergique et prompte, en vue de débarrasser notre pays des éléments étrangers indésirables qui y circulent et y agissent au mépris des lois et des règlements ou qui interviennent de façon inadmissible dans des querelles ou des conflits politiques ou sociaux qui ne regardent que nous[3] ». L'adéquation étranger/fauteur de troubles est présente dans de nombreux esprits, tant au sein de la classe politique que dans la « société civile ».

La politique française à l'égard des étrangers se durcit sans cesse. Le décret-loi du 12 novembre 1938 aggrave encore les dispositions du mois de mai – qui prévoyaient l'assignation à résidence et, dans les cas les plus graves, l'expulsion – par l'institution de « centres spéciaux destinés aux étrangers qui, en raison de leurs antécédents judiciaires ou de leur activité dangereuse pour la sécurité nationale, ne peuvent, sans péril pour l'ordre public, jouir de cette liberté encore trop grande que confère l'assignation à résidence[4] ».

---

3. Circulaire aux préfets. Archives de la préfecture de police de Paris, dossier 64, document 51343/5. Cité in Gilbert Badia *et al.*, *Les Barbelés de l'exil*, Presses universitaires, Grenoble, 1979.
L'extrême droite a beaucoup reproché au Front populaire de pratiquer un favoritisme éhonté à l'égard des étrangers, des Juifs tout particulièrement : « De monstrueuses familles de youtres berlinois remontaient les Champs-Élysées au cri de "Fife le Vront bobulaire !" », écrira ainsi Lucien Rebatet dans *Les Décombres*, rendant compte des manifestations du 14 juillet 1935.
4. *JO* du 13 novembre 1938, p. 12 920.

« Premier camp de concentration français », titre *Le Matin* le 3 février 1939 pour annoncer la récente ouverture de Rieucros, près de Mende, en Lozère. Celui-ci abrite depuis un mois une quarantaine d'internés, militants politiques d'extrême gauche considérés comme « indésirables » et « dangereux ».

La création de ce camp – le premier d'un véritable réseau d'internement – dans « la patrie des droits de l'homme » s'inscrit donc directement dans l'évolution de la politique française face aux immigrés. Écartelée entre sa tradition d'hospitalité et les difficultés conjoncturelles qu'elle doit alors affronter, la France n'a pas réussi à élaborer une véritable politique de l'immigration – mais a plutôt mis en place une « police de l'immigration », selon l'expression du juriste William Oualid. L'attitude de l'opinion publique s'est également transformée, en liaison avec les difficultés de l'heure. L'extrême droite crie à « l'invasion des métèques », et de nombreux Français se replient frileusement autour de slogans xénophobes et antisémites, qui retentissent jusqu'à la tribune de la Chambre.

C'est alors que le pays va devoir faire face à l'afflux des républicains espagnols vaincus par les troupes franquistes.

Le délit de « dangerosité »

Après bien des hésitations, le gouvernement accepte, le 6 février 1939, de laisser les hommes « jeunes et valides » pénétrer sur le sol français, à condition qu'ils soient désarmés. Mais il ne peut être question de les laisser s'égailler à travers le pays, et ils sont regroupés dans cinq camps proches de la frontière : Argelès, Saint-Cyprien, Barcarès, Arles-sur-Tech et Prats-de-Mollo. En mars 1939, on évalue leurs effectifs à 226 000 personnes [5]. Ces camps ont été installés très rapidement, de manière quasi improvisée. Surpopulation, manque d'hygiène, prolifération des rats, des poux et des punaises, épidémies de dysenterie et de typhoïde, maladies pulmonaires et dermatologiques : la vie quotidienne des internés est très pénible, même si l'on emploie, dans la terminologie officielle, les termes conviviaux de centres « d'accueil » ou « d'hébergement ». Depuis le début de la guerre d'Espagne, une propagande très violente a présenté les républicains comme « voleurs et violeurs », et les histoires les plus macabres ont circulé. La droite intensifie ses insultes contre « la pègre rouge », « la racaille meurtrière [6] » qui « pratique de manière honteuse le chantage à la pitié [7] » et

---

5. *JO*, Débats, Chambre, 10 mars 1939, p. 902.
6. Cf., par exemple, *Gringoire* du 16 février 1939.
7. *Le Matin*, 30 janvier 1939.

« profite de l'hospitalité française », mais des élans de solidarité se manifestent par ailleurs, tant sur le plan local que national. Directement mis en cause, le gouvernement ouvre d'autres camps durant l'hiver 1939 pour tenter d'améliorer la situation : Agde, Bram et Septfonds. Au printemps, il entreprend la construction d'un camp plus important dans les Pyrénées-Atlantiques : Gurs, d'une capacité totale de 18 000 personnes [8].

La nouvelle du pacte germano-soviétique puis la déclaration de guerre accentuent le climat passionnel qui règne autour des internés. Tout en essayant de se débarrasser au plus vite de ces hommes qui constituent « une charge pesante pour la nation [9] » et en tentant de les convaincre soit de retourner en Espagne – malgré la répression franquiste –, soit d'émigrer outre-mer, le gouvernement procède cependant à de nouvelles mesures d'internement.

Les premiers visés sont les « terroristes étrangers », militants connus pour leur activisme politique dans les rangs de l'extrême gauche. Certains étrangers sont arrêtés avant même le début du conflit, tels Arthur Koestler, Bruno Frei, Palmiro Togliatti ou Luigi Longo, envoyés au camp répressif du Vernet d'Ariège : tondus comme des bagnards, dépouillés de leurs objets personnels, surveillés par des gardes mobiles la baïonnette au canon, ils sont astreints à des travaux aussi humiliants qu'inutiles, et parfois victimes de châtiments corporels [10].

On arrête également les Allemands et « ex-Autrichiens » de dix-sept à soixante ans établis en France, conformément à la circulaire du 30 août 1939 qui prévoit, en cas de conflit armé, « le rassemblement dans des centres spéciaux de tous les étrangers ressortissant de territoires appartenant à l'ennemi ». Ces mesures ne tiennent pas compte du fait qu'il y a parmi eux de nombreux anti-hitlériens qui parfois ont déjà payé fort cher en Allemagne leur engagement politique. On invoque le risque d'espionnage au sein d'une fantasmatique « cinquième colonne » pour procéder à l'amalgame et interner tout le monde, à l'exception de quelques personnalités de premier plan : 20 000 internés entrent dans cette catégorie à la fin de l'année 1939. Au mois de mai 1940, c'est au tour des femmes, expédiées à Rieucros ou à Gurs. Après l'entrée en guerre de l'Italie, en juin 1940, les

---

8. Ce chiffre est dépassé moins de deux semaines après l'ouverture du camp : 18 985 internés le 10 mai 1939. Archives départementales des Pyrénées-Atlantiques (Pau), 1 M 543-162/2G.

9. *L'Intransigeant des Basses-Pyrénées*, 16 septembre 1939.

10. Gilbert Badia, « Camps répressifs ou camps de concentration ? », *Les Barbelés de l'exil, op. cit.* Sur le camp du Vernet, on lira aussi le témoignage d'Arthur Koestler, *La Lie de la terre*, Charlot, Paris, 1947.

Italiens vont grossir les rangs des internés de Saint-Cyprien, Argelès, Bram, Gurs, Le Vernet, Les Garrigues, Loriol, Saint-Germain-les-Belles.

Quant aux « ennemis de l'intérieur » – militants communistes français et leaders syndicaux –, ils sont massivement arrêtés entre l'automne 1939 et le printemps 1940[11] et internés à Chibron, Fort-Barraux, Aincourt, Rouillé, Voves, Nexon, Saint-Paul-d'Eyjeaux...

Tous sont frappés par le décret-loi du 18 novembre 1939, qui institue le délit de « dangerosité ». Il ne prévoit pas seulement la sanction contre des délits commis à l'encontre de la sûreté de l'État et de l'ordre public, mais aussi la prévention contre de tels actes : la présomption se confond avec la preuve. En outre, les préfets se trouvent investis d'un pouvoir considérable, puisque la loi transfère à l'autorité administrative la tâche – jusqu'alors dévolue à l'autorité judiciaire – de prononcer une mesure d'internement. Certes, le gouvernement justifie cette « loi d'exception » par les impératifs de la guerre, mais il y a sans conteste dérapage par rapport au droit et aux principes républicains[12]. L'arbitraire règne dans les camps.

Les sacrifiés de la collaboration d'État

D'emblée, le gouvernement de Vichy récupère cet « héritage[13] », le développe et le dévoie.

La loi du 3 septembre 1940 prolonge les dispositions du décret-loi du 18 novembre 1939, auquel elle se réfère explicitement. Les préfets voient leurs prérogatives encore renforcées : ils peuvent désormais prononcer des mesures d'internement sans les soumettre préalablement au ministre de l'Intérieur. Ils n'ont pas à fournir la moindre indication quant à la durée prévisible de l'internement.

---

11. « Tableau synthétique des mesures de répression contre les menées hitléro-communistes à la date du 1er mars 1940 », Archives Daladier, 3 DA 12 DR 2 SDRA. Cité par Denis Peschanski, « Du régime d'exception à l'"assainissement" national », Jean-Pierre Rioux, Antoine Prost, Jean-Pierre Azéma, *Les Communistes français de Munich à Châteaubriant, 1938-1941*, Presses de la Fondation nationale des sciences politiques, Paris, 1987, p. 152.
12. Cf. Monique Luirard, « Aspects de la législation sur les camps d'internement », *Répression. Camps d'internement en France pendant la Seconde Guerre mondiale. Aspects du phénomène concentrationnaire*, Centre d'histoire régionale, Saint-Étienne, 1983.
13. L'expression est de Marcel Peyrouton, ancien ministre de l'Intérieur du maréchal Pétain : « On a beaucoup parlé des camps de concentration dont le gouvernement de Vichy, à l'imitation des nazis, aurait assuré l'ouverture et le peuplement. C'est inexact. C'est M. Daladier qui, en 1939, en fut le père. [...] Le Maréchal en hérita. » *Du service public à la prison commune*, Plon, Paris, 1950, p. 160.

Surtout, la législation sur l'internement s'inscrit désormais dans la politique antisémite du régime de Vichy. La loi du 4 octobre 1940 – publiée au *Journal officiel* le 17 octobre, en même temps que le texte du premier statut des Juifs du 3 octobre – prévoit l'internement des « étrangers de race juive » dans des « camps spéciaux », au nombre de six : Le Vernet, Gurs, Bram, Argelès, Saint-Cyprien et Les Milles. D'autres, comme Rieucros ou Agde, sont des « camps mixtes » abritant à la fois des étrangers et des Français.

Les conditions de vie des internés s'aggravent, liées au surpeuplement. Tel est le cas notamment à Gurs, où les effectifs sont multipliés par quatre à la fin du mois d'octobre 1940, par suite de l'arrivée des Juifs badois et palatins expulsés par les autorités nazies et « accueillis » en France derrière les barbelés. Au début de l'année 1941, le gouvernement de Vichy ouvre trois nouveaux camps : Rivesaltes, près de Perpignan – où sont internées les familles espagnoles, juives et tziganes avec des enfants ; Noé et Récébédou, à côté de Toulouse, pour les malades et les personnes âgées. Partout, les internés souffrent de la promiscuité et du froid, de la malnutrition et du manque d'hygiène, de la pénurie de soins médicaux et de l'isolement. Des dizaines d'entre eux – jeunes enfants et vieillards surtout – succombent, victimes de la « maladie de la faim ».

Des contrôles sont effectués sur les routes, dans les trains, les hôtels et les magasins : les Juifs n'ont pas le droit de quitter leur lieu de résidence habituel et le non-respect de cette obligation les rend passibles de l'internement. On peut également être envoyé dans un camp pour « indigence », en cas de conditions d'existence précaires. Jusqu'au printemps 1941, ceux qui prouvent qu'ils disposent d'une aide correspondant à un revenu mensuel de 1 200 francs peuvent être libérés. Mais, le 25 juin 1941, l'amiral Darlan l'interdit : « [...] J'attache un prix tout particulier à ce que les israélites étrangers actuellement dans les centres d'hébergement ou dans les camps de concentration ne puissent s'intégrer à la collectivité nationale et pour qu'au contraire tout soit mis en œuvre afin d'obtenir leur départ de France [14]. » En outre, le deuxième statut des Juifs du 2 juin 1941 permet l'internement de « tous les Juifs, sans distinction de nationalité [15] ».

Le chiffre maximum de 40 000 internés juifs atteint en zone non occupée en février 1941 a diminué, et il est alors de 11 000 environ ; il sera

---

14. Note aux préfets de zone sud. CDJC, CXIII-12. 15. *JO*, 14 juin 1941.
15. *JO*, 14 juin 1941.

de 10 000 en juillet 1942. Néanmoins, toutes les personnes libérées ne sont pas véritablement libres : assignées à résidence pour la majorité d'entre elles, elles sont strictement contrôlées par les autorités.

Au mois de juillet 1942, Theodor Dannecker, représentant d'Eichmann en France, visite les camps de la zone non occupée afin d'y évaluer le nombre de Juifs étrangers « déportables ». Autorités allemandes et françaises sont d'accord pour considérer que ces déportations ne susciteront pas de véritable mouvement d'opposition – ce qui ne serait pas le cas si l'on s'en prenait d'emblée aux Juifs français, mieux intégrés au sein de la société et que le maréchal Pétain a assurés de sa protection. Sur proposition de René Bousquet, chef de la police française, Pétain et Laval décident de livrer d'abord aux Allemands 10 000 Juifs étrangers de la zone non occupée. Les internés restés dans les camps sont les parias des parias, ceux qui n'ont pu être libérés, ceux qui ne bénéficient d'aucun soutien à l'extérieur, ceux qui n'ont ni parents ni relations : « ces déchets expédiés par les Allemands eux-mêmes [16] » devront partir les premiers.

À partir du 3 août 1942, les « camps spéciaux pour étrangers » sont bouclés par des gendarmes français, et toute libération est suspendue. Entre le 3 et le 24 août, près de 4 000 internés partent pour Drancy – et il faut ajouter à ce chiffre 700 membres des Groupements de travailleurs étrangers. Le 26 août, une grande rafle est organisée à travers toute la zone sud. Les anciens internés des camps, dûment répertoriés dans leurs lieux d'assignation à résidence, sont parmi les premiers à être arrêtés.

« Puis, dans les camps, ce fut le silence : le silence fait de l'écho de tous les cris étouffés, de toutes les douleurs de séparation, de toutes les angoisses, de tous les drames individuels et du grand drame collectif, comme le silence qui pend en lambeaux épais, le soir, à la fin des combats [17]. »

Une histoire parcellaire

Pendant plusieurs décennies, c'est bien le silence qui caractérise l'historiographie relative aux camps d'internement du sud de la France. Le livre du Dr Joseph Weill, témoin et acteur de cette histoire puisqu'il était l'un

---

16. C'est ainsi que Pierre Laval évoque les internés du pays de Bade et du Palatinat lors du Conseil des ministres du 3 juillet 1942. Cf. Serge Klarsfeld, *Vichy-Auschwitz*, Fayard, Paris, 1983, vol. I, p. 101.
17. Joseph Weill, *Contribution à l'histoire des camps d'internement dans l'Anti-France*, CDJC, Paris, 1946, p. 202.

des principaux responsables de l'OSE[18], fut longtemps le seul. Son titre est significatif : le régime de Vichy, l'« Anti-France », constitue une parenthèse dans l'histoire nationale, faite de générosité et de solidarité. Les camps de la IIIᵉ République ne sont pas vraiment mentionnés, et la création des premiers camps est attribuée, de manière assez floue, au gouvernement du maréchal Pétain. Le projet de ce livre a été conçu dès la fin de l'année 1944 par l'une des six commissions mises en place par le Centre de documentation juive contemporaine (CDJC) fondé pour faire l'histoire et présenter les revendications du monde juif après la Shoah[19]. À l'origine, pourtant, le plan prévoyait quatre parties, mais la première, 1939-1940, ne figure pas dans l'ouvrage imprimé. Dans ces années de l'immédiat après-guerre, il faut, pour que puisse s'accomplir le travail de deuil, considérer l'antisémitisme comme une monstruosité historique fondamentalement étrangère à l'histoire et aux mentalités françaises[20]. Les Juifs de France n'ont qu'un souhait, réintégrer la société et se fondre en son sein, sans mettre en exergue le moindre particularisme.

Il faut attendre près de trente ans – et l'ouverture des archives par de nouveaux textes de loi moins restrictifs que les précédents – pour que soient publiés deux ouvrages consacrés aux camps français : *Les Barbelés de l'exil*, autour de Gilbert Badia ; et *Vivre à Gurs. Un camp de concentration français, 1940-1941*[21], où le témoignage de Hanna Schramm est complété par celui d'autres internés et par des documents présentés par Barbara Vormeier. Dans l'un et l'autre cas, l'accent est mis sur l'internement des ressortissants allemands, notamment des sociaux-démocrates et des communistes. Si les déportations de l'été 1942 sont évoquées, le caractère spécifique de l'internement des Juifs n'est pas véritablement mis en évidence. Tel est le cas, au début des années 80, avec la publication des actes d'un colloque universitaire tenu à Saint-Étienne[22] et celle d'un ouvrage collectif consacré aux camps en Provence[23]. En 1985, le livre de Claude Laharie

---

18. L'Œuvre de secours aux enfants, organisation juive d'assistance fondée en Russie en 1912, développa une branche française à partir du début des années 1930, se consacrant surtout à l'aide médico-sociale en faveur des enfants.

19. Annette Wieviorka, *Déportation et génocide. Entre la mémoire et l'oubli*, Plon, Paris, 1992, p. 422.

20. Cf. Henry Rousso, *Le Syndrome de Vichy, de 1944 à nos jours*, Le Seuil, Paris, 1987.

21. Maspero, Paris, 1979.

22. *Répression. Camps d'internement en France pendant la Seconde Guerre mondiale. Aspects du phénomène concentrationnaire*, op. cit.

23. *Les Camps en Provence. Exil, internement, déportation, 1933-1942*, Ex/Alinéa, Marseille, 1984. C'est dans cet ouvrage que l'on peut lire l'un des tout premiers textes sur l'internement des

dresse une histoire exhaustive du camp de Gurs[24] – auquel Adam Rutkowski avait consacré une courte monographie en 1980, en s'intéressant surtout aux internés juifs[25]. La fin des années 1980 et le début des années 1990 voient une floraison d'ouvrages consacrés aux camps du Roussillon[26], à ceux du midi de la France[27] ou de la région toulousaine[28]. *Les Camps de la honte* évoque plus particulièrement le sort des internés juifs et l'activité de ceux qui leur vinrent en aide[29]. En ce qui concerne les camps de la zone occupée, dont nous ne traitons pas dans le cadre de cet article, on retrouve plus ou moins le même découpage chronologique. Le livre de Georges Wellers[30], réédité à plusieurs reprises, a longtemps été le seul ouvrage de référence – à la fois travail d'historien et témoignage. Depuis quelques années, d'autres ouvrages ont été publiés, que ce soit celui d'Éric Conan sur les camps de l'Orléanais[31], ou celui de Maurice Rajsfus sur Drancy[32].

Sans nul doute, l'histoire des camps d'internement français est peu à peu sortie de l'ombre, comme en témoigne également l'organisation de cours et de séminaires consacrés à ce sujet[33]. Il faut signaler aussi la publi-

---

Tziganes : Francis Bertrand et Jacques Grandjonc, « Un ancien camp de bohémiens : Saliers ». La même année paraît un ouvrage entièrement consacré à cette question : Jacques Sigot, *Un camp pour les Tziganes... et les autres. Montreuil-Bellay, 1940-1945*, Wallâda, Paris, 1984.

24. *Le Camp de Gurs*, Infocompo, Pau, 1985.

25. In *Le Monde juif*, n° 100, 1980.

26. *Plages d'exil. Les camps de réfugiés espagnols en France*, BDIC-Centre universitaire de Nanterre/Hispanica XX-Université de Bourgogne, diffusion La Découverte, Paris, 1989.

27. André Fontaine, *Un camp de concentration à Aix-en-Provence ? Le camp d'étrangers des Milles, 1939-1943*, Édisud, Aix, 1989. Jacques Grandjonc, Theresia Grundtner (sous la dir. de), *Zone d'ombres 1939-1943. Exil et internement d'Allemands et d'Autrichiens dans le sud-est de la France*, Alinéa, Aix-en-Provence, 1990.

28. *Les Camps du sud-ouest de la France. Exclusion, internement et déportation, 1939-1944*, Privat, Toulouse, 1994. Il s'agit de la publication des actes d'un colloque organisé en avril 1990, conjointement à une exposition à la bibliothèque municipale de Toulouse. Signalons aussi le mémoire de maîtrise d'Éric Malo, consacré au camp de Noé.

29. Anne Grynberg, *Les Camps de la honte. Les internés juifs des camps français, 1939-1944*, La Découverte, Paris, 1991.

30. *De Drancy à Auschwitz*, CDJC, Paris, 1946. Réédité en 1973 par les Éditions Fayard, sous le titre *L'Étoile jaune à l'heure de Vichy. De Drancy à Auschwitz*, puis en 1991 – complété par une note biographique de l'auteur et par un texte de son épouse, Anne Wellers, « En attendant son retour », dans *Un Juif sous Vichy*, Tirésias, Paris.

31. *Sans oublier les enfants. Les camps de Pithiviers et de Beaune-la-Rolande, 19 juillet-16 septembre 1942*, Grasset, Paris, 1991.

32. *Drancy, un camp de concentration très ordinaire*, Manya, Paris, 1991.

33. Les universités d'Aix-en-Provence, de Toulouse et de Montpellier consacrent des travaux de recherche à l'histoire des camps français. Nous avons nous-même dirigé un séminaire de DEA à l'École des hautes études en sciences sociales (1990-1992), et il existe à l'Institut d'histoire du temps présent (IHTP/CNRS) un séminaire intitulé « Justice, droit, police, 1930-1960 », animé par Henry Rousso et Denis Peschanski qui englobe notamment ce sujet.

cation récente de plusieurs témoignages restés confidentiels pendant de longues années, émanant soit d'anciens internés, soit de travailleurs sociaux ou d'hommes d'Église ayant œuvré dans les camps[34]. Nombre d'entre eux ont pris la parole dans le film réalisé en 1990 par Bernard Mangiante et présenté sur la Sept : *Les Camps du silence.*

Le silence a donc été rompu, mais des zones d'ombre demeurent. Certains camps – Agde, pour n'en citer qu'un, ou encore les camps d'Afrique du Nord – sont encore mal connus. Il en va de même pour les Groupements de travailleurs étrangers, éparpillés à travers la France entière – et donc à travers de multiples fonds d'archives. Certaines catégories d'internés n'ont pas encore fait l'objet d'études systématiques : les Tziganes – internés en France comme « asociaux » mais traités en fonction de critères raciaux une fois déportés –, les « indésirables français » (IF), exécutés comme otages ou déportés vers les camps de concentration allemands, les prisonniers de droit commun internés pour marché noir ou pour « déviances » par rapport à la morale vichyssoise... L'historiographie des camps français, loin d'être inexistante aujourd'hui, demeure néanmoins fragmentaire. Qu'en est-il du champ de la mémoire ?

Mémoires solidaires ou rivales ?

Dès la fin de la guerre, certains se posent la question de la préservation du souvenir des camps français – notamment dans les milieux juifs. À la Libération, l'entretien des tombes des internés morts dans les camps incombe aux services des Ponts et Chaussées qui s'en chargent pendant deux ans, avant de confier cette tâche aux mairies des communes, lesquelles s'en acquittent de manière inégale. Le camp de Gurs, qui comprend plus de mille tombes, représente un cas particulier. Le ministère de l'Intérieur s'en est porté acquéreur pour l'État, et le Consistoire central en assume la charge par ses propres moyens[35]. Il a alloué par ailleurs la somme nécessaire à l'entretien des tombes du cimetière de Noé.

---

34. Pour ce qui est des internés juifs, au centre de notre propos, citons par exemple : Gret Arnoldsen, *Silence, on tue*, La Pensée universelle, Paris, 1981 ; Daniel Benedite, *La Filière marseillaise*, Glancier-Rénaud, Paris, 1984 ; Gilbert Badia (éd.), *Exilés en France. Souvenirs d'antifascistes allemands émigrés, 1933-1945*, EFI, Paris, 1985 ; Lion Feuchtwanger, *Le Diable en France*, Jean-Cyrille Godefroy, Paris, 1985 ; René Samuel Kapel, *Un rabbin dans la tourmente*, CDJC, Paris, 1986 ; Lisa Fittko, *Le Chemin des Pyrénées*, Maren Sell, Paris, 1988 ; Friedel Bohny-Reiter, *Journal de Rivesaltes*, Zoé, Genève, 1993 ; Laurette Alexis-Monnet, *Les Miradors de Vichy*, préface de Pierre Vidal-Naquet, Les Éditions de Paris, 1994.
35. Nous empruntons ces informations à Annette Wieviorka, *op. cit.*, p. 395.

Certains considèrent toutefois qu'il faut aller au-delà. En décembre 1946, la Fédération des sociétés juives de France, organisation représentative des Juifs immigrés particulièrement importante dans l'entre-deux-guerres, lance un appel au Consistoire pour que soit édifié à Gurs, à l'intention des générations futures, un « monument des malheurs de notre temps ». Ce projet ne sera jamais mené à terme.

En 1959, une première stèle est érigée au camp de Noé. « Dédiée aux patriotes », elle est inaugurée par Maurice Thorez et Jean-Baptiste Doumeng, le « milliardaire rouge », P-DG d'Interagra et membre du parti communiste, maire du village de Noé dont il est originaire. Elle porte une citation de Pascal : « Je ne crois que les histoires dont les témoins se feraient égorger. » Au cours de la même période, une stèle est installée à l'entrée de l'ancienne allée principale du camp de Nexon, rebaptisée « allée Jean-Moulin » : « Camp de Nexon, 1940-1944. Ici furent internés de nombreux patriotes. » Dans le cimetière, on peut voir la tombe où « reposent 59 israélites, victimes du nazisme ». En cette fin des années 1950, le mythe dominant du résistantialisme permet aux Français de refouler les séquelles de la guerre franco-française qui les a déchirés quinze ans auparavant. Il s'agit, explique Henry Rousso, d'un processus qui cherche : « *Primo* la marginalisation de ce que fut le régime de Vichy et la minoration systématique de son emprise sur la société française, y compris dans ses aspects les plus négatifs ; *secundo*, la construction d'un objet de mémoire, la "Résistance", dépassant de très loin la somme algébrique des minorités agissantes que furent les résistants, objet qui se célèbre et s'incarne dans des lieux [36]. » Les camps d'internement permettent de réaliser ces deux objectifs : le rôle du régime de Vichy dans la création et l'administration de ces centres, jusqu'à l'organisation de la déportation des internés juifs, est passé sous silence pour exalter le rôle et les souffrances des « patriotes », incarnation de la vraie France composée massivement de résistants [37].

Au début des années 1980 apparaît un autre intervenant : les communautés juives d'Allemagne et notamment celle de Mannheim – principale ville du pays de Bade, lieu de l'opération Bürckel-Wagner d'octobre 1940 –, à l'initiative de la réfection du cimetière de Gurs et de l'érection

---

36. *Op. cit.*, p. 21.
37. Il faut cependant signaler le cas particulier, bien que plus tardif, de l'Association nationale des anciens combattants de la Résistance (ANACR), qui a fait ériger en 1972 une stèle du souvenir à Privas, là où furent rassemblés les Juifs de l'Ardèche victimes de la rafle du 26 août : « Ici, le 28 août 1942, ont été rassemblés en vue de leur déportation en Allemagne les Juifs réfugiés en Ardèche. Trentième anniversaire. ANACR. »

d'une deuxième stèle à Noé. Y figurent, surmontés d'une étoile de David, les noms des 205 Juifs morts dans le camp, ainsi qu'une inscription en français et en hébreu : « Je voudrais pleurer jour et nuit ceux qu'a vus succomber la fille de mon peuple » (Jérémie, VIII-23). « Aux victimes du nazisme et racisme. Aux morts du camp de Noé, 1941-1943. » À cela, sans doute, des raisons d'ordre économique : la communauté de Mannheim, reconstituée après la guerre – et motivée pour préserver le souvenir des internés –, semble florissante. Des raisons politiques aussi, peut-être : l'expulsion des Juifs du pays de Bade et du Palatinat a été une décision allemande. Et la stèle qui s'élève à côté du cimetière rend hommage aux « victimes de la barbarie nazie ». Une fois de plus, Vichy n'apparaît pas[38].

Jugeant que les déportations n'étaient pas évoquées de manière suffisamment explicite, l'Amicale des déportés d'Auschwitz[39] a fait apposer plusieurs stèles sur l'emplacement des camps d'internement français, depuis 1987 : à Saint-Sulpice, Septfonds, Casseneuil, Portet-Saint-Simon (gare d'où partirent les déportés de Noé et de Récébédou), Vénissieux, Ruffieux et Nexon.

Cette dernière stèle a été édifiée le 12 septembre 1993, à côté de celle des années 1950 que nous avons évoquée. Elle a exactement la même forme, inversée, et semble lui faire pendant : « Le 29 août 1942, 450 Juifs dont 68 enfants habitant les départements de la région de Limoges, arrêtés à leurs domiciles et rassemblés au camp de Nexon, furent livrés aux nazis par le gouvernement de Vichy et déportés vers le camp d'extermination d'Auschwitz. Passant, souviens-toi[40]. »

Quelques mois plus tôt, le 22 mai 1993, d'anciens internés de Nexon, militants politiques et syndicalistes français, ont fait apposer une plaque à la gare de Nexon : « Ici, à Nexon, en 1940, est ouvert un camp d'internement surveillé. De cette gare sont partis en direction de Port-Vendres, en mars 1941, pour être déportés dans des camps en Afrique du Nord, des patriotes résistants antifascistes de toujours qualifiés d'indésirables français et internés par les gouvernements français et de Vichy. Victimes de la

---

38. Il y a ici un certain décalage entre les commémorations et l'historiographie, où le rôle de Vichy est explicité, notamment par les historiens anglo-saxons, au milieu des années 1970.
39. Cette initiative est due à M. Gérard Gobitz.
40. Les stèles érigées à l'initiative de l'Amicale des déportés d'Auschwitz portent toujours une formule très semblable à celle-ci. Dans plusieurs cas (Septfonds, Vénissieux), il est ajouté : « Que ceux qui ont tenté de leur venir en aide soient remerciés. »

répression fasciste, ils furent les premiers à nous montrer le chemin de la Résistance. Plus tard, des Juifs, des résistants et des patriotes furent déportés en Allemagne. N'oublions jamais leurs souffrances, leur courage, leur sacrifice. Restons vigilants, souvenez-vous. » On peut évoquer aussi le monument élevé à Agde en 1989. Sur la stèle centrale : « 1939-1943. Ici était le camp d'Agde. Des dizaines de milliers d'hommes y séjournèrent dans leur marche vers la liberté. » De part et d'autre, des piliers moins élevés, portant chacun une inscription sur une plaque surmontée d'un drapeau : armée républicaine espagnole, armée tchécoslovaque en France, centre de recrutement de l'armée belge, troupes d'Afrique du Nord, Juifs d'Europe occupée[41], Indochinois.

On le voit, il y a autour des camps français, au-delà du silence qui enveloppe encore de nombreux lieux et prive souvent de parole les voisins les plus proches, qui n'ont rien vu ni rien entendu, plusieurs mémoires. Pour certains, il importe avant tout de mettre en évidence la communauté de destin de tous les internés, également victimes. « Juifs, résistants et patriotes » sont présentés comme ayant été acheminés, sans distinction, vers « les camps d'Allemagne », sans qu'aucune différence ne soit faite entre déportation et extermination. Depuis le milieu des années 1970, d'autre part, la mémoire juive s'est affirmée, devenant l'un des points d'ancrage d'une identité qui se cherche, après l'abandon du modèle de l'israélite français héritier de l'émancipation, au-delà d'un idéal sioniste rarement réalisé et sans revenir à une pratique religieuse qui n'est pas le lot de la majorité. Sans doute n'est-ce pas un hasard si l'une des plus importantes manifestations organisées par l'Association des étudiants juifs laïques, en février 1992, a été l'organisation d'un « voyage de la mémoire » à travers les camps d'internement.

Un an plus tard, presque jour pour jour, l'Union des étudiants juifs de France organisait un « tour de France de la mémoire ». Avec les Fils et Filles de déportés juifs de France, organisation dirigée par Serge Klarsfeld, elle a érigé à l'entrée du camp de Rivesaltes, le 14 janvier 1994, une stèle sur laquelle on peut lire : « Des milliers de Juifs étrangers, qui s'étaient réfugiés en France, furent arrêtés et internés en 1940 dans le camp de Rivesaltes, en zone libre. D'août à octobre 1942, plus de 2 250 d'entre eux – dont 110 enfants – furent livrés aux nazis en zone occupée par l'autorité de fait dite gouvernement de l'État français. Déportés vers le camp d'extermina-

---

41. Le drapeau surmontant ce pilier est... le drapeau israélien.

tion d'Auschwitz, presque tous y furent assassinés parce qu'ils étaient nés juifs. N'oublions jamais ces victimes de la haine raciale et xénophobe. »

« Autorité de fait dite gouvernement de l'État français. » Telle est la formule officielle retenue par les responsables de la commission chargée d'organiser la journée nationale du 16 juillet au cours de laquelle seront inaugurés les monuments commémoratifs évoquant « les persécutions racistes et antisémites » des années sombres.

La France schizophrène

Ces monuments seront au nombre de trois : sur l'emplacement du Vél' d'Hiv', à Paris, où furent rassemblées les victimes de la rafle du 16 juillet 1942 ; à Izieu, où 44 enfants juifs et leurs éducateurs furent raflés, sur ordre de Klaus Barbie, le 6 avril 1944 ; et dans un camp d'internement du sud de la France : après bien des débats, Gurs a été retenu.

L'Amicale du camp de Gurs a œuvré, depuis le début des années 1980, pour la création d'un musée de l'Internement. Au printemps 1981, le conseil municipal de Préchacq-Josbaig, l'une des trois communes sur lesquelles se trouvait le camp, décide de céder un terrain pour le musée. Un projet muséologique est élaboré, la première pierre est posée, des parlementaires soutiennent le projet... qui s'enlise peu à peu, pour resurgir en 1990 de manière détournée : l'idée d'un musée de l'internement est officiellement retenue, mais sur l'emplacement du camp de Rivesaltes, qui présente des avantages concrets : la proximité de grands axes routiers desservant les plages du Roussillon et l'Espagne, hauts lieux du tourisme, et l'existence de baraques qui, construites « en dur », ont résisté au temps. Malgré les réticences des « indésirables français » et des Juifs badois – non représentés à Rivesaltes –, l'Amicale de Gurs donne son accord, et le projet, financé à 40 % par l'État et à 60 % par les collectivités locales, paraît bien engagé.

C'est à ce moment-là que certains, dans les sphères politiques, déclarent nourrir une préférence certaine pour un musée situé au Vernet. Les débats sont parfois vifs. Le temps passe. Les crédits d'État accordés en 1992 et inutilisés ne sont pas reportés au budget 1993[42]. Le projet de musée de l'Internement semble aujourd'hui compromis, malgré la déception des anciens internés qui, tel Charles Joineau, trouvent « regrettable que la France ne sache pas assumer son histoire ».

---

42. *Bulletin de l'Amicale du camp de Gurs*, nº 52 (juillet 1993).

Reste une stèle, qui sera édifiée à Gurs malgré les pressions de l'association du wagon-souvenir des Milles[43]. Une stèle sur laquelle devra figurer une inscription autour de laquelle les discussions s'enflamment. Deux écueils apparaissent : l'amalgame indistinct entre toutes les catégories d'internés, à l'encontre de toute réalité historique ; les guerres de mémoire, à l'encontre de toute éthique. On peut craindre l'un et l'autre, tant que les plus hautes instances de l'État n'auront pas reconnu officiellement les responsabilités du régime de Vichy et admis que, s'il n'y a pas eu de filiation directe entre lui et le gouvernement de la IIIe République finissante, ce dernier a cependant commis des dérapages qu'il faut analyser et déplorer : la marginalisation des étrangers, le non-contrôle de la xénophobie et de l'antisémitisme, le recours à des messages simplistes pour expliquer la crise économique et sociale, la répression et l'enfermement des « indésirables » et des « métèques ». Nombre de Français furent ainsi bien préparés à accepter en 1940, sous le choc de la défaite, le message manichéen du maréchal Pétain : pour pouvoir renaître, la France devait se protéger de tous ces fauteurs de troubles. Certes, une partie d'entre eux se ressaisit en voyant les misérables cohortes de déportés de l'été 1942, mais, pour la plupart des internés des camps, cette prise de conscience est intervenue trop tard.

« Il faut savoir dire que Vichy a existé, écrivit Daniel Lindenberg[44], pour assurer la pacification de nos anciennes discordes nationales. On sait que c'est le but que se propose Mitterrand aujourd'hui, comme de Gaulle hier, et que c'est précisément la raison suprême qu'ils ont alléguée, l'un comme l'autre, pour ne pas admettre, au niveau juridique, la légalité de Vichy. Or, de cette façon, la responsabilité d'une autorité française, revêtue du sceau de la légalité, ne peut être engagée concernant les crimes et forfaitures commis entre 1940 et 1944 au nom du Maréchal et de ceux qui lui avaient prêté serment. Le souci de paix civile n'est sans doute pas aussi mesquin que veulent bien le dire des porte-parole plus véhéments que responsables. Il s'est toujours manifesté, et pour le bien de la communauté nationale, au lendemain de toutes les fièvres hexagonales. Mais si Paris vaut bien une messe, son salut ne vaut pas de mettre entre parenthèses une réalité incontournable et de s'enfermer dans un système schizophrénique qui ne peut qu'entretenir les passions les plus délétères pour l'unité nationale et la concorde civile. »

---

43. À la fin de l'été 1992 un wagon a été installé à côté de la tuilerie des Milles située sur l'emplacement de l'ancien camp de transit et classée monument historique en raison des fresques peintes par les internés.
44. *Guerres de mémoire en France*, Notes de la Fondation Saint-Simon, Paris, mai 1993.

Cette conclusion, nous la faisons nôtre – d'autant plus qu'il y a para-doxalement un autre risque : celui de voir se développer des mémoires conflictuelles et en partie fondées sur l'imaginaire, crispées et exclusives les unes des autres. Et donc, à terme, celui de l'éclatement du pacte républicain.

Anne Grynberg

Le cinéma écran

François Garçon

Les origines du cinéma se confondent, en France, avec la mise à l'écran des forfaits publics. Non pas qu'ils soient le thème central du septième art naissant, mais celui-ci se fait fort de les évoquer. Ainsi, dès l'été 1897, soit moins de dix-huit mois après la séance inaugurale des frères Lumière, les spectateurs français sont plongés dans un saisissant *Assassinat du duc de Guise*. Deux ans plus tard, deux sociétés concurrentes, Pathé et Georges Méliès, mettent en images *L'Affaire Dreyfus*, alors de parfaite actualité. Les deux films font, comme il se doit, référence aux turpitudes de l'administration militaire.

Au départ du cinéma, tout semble donc indiquer que la fiction française est animée d'un puissant souffle investigateur et qu'elle va faire son miel des affaires, innombrables, qui secouent l'actualité nationale. En 1895 est en effet édictée la loi de sûreté générale contre les anarchistes, et les scandales politiques et financiers fleurissent. Emballement semblable sur le front extérieur où, la même année, est déclenchée l'expédition contre Madagascar. Suivront d'autres péripéties comme la guerre au Soudan ou la répression au Maroc. Bref, de façon incontestable, la fiction cinématographique dispose, alentour et sans trop chercher, de matière à développement. La presse d'opposition, alors très influente, flétrit du reste les égarements de la puissance publique.

Le cinéma qui, on l'a vu, a dès ses origines plongé dans les batailles idéologiques, doit logiquement s'emparer de ce matériau dramatique. À coup sûr, au regard de ses audaces initiales, l'art naissant va en proposer sa version. Or, surprise, rien de tel ne paraît. Aux grandes questions criminelles contemporaines qui impliquent une responsabilité publique, la fiction cinématographique française préfère, après des débuts pourtant prometteurs, l'évasion. Au mieux, elle s'enfonce dans un très lointain passé pour vanter l'héroïsme des victimes, jamais pour dénoncer l'ignominie du coupable.

Parangon du genre, *L'Assassinat du duc de Guise*, signé par Calmettes et Le Bargy en 1908, revient sur le massacre des huguenots. Le discours catholique des ligueurs est inexistant. Et pour cause. Il faudra attendre soixante-dix ans le film de René Allio cité plus loin pour avoir un début de lumière sur les ressorts qui sous-tendent la persécution des protestants.

Le cinéma, dès le tournant du siècle, imprime en fait sa marque sur la représentation à venir de la criminalité. En France, elle sera essentiellement d'ordre privé. Scénographiquement, son centre d'attraction sera la biographie des assassins. Au plan dramatique, les Landru, Lacenaire et les milliers d'anonymes venus apporter leur contribution à l'édifice du crime sont la pâte de la fiction cinématographique française. Au mieux, celle-ci se cantonnera au fait divers rarement politisé, sans jamais conduire vers une réflexion d'ordre général sur la nécessité de surveiller, voire de contrôler, les agissements de l'État. Hormis *L'Affaire Dreyfus*, réalisé au commencement du septième art, le cinéma français fait en effet l'impasse sur les délits perpétrés par la puissance publique ; ou, à l'extrême, les peint sous un jour acceptable.

Il est clair cependant que, dans les marges de la fiction, la vigilance des auteurs vient à se relâcher, et que ceux-ci se laissent parfois aller à des propos qui, faute de s'en prendre clairement à l'arbitraire public, prouvent au moins que le mal est compris.

Noir et blanc : le temps des colonies

La violence publique existe en effet. Elle a sur les écrans français et pendant environ soixante ans un seul théâtre : l'empire. Dissipons toute équivoque : la dimension criminelle de ces agissements est alors illisible par les contemporains car extérieure à leur horizon mental. À l'écran, les indigènes sont mitraillés, canonnés, mais le sont pour une juste cause : pour que flottent les trois couleurs de la République. Le crime est pourtant là, flagrant. Les indigènes meurent en masse, mais le bon droit est de notre côté. On tue des « salopards » en Syrie (*Trois de Saint-Cyr*, réalisé par J.-P. Paulin en 1938), en Algérie dans *Un de la Légion* tourné la même année par Christian-Jaque, ou encore des « maraudeurs » dans l'oasis saharienne de *Piste du Sud*, de Pierre Billon (1938). L'horreur, si tant est qu'elle soit perçue, acquiert ainsi un fondement légitime. En effet, lorsqu'ils tuent, péripétie rare à l'écran, les soldats français tuent des hommes en armes coupables d'avoir enlevé, torturé ou massacré des civils français et des autochtones. Les atrocités, dans ces conditions, ne se contrebalancent pas. L'inhumanité des interventions françaises passe ainsi inaperçue aux yeux des métropolitains : non point parce qu'elle est occultée, mais parce qu'elle est indécodable. La victime, en l'espèce, est métropolitaine. La colonie, exutoire des fantasmes industriels, sanitaires et religieux, comme dans *L'Appel du silence* signé Léon Poirier en 1936, est avant tout un lieu d'aventure. On y meurt parfois. Ainsi le commandant Breval (Victor Francen), qui tombe sous les balles des nomades nigériens hostiles à son barrage hydraulique (*L'Homme du Niger* de Jacques de Baroncelli, 1939). Se construit là la carrière de l'officier supérieur, celle par exemple de Lyautey dans *Les Hommes nouveaux*, signé Marcel L'Herbier en 1936. L'empire est l'ultime zone laissée ouverte à l'initiative des officiers.

Première différence avec les autres supports d'information de la même époque, le cinéma, face à la politique de répression conduite dans les colonies, n'adopte pas un point de vue critique quand, au même moment, une partie de la presse et de nombreux romans fustigent les forfaits accomplis sous les tropiques. Ainsi n'existe-t-il pas, au cours des années 1920 et 1930, de fiction cinématographique seulement équivalente au *Voyage au Congo* (1927) ou *Au retour du Tchad* (1928) de Gide ou au *Voyage au bout de la nuit* (1932) de Céline. Les cinéastes, lorsqu'ils sont engagés, mettent leur art au service exclusif de la bataille esthétique. Leur radicalité ou leur non-conformisme éventuels butent sur la notion de marché, de public à conquérir.

Années 1940 et 1950 : ... Et le cinéma devint muet

La chronologie fournit une clé pour expliquer la cécité française. Vichy parachève en effet l'ordre de ces représentations. En matière d'illustration filmique des forfaits perpétrés par l'État, il y a un avant et après Vichy. Aussi longtemps que l'État est doté d'une légitimité républicaine, les actions qu'il commet ne sont finalement guère dénoncées. Elles s'inscrivent dans l'ordre du monde. Elles sont données pour naturelles.

Vichy témoigne d'un changement de mentalités. Sous l'Occupation, le cinéma français se surprend à réfléchir sur ce qu'il filme. D'où une première refonte qui devrait corriger le tableau de l'engagement colonial. Mais, à l'exception de *Mahlia la métisse*, tourné du reste juste avant la débâcle de 1940 par Walter Kapps et où il est question du harcèlement meurtrier de l'armée et des colons français par les bandits vietnamiens, l'empire disparaît de l'écran. Disparaissent, du même fait, les violences que commettait jusqu'alors l'armée française dans sa mission civilisatrice. De 1940 à 1944 cesse donc, avec la fin de la représentation de l'empire, toute illustration des brutalités liées au maintien de l'ordre métropolitain.

À la Libération, les procès d'épuration et les règlements de comptes conduisent les contemporains à s'interroger sur la neutralité de l'État. Le cinéma de fiction va-t-il à son tour juger les juges, dénoncer la vilenie qui a gangrené les institutions publiques lors des quatre années d'Occupation ? L'actualité constitue alors un réservoir inépuisable de scénarios vengeurs et critiques. Las. Rien ne filtre des grands débats qui secouent le pays. À l'exception de *Patrie* (1946) où Daquin, membre du PCF, pose la question de l'obéissance à l'autorité, autorité despotique et imposée par l'envahisseur, le paysage cinématographique français présente un relief étonnamment plat d'où émergent quelques films résistantialistes d'inspiration avant tout patriotique.

En cette fin des années 1940, la représentation cinématographique des crimes d'État apparaît donc d'une indigence insigne. Alors que tout laissait augurer une parole vengeresse, les écrans restent muets. Pire : en l'espace de quelques mois, les rares auteurs intéressés par l'arbitraire de l'action publique reviennent à des fictions classiques.

En matière d'aberration du fonctionnement des appareils d'État, ce que le cinéma va portraiturer finalement avec le plus d'aisance, ce sont les erreurs judiciaires. La liste est longue des films qui décrivent ces anomalies. Dans l'ordre chronologique, on recense des titres comme *La Porteuse de pain* (1950), film de Maurice Cloche où l'héroïne (Vivi Gioi) est emprisonnée pour un vol de documents secrets dont elle est innocente. Citons encore *Duel à Dakar* (1951), film de Claude Orval, où un policier ripoux endosse l'habit du chef de bande ; ou *Mandat d'amener* (1953) de Pierre Louis, où un jeune procureur de la République fréquente des notables qui se révéleront d'authentiques malfrats. Grâce au ciel, l'intéressé retrouve sa place au tribunal. Dans *Le Dossier noir* (1955), André Cayatte montre un jeune juge d'instruction qui accumule les maladresses pour finalement commettre l'irréparable. Citons encore *Prisons de femmes* (1958), film de

Maurice Cloche où Danièle Delorme séjourne dix ans en centrale pour un meurtre qu'elle n'a pas commis avant d'établir son innocence.

En fait, nonobstant ces égarements momentanés, l'institution judiciaire sort indemne de scénarios qui, à première lecture, semblent la mettre en cause. Et des atrocités perpétrées par l'État, le cinéma français des années 1950 ne retient que celles inscrites dans une des pages les plus controversées de notre passé national : la Révolution française. Celle-ci génère en effet un nombre impressionnant de scénarios. Mais ils ne débouchent qu'exceptionnellement sur la mise en question de l'autorité publique. Il n'est que de citer *La Reine Margot* de Jean Dréville (1954) pour montrer que seul le conflit vendéen intéresse les scénaristes. Dans *Les Révoltés de Lomanach* (1953), film de Richard Pottier, les Bleus et les Vendéens se montrent également bornés et sanguinaires, et le film se termine sur la mort des deux héros.

Années 1960 : Sang neuf pour Nouvelle Vague

La guerre d'Indochine n'avait guère ému la conscience nationale, sans doute en raison de l'absence, là-bas, du contingent. Il en va différemment, à compter du milieu des années 1950, de la guerre d'Algérie. Le cinéma de la Nouvelle Vague, avec sa cohorte de jeunes cinéastes, est justement contemporain de ce nouveau drame national.

Alors que les appelés du contingent s'entassent sur les quais de Marseille, quelques rares cinéastes évoquent, pour la flétrir, la politique de la France en Afrique du Nord. Si ni Chabrol ni Vadim ne mettent en cause l'action du pouvoir en place (*Le Vice et la Vertu*, en 1963, s'en prend classiquement au nazisme), il en va différemment de Godard et de Resnais. Eux visent à dessein l'État français. Dans *Le Petit Soldat* (1960) et *Muriel ou le Temps d'un retour* (1963), les deux auteurs dénoncent l'engagement coupable de la Ve République ainsi que l'action des services secrets français responsables d'une guerre souterraine et meurtrière. Le geste des deux réalisateurs est honorable. Mais il reste isolé et peu spectaculaire sous l'angle proprement cinématographique. Dans les deux films, si l'action de la France est mise à l'index, le sort fait aux colonisés dans les opérations de maintien de l'ordre est passé sous silence. Ces deux œuvres n'en suscitent aucune autre.

Notons qu'au même moment (1962), et au nom de l'anti-impérialisme cette fois, certains cinéastes français dénoncent une autre administration, la « yankee », comme dans *Le Joli Mai* de Chris Marker.

Années 1970 et 1980 : La preuve par l'image

La déferlante gauchiste des années 1970 vient enfin rompre, après un silence de quatre-vingts ans, le mutisme des cinéastes sur les forfaits de l'État français. Rien ne résiste au nouveau discours anticapitaliste, anti-impérialiste et libertaire qui, parallèlement à la production courante composée de comédies, s'attaque à la parole régnante et à ses innombrables non-dits. Tout y passe, même si le discours artistique dominant se limite à une critique des rapports de classes, du patronat et du capitalisme. L'acte d'accusation se compose de trois grands chapitres.

Le premier, sur un plan chronologique, s'attaque à un des grands impensés français : la présence coloniale en Algérie et son lot d'exactions. *Élise ou la vraie vie* de Michel Drach (1970) offre un ton juste. Mais c'est surtout René Vautier, auteur de plusieurs films militants comme *Algérie en flammes* (1957) et victime de longs séjours en prison, qui, en 1972, avec *Avoir vingt ans dans les Aurès*, marque la coupure avec le passé. Ici l'armée ne maintient plus l'ordre républicain. La voilà devenue un vulgaire instrument d'oppression au service de l'arbitraire. Un an plus tard, dans *RAS*, Yves Boisset parachève le portrait d'un appareil militaire ignoble et criminel.

Suit de peu, avec *Les Camisards* de René Allio, la relecture des massacres du XVIIe siècle. Ici l'aberration religieuse traditionnelle disparaît. Il reste à l'écran une politique d'extermination localement contrariée par des fous de Dieu.

Troisième chapitre de ce discours qui va se structurant, la dénonciation des dérives de l'appareil policier en métropole même. Elles sont dépeintes avec prosélytisme, notamment dans *Un condé* d'Yves Boisset, en 1971. L'inspecteur (Michel Bouquet) prête de faux serments, use de chantage, torture sauvagement, assassine, avec l'assentiment de sa hiérarchie. Après la critique de la police vient la dénonciation des agissements criminels de l'appareil militaire. Les cinéastes fustigent par exemple son expansionnisme territorial avec notamment *Gardarem lou Larzac* (1974) de Philippe Haudiquet.

Au total, peu de films certes, mais une avancée réelle par rapport au bloc de silence des huit décennies écoulées. Pourtant, fait notable, rien d'aussi véhément et foudroyant que les réquisitoires contre les crimes commis par les puissances étrangères. Pour mémoire, rappelons la trilogie de Costa-Gavras qui dénoncera successivement la junte grecque dans *Z* (1969), les crimes de l'État stalinien dans *L'Aveu* (1970) puis l'implication directe des services secrets et de l'armée américains en Amérique latine dans *État de siège* (1973).

En fait, sur un plan strictement thématique, la vraie coupure se situe au tournant des années 1970, à l'occasion de la relecture de la période vichyste considérée comme traumatisme majeur de la France contemporaine. *Le Chagrin et la Pitié* de Marcel Ophüls en 1971 avait ouvert la porte au réquisitoire contre les lâchetés françaises. La responsabilité de l'État filtrait derrière la veulerie des citoyens anonymes. Plusieurs films suivaient, qui s'attaquaient cette fois à la responsabilité directe des autorités françaises. À la suite de Michel Mitrani dénonçant en 1971 l'activisme de l'administration française dans la rafle du Vél' d'Hiv' *(Les Guichets du Louvre)*, Costa-Gavras portait le fer contre la magistrature française. Dans *Les Sections spéciales* (1975), il peignait l'abomination de la juridiction d'exception qui, à la demande du garde des Sceaux, condamna à mort des militants communistes au nom de lois qui n'existaient pas lors des crimes reprochés. La question de la persécution des Juifs devait susciter nombre d'œuvres où l'État français apparaissait sous un jour criminel. Peu dans *Un sac de billes* (1975) de Jacques Doillon, davantage dans *Monsieur Klein* (1976) de Joseph Losey, beaucoup dans *L'Affiche rouge* (1976) de Frank Cassenti.

Le gros de la charge ne devait pourtant intervenir que dix ans plus tard avec *Shoah* de Claude Lanzmann (1985). Son œuvre-fleuve démonte la chaîne des complicités ayant conduit à l'extermination des Juifs. Mosco, avec *Des terroristes à la retraite*, tourné la même année, dénonce dans un même mouvement les responsabilités publiques et privées. Le *Pétain* de Jean Marbeuf ou *L'Œil de Vichy* de Claude Chabrol, réalisés l'un et l'autre plus récemment, attestent que la lecture du réquisitoire est loin d'être terminée.

Dans cette histoire décapante et récemment approfondie, signalons cependant quelques oublis notables. Nulle part on ne trouve par exemple de films de fiction sur les criminels de guerre français, sur l'affaire Touvier, l'affaire Darquier, Maurice Papon. En réalité, à bien lire ces films, à analyser le portrait du criminel, du salaud, on observe que, sur la longue durée et sur un plan quantitatif, le crime d'État, comme au début du siècle, reste majoritairement associé aux guerres mondiales et est qualifié, *de facto*, de « crime allemand ».

La faute aux Actualités ?

Pourquoi le cinéma de fiction français s'est-il aussi longtemps défaussé dans sa façon de représenter les exactions publiques ? Question d'autant plus pressante que ce même cinéma avait, dès son apparition, abordé le problème de la responsabilité de l'État dans les forfaits commis. Le terme d'occultation se justifie pleinement quand on songe à la durée de cette cécité ; comme s'il s'agissait d'un invariant, imperméable aux conjonctures particulières.

Une première explication quant à ce mutisme de la fiction réside peut-être dans la fonction investigatrice et parfois accusatrice que le sens commun prête aux Actualités. Les Actualités cinématographiques, à compter de 1910 et, dans une moindre mesure, télévisuelles à compter de 1970, peuvent en effet donner l'impression que la mission critique vis-à-vis de l'État et de ses vilenies a été finalement remplie. Les actualités offraient encore le mérite de répondre vite aux attentes du public, là où la fiction requérait une patiente attente. En fait, il n'en est rien. Les actualités, indépendamment de leur statut, ont en effet toujours fonctionné en France dans un cadre extrêmement balisé, au regard notamment des aides publiques indispensables à leur survie. Dans ces conditions, il est illusoire d'attendre la moindre enquête sur les méfaits commis par son puissant protecteur. De fait, elles ont gardé le silence tout au long du siècle.

Les ciseaux de la censure

On tient là sans doute une des principales causes du mutisme du cinéma français sur le thème qui nous intéresse. L'État s'est en effet appliqué à neutraliser toute attaque le concernant au moyen d'une pesante prophylaxie réglementaire. La censure, particulièrement vigilante quand il s'agit de protéger les institutions publiques, a su éradiquer toute propension critique. Hormis les vaudevilles et les grosses comédies, nulle part de portrait critique de l'armée, de la police et de la justice avant les années 1970. Même si l'État français et ses appareils séculiers sont souvent pris à partie, ils ne le sont jamais sur un mode dramatique ou par trop réaliste. Faute d'être toujours respecté, l'État français est craint. Il est vrai que ses représentants s'exercent constamment aux représailles, notamment en mutilant les films lors de leur distribution (films totalement interdits, interdits à l'exploitation ou autorisés après coupures), ou en gelant les crédits publics sollicités par le producteur.

Mais la contrainte n'épuise pas notre objet. La censure n'explique pas un embargo de quatre-vingts ans sur la représentation des crimes d'État. Par ailleurs, si la censure avait été si oppressante, les cinéastes n'auraient pas manqué de s'en plaindre, et la presse d'opposition aurait fustigé l'interventionnisme des pouvoirs publics. Or il n'en est rien.

Au vrai, le fait central est à chercher du côté du refoulement plus ou moins volontaire qu'ont pratiqué auteurs et cinéastes. Pour éviter les conséquences financières d'une interdiction totale ou de coupes rendant le film inexploitable, les intéressés se sont autocensurés pendant près de quatre-vingts ans. La preuve est difficile à apporter. Il existe cependant un indicateur infaillible de cette automutilation : la liste des films totalement interdits par la commission. En trente ans, entre 1945 et 1976, elle a interdit 155 films (soviétiques, américains, anglais, etc.), dont à peine huit films français.

Question de style ?

Une troisième raison tient peut-être à la nature de la fiction. Celle-ci en effet est lente à prendre corps. Or le crime d'État doit être rapidement exposé faute de se vider de tout intérêt. De ce point de vue, il existe, pour parler le langage des juristes, un vrai problème de qualification cinématographique du crime d'État. Comment donner un contenu stylistique à l'exaction publique ? Comment traduire en images des forfaits d'une telle nature ? Quelle grille conceptuelle adopter ?

De plus, en France, les citoyens ont souvent un sentiment d'impuissance face à la chose publique. Lorsqu'il s'agit d'une affaire impliquant l'État, le Français affiche une perplexité certaine quant à la réalité de l'instruction, du jugement et, *in fine*, de l'application des peines. Voilà sans doute pourquoi les cas les plus criants d'arbitraire n'ont pas fait l'objet de développement cinématographique. Pour la période récente, la moins suspecte d'être assujettie à une censure mutilante, il n'est que d'évoquer l'affaire des plombiers du *Canard enchaîné*, affaire pourtant élucidée et dont l'équivalent américain a fait l'objet d'une exploitation cinématographique retentissante *(All the Presidents men/Les Hommes du président)*. En France aucun producteur n'a manifesté d'intérêt pour le forfait commis par les services du renseignement. Il est vrai qu'aucun homme politique français n'a non plus été sanctionné.

L'exploitation du crime public semble encore poser chez nous des problèmes de narration. Comment le figurer à l'écran ? Certains auteurs se sont essayés à la plaidoirie. Qu'on songe à Cayatte dont le *Nous sommes tous des assassins* (1952) préfigurait, dans les années 1950, ce qu'un cinéma de prétoire aurait pu être. Mouloudji interprétait un jeune déraciné, exécuteur au service de la Résistance et devenu assassin par inertie à la Libération.

Condamné à mort, le jeune garçon était la preuve vivante de la responsabilité de la société dans ses pratiques meurtrières. Non seulement en amont la censure veillait au grain, mais en aval la critique cinéphilique a éreinté ce type d'ouvrages. Dans la foulée, l'État interdisait à Cayatte de porter à l'écran l'affaire Seznec, au motif qu'un « organisme gouverné par la Sûreté nationale ne pouvait admettre qu'on rappelât une erreur judiciaire due surtout à un inspecteur de police ».

Dans le registre du cinéma de plaidoirie, les metteurs en scène français sont réputés, à tort, redoutablement malhabiles. Le genre ne survécut pas à Cayatte. Yves Boisset, lorsqu'il se réessaie au film-accusation, notamment dans *Un condé* (1971), s'expose à un tir de barrage identique, une bonne partie de la critique fustigeant à l'occasion caricature et didactisme. Il devra en fait patienter jusqu'à sa propre version de *L'Affaire Seznec*, en 1992, pour se voir consacré par la profession.

L'exception française

Retenons donc que, par comparaison avec les autres cinématographies, le cinéma français, considéré comme un vaste matériau documentaire, tranche par sa pusillanimité.

Inversement, le cinéma américain a su amplement moissonner du côté du Viêt-nam, des crimes de la CIA (Sydney Pollack, dans *Les Trois Jours du condor* en 1975) ou, plus récemment avec Oliver Stone, peindre les affrontements internes à l'armée. *Platoon* (1987) prouve en effet que le filon n'est pas épuisé, même si *JFK* du même auteur entrouvre la porte à tous les délires interprétatifs. À nos frontières, le cinéma italien affiche la même insolence. De *Salvatore Giuliano* (1961) de Francesco Rosi à *Uomini contro (Des hommes contre)* du même en 1970, en passant par *Un citoyen au-dessus de tout soupçon*, les cinéastes transalpins ont su discourir sur des thèmes aussi variés que l'ignominie de l'état-major ou le complot étatique contre le régime démocratique. Existe-t-il même en France de fiction aussi réquisitoriale que le *Die Erschiessung des Landesverräters Ernst S.* du Suisse Richard Dindo (1976), accusation foudroyante contre l'ignominie des autorités bernoises pendant la Seconde Guerre mondiale ?

Mesuré à cette aune, le cinéma français paraît tel qu'en lui-même : absent, démissionnaire. Une rétrospective cinématographique atteste qu'il n'a su qu'exceptionnellement traiter des crimes d'État. Qu'il n'a su le faire que sous le seul éclairage de la comédie ou de la caricature comme dans

Nada de Claude Chabrol en 1973, où la police est aussi abjecte que les anarchistes qu'elle pourchasse.

Les seules exactions qu'admet notre cinéma sont celles des services secrets français, dans les années 1950 et 1960. Et encore, force est d'admettre que les portraits qu'il en dresse sont pour l'essentiel hagiographiques. Qu'on se souvienne du *Capitaine Ardant* d'André Zwobada, où l'intéressé s'emploie à neutraliser le sanguinaire Malek. Puis viendra l'avalanche de films sur les barbouzes comme *Le gorille vous salue bien* (1957) de Bertrand Borderie, éloge de l'efficacité que vient renforcer, l'année suivante, *Le fauve est lâché*. Rappelons tout de même que ces films font le portrait de responsables de la sûreté du territoire tuant et éliminant sans procès, avec l'approbation d'une administration bienveillante. Le filon barbouze donne encore. N'est-ce pas Gérard Oury qui proposait, en 1989, avec *Vanille fraise*, une adaptation romancée de la déconfiture des époux Turenge en baie d'Oakland ? Les spectateurs souriaient au fiasco des services secrets français. Que ne rappelait-on aussi que les personnages dont s'inspirait la fiction avaient assassiné un photographe de Greenpeace...

En fin de compte, le traitement sur un mode réaliste du crime d'État est considéré en France comme sans portée médiatique ; à la différence des États-Unis où le citoyen presse son administration de justifier chacun de ses faits et gestes au nom d'une éthique au fondement de la nation américaine. De ce point de vue, il convient d'observer que les dénonciations les plus argumentées des exactions de l'État français nous sont toujours venues d'abord de l'étranger. Sans évoquer le cinéma soviétique (*La Nouvelle Babylone* de Kozintsev en 1929) ni remonter à Griffith dressant un portrait baroque des massacres de la Saint-Barthélemy dans *Intolérance* en 1916, il n'est que de rappeler *Les Sentiers de la gloire* où Kubrick, en 1958, fait le procès de la bestialité de l'état-major français en 1917. Tourné à Munich, le film, distribué en Belgique et fortement chahuté lors de sa sortie par des groupes d'anciens combattants, ne connut d'exploitation en France que dix-sept ans plus tard. Autre exemple, celui de *La Bataille d'Alger* de l'Italien Gillo Pontecorvo qui, en 1966, décortique l'affrontement sans merci entre le FLN de Yacef Saadi et les paras du général Massu à Alger en 1957. Pour mémoire, rappelons que la délégation française à Venise avait boycotté la cérémonie de remise du Lion d'Or à Pontecorvo. Le film, « injure gratuite à la France » selon *Le Figaro*, méritait au plus une « médaille en chocolat ».

Ainsi engoncé dans un jeu particulièrement complexe de censure et d'autocensure, le cinéma français a jeté l'éponge. Ce faisant, il a laissé aux seuls écrivains et, plus récemment, aux journalistes, le soin de surveiller l'État, d'épier ses débordements plus ou moins criminels. Les cinéastes français, eux, ont choisi de recréer. En conséquence de quoi, leur œuvre n'a jamais prêté qu'à sourire. Jamais à la gravité, rarement à la réflexion. Guitry ou L'Herbier n'ont jamais eu l'aura morale d'un Giraudoux ou d'un Jules Romains. Cette division des tâches se pérennise. Au rang des dernières péripéties, notons que la dénonciation de la passivité des pouvoirs publics français dans le conflit yougoslave est en effet orchestrée par des intellectuels, non par les cinéastes. Lorsque ces derniers s'expriment, c'est finalement moins pour s'en prendre à l'arbitraire de l'État que pour stigmatiser sa pleutrerie face aux Américains lors des négociations du GATT.

François Garçon

Bleus – Blancs = rouge

Jean-Clément Martin

Dans notre histoire, les mots « la Révolution française » désignent tout à la fois une période historique (au demeurant mal définie quant à son terme : 1799, 1804, 1815 ?) en même temps qu'une orientation politique spécifique qui a donné naissance au régime républicain et à notre société. Si bien que certains événements ne trouvent pas véritablement place dans cette Révolution, jusqu'à être déniés – il en est ainsi de la « Contre-Révolution » –, tandis que d'autres, comme assassinat, crime... sont d'un usage difficile dans une vision qui insiste sur les mutations positives apportées à notre pays pendant ces années.

Hors de France, en revanche, des traditions stigmatisent, depuis deux cents ans, la violence révolutionnaire : le British Museum a pu présenter, en 1989, une exposition intitulée « à l'ombre de la guillotine », ce qui aurait été impensable à Paris, sauf dans quelques cercles extrémistes. Les raisons de l'embarras français devant cette histoire ne tiennent pourtant pas d'une amnésie qui aurait frappé la mémoire de notre pays, mais tout au contraire d'une hypermnésie provoquée par une surabondance d'ouvrages, de monuments, de gravures, de souvenirs en tous genres... La virulence et la persistance des débats n'ont pas permis de résoudre les questions posées, mais ont, au contraire, entraîné des oublis, liés aux choix de chacun, faisant devenir la violence, au gré des opinions, « un crime » ou « une défense légitime », tour à tour dénoncée ou assumée.

Hors d'une dichotomie qui peut sembler évidente (oubli ou proclamation), les pages suivantes voudraient montrer que les enjeux politiques et philosophiques autour de la Révolution et de sa violence ont façonné la nation autour d'une mémoire obsédante et mystificatrice, cachant en même temps qu'elle dévoile, créant une espèce de « non-lieu de mémoire », que l'activité de l'historien a de la peine à cerner, malgré la permanence de luttes historiographiques. Ainsi la notion même de crime n'a pas été débattue, maintenant un flou juridique qui ne cesse d'alimenter les idéologies, donnant aux partis politiques des arguments inépuisables – et réversibles – et nous laissant payer en masse le passif d'un passé que les passions défuntes ont cessé récemment de masquer. Histoire et mémoire se mêlent dans un écheveau indissociable, dont il convient de brosser un tableau global, sans chercher à dénouer l'une de l'autre.

L'impossible oubli

La violence de la Révolution hante toujours nos consciences. Par exemple dans le Nord, la mémoire de Robespierre reste une occasion de divisions. Un lycée et des rues portent son nom depuis peu sans mettre fin aux discussions sur sa responsabilité politique. Même si les polémiques sont aujourd'hui moins virulentes qu'il y a trente ou quarante ans, lorsque, dans la ville d'Arras, en prévision d'une réhabilitation officielle, trois guillotines avaient été élevées au-dessus de caniveaux marqués de grandes coulées de peinture rouge, Robespierre reste encore un assassin pour beaucoup de Français.

L'imaginaire de la guillotine impose sa marque sur la compréhension de la Révolution et reste au centre des évocations historiques. Certains des défenseurs de la Révolution réclament que l'on cite les tortures antérieures à 1789 pour illustrer le progrès humanitaire réalisé en matière de punition judiciaire par la machine attribuée au docteur Guillotin. Lorsque le cinéaste Serge Moati enregistre les propos de Jean-Marie Le Pen, en 1989, il met particulièrement en exergue la dénonciation de l'orgie sanglante et totalitaire que la Révolution représente aux yeux du leader du Front national. Comment s'étonner que des personnes interrogées en 1989 au sortir de l'exposition consacrée à la Révolution par le Centre Pompidou condamnent le plus souvent la Terreur, la guillotine et les « chouans » ? Même si presque toutes reconnaissent le bien-fondé de la Révolution, le sang répandu tache l'ordre révolutionnaire, apparaît inexcusable et, pire, incompréhensible.

Ces réactions passionnées ne sont pas réservées aux amateurs d'histoire mais affectent les historiens qui doivent rendre compte de la période. La seule relation des faits historiques est souvent réalisée d'une façon accablante par des auteurs qui donnent aux lecteurs des descriptions fondées sur des anecdotes violentes, à la fois indubitables et inexplicables, qui marquent les esprits et forcent le jugement. La présentation de la violence est assortie d'un sens indiscutable. On vit aussi, dans une émission télévisée de juillet 1989, deux anciens ministres de la République se jeter à la tête les massacres commis par les Républicains et les Vendéens en 1793-1794. Sur ce sujet, la connaissance érudite des faits ne paraît pas fonder les jugements, qui sont davantage liés aux prises de positions idéologiques des individus. Les événements violents sont ainsi appréhendés en fonction de leur charge symbolique, des échos complexes qu'ils éveillent, bien plus qu'au travers d'un processus raisonné.

Pis enfin, la seule image de la violence suscite des intérêts douteux. C'est ce qu'atteste l'exemple d'une école maternelle de la banlieue parisienne où les instituteurs ont, en 1989, costumé en sans-culottes les trois quarts des élèves, en marquis le dernier quart et amené un parent, lui aussi déguisé en marquis, à glisser la tête dans la lunette de la guillotine miniature, construite pour l'occasion ! L'attrait impulsif qu'exercent les états de violence sur les individus se conjugue avec la lecture symbolique et le goût de l'histoire, pour interdire que les anecdotes sanglantes disparaissent de notre passé mémorisé même en étant assimilées sous la forme de concepts savants.

Le crime originel

Cette espèce d'hébétude devant ces violences semble bien être originelle et remonter à la période révolutionnaire elle-même. Dès cette époque, la difficulté de nommer a été réelle, engendrant la conscience d'une rupture. 1789 a été perçu par les témoins comme l'amorce d'un État inédit. Si le duc de Dorset, ambassadeur de la Grande-Bretagne à Paris, écrit le 16 juillet 1789 que la plus grande révolution s'est accomplie avec la perte, relative, de très peu de vies, c'est cependant à ce moment que le mot même de révolution passe pour de bon des « sphères du rêve et de la spéculation, dans la vie[1] » pour désigner tout ensemble le régime nouveau et

---

1. Alain Rey, « *Révolution* », *histoire d'un mot*, Gallimard, Paris, 1989, p. 109-114.

la remise en cause du régime ancien, introduisant ainsi l'idée que la force et la violence peuvent être des acteurs de l'histoire. C'est ce que relève et stigmatise Edmund Burke. Son intention polémique et son langage frappant (il faut garder en mémoire l'image de la reine fuyant à demi nue les profanateurs de sa couche, porteurs de poignards sanglants) sont justifiés par son objectif politique, la lutte contre les radicaux anglais, comme par son but philosophique, la démonstration que la Révolution est un crime. Il faut cependant insister sur son horizon littéraire : la réflexion sur le sublime et la terreur. En cela, Burke, grand amateur de « romans noirs », prophétise moins la violence future, comme nombre de commentateurs le disent, qu'il rend compte de la rupture française avec la sensibilité aiguisée au contact de ce courant littéraire qui procure « une horreur délicieuse[2] ». La violence de la Révolution n'a-t-elle pas eu cet écho formidable parce qu'elle a rencontré aussi une mutation des sensibilités, modifiant du même coup la compréhension des faits politiques ?

Nombre d'observateurs étrangers n'arriveront pas, comme Burke, à poser des équations aussi complexes et se contenteront de jugements plus simples, destinés à durer dans les consciences. Pour la majorité des Européens – même initialement partisans de la Révolution –, le désenchantement, voire la réprobation s'instaurent après les massacres de septembre 1792 et la mort du roi. L'Allemand Georg Forster, qui accepte que les révolutions naissant d'une oppression soient des convulsions brutales, n'est pas représentatif de l'opinion de ses concitoyens qui rejettent l'horreur de la Terreur, ou qui éludent la question comme Kant, pourtant parmi les plus favorables à la Révolution. Plus simplement, l'opinion romaine condamne les mises à mort dès 1789, tandis que les Espagnols semblent basculer dans l'exécration des Français, « assassins de roi », dont les actes remplissent les colonnes de journaux et inspirent une mode « à la guillotine ».

Dans notre pays, le rejet profond de la violence assimilée à la Terreur se produit après le 9-Thermidor. Le journaliste Prudhomme, avec son *Dictionnaire des individus envoyés à la mort révolutionnairement et contre-révolutionnairement, particulièrement sous le règne de la Convention nationale*, illustré de vignettes très explicites, incarne le prototype du publiciste, mi-dénonciateur, mi-voyeur, qui utilise les événements pour une cause mi-

---

2. Edmund Burke, *Réflexions sur la Révolution française*, Le Livre de Poche, Paris, 1989, p. 645 ; Jean-Pierre Beaumarchais, Daniel Couty et Alain Rey, *Dictionnaire des littératures de langue française*, Bordas, Paris, 1984, p. 1987.

politique, mi-financière. Les règlements de comptes se réalisent dans la démesure. Un certain Bonneville, avec ses *Portraits des personnages célèbres de la Révolution*, accuse « ceux-là pour qui l'État républicain ne fut jamais que l'anarchie… et qui ne laissent aux peuples que la liberté du crime et l'égalité de la misère ». Dans un jeu d'accusation pervers, Carrier est particulièrement visé. Accusé d'avoir voulu « la réduction de la France au quart de sa population », il est la cible de pamphlets qui le conduisent à la guillotine pour éviter que d'autres terroristes, comme Fouché, ne l'accompagnent. Babeuf, sorti de prison en désirant se venger des terroristes, participe à l'hallali dans des conditions douteuses. Cette grande confusion des jugements provoque l'édition du rapport de Lequinio, qui décrivait à l'intention de Robespierre les atrocités commises en Vendée par les extrémistes en 1794, sous forme d'un livre qui devient en 1795 l'une des pièces à charge dans les procès faits aux Robespierristes – avant d'être l'une des réserves de citations pour les auteurs de droite de la fin du XIXe siècle.

Si les « scènes d'horreur » inspirent des réflexions politiques à Benjamin Constant et à Mme de Staël – les violences auraient été provoquées par l'inadéquation entre l'état de la société et la diffusion des Lumières qui a fait venir la Révolution trop tôt –, leur interprétation fait long feu. La violence républicaine trouve des explications plus simples, plus radicales et plus durables. Elle est apocalyptique, voulue par la justice divine chez La Harpe, annonciatrice d'un jugement dernier mystique chez Saint-Martin, satanique et rédemptrice chez Joseph de Maistre, tandis que Bonald la comprend comme le préalable d'une régénération. Tout cela forme la base doctrinale d'une rhétorique contre-révolutionnaire, qui comprend l'histoire comme la somme des actes non intentionnels de l'homme et qui admet que l'âme se forge dans le sang. Cette lecture a possédé (et possède encore) une force considérable, reliant barbarie et innovation politique et sociale, insistant sur l'incapacité de l'homme à diriger en totalité ses actes, et répondant ainsi à l'angoissante question du mal par la mise en accusation de la volonté humaine. Soljenitsyne, venu en Vendée en octobre 1993 déclamer contre la Déclaration des droits de l'homme, n'a pas tenu d'autre discours.

Sur un mode mineur, cette ligne est réfractée par une multitude d'ouvrages qui décrivent les tueries et les massacres en les peignant d'un badigeon quasi métaphysique, comme le fait l'abbé de L'Espinasse de Langeac en 1821, rédigeant le *Journal de l'anarchie, de la Terreur et du despotisme, ou chaque jour marqué par un crime, une calamité publique, une imposture, une contradiction, un sacrilège, un ridicule ou une sottise et comme telle la doctrine des doctrinaires*. Sur un mode majeur, elle instaure un débat philosophique favorable aux idées universelles et synthétiques dont l'école allemande raffolera. L'épisode terroriste en France trouve un écho considérable : de Fichte, estimant qu'il ne faut pas considérer la Révolution comme une suite de « folies », mais comme l'irruption d'un « universel sauvage » dans la société, à Marx qui veut résoudre le dilemme entre les forces immanentes de la société et de l'économie politique d'une part et d'autre part la liberté humaine, et qui voit dans la Terreur l'échec d'un volontarisme politique inadéquat à l'État social, en passant par les libéraux qui luttent sur deux fronts, d'un côté pour la démocratie et la représentation parlementaire, sans instituer le recours à la force, d'un autre côté contre le poids d'une histoire inflexible (qu'elle soit providentielle ou matérialiste).

On comprend que ces visions cosmogoniques entraînent les imaginations, à commencer par celles des romantiques qui envisagent la Révolution française comme le creuset flamboyant et fascinant du monde moderne. En Grande-Bretagne, Carlyle insère les plus petites anecdotes dans une description allégorique, pour montrer la force tumultueuse et irrépressible du malstrom révolutionnaire. Les victimes sont nommées, une à une, face à des bourreaux anonymes, ménades ou hommes enragés, sauf rares exceptions. À ce genre littéraire intéressé par le caractère « sacré » de la Révolution appartiennent Balzac, Barbey d'Aurevilly, Hugo ou Vigny, pour n'en citer que quelques-uns, qui voient dans la violence révolutionnaire l'expression de la crise radicale des valeurs que la France a traversée, tandis qu'une tradition politique, de Blanqui à Lénine, y trouve les exemples prémonitoires d'une action politique destinée à changer le monde. Cette potentialité de rupture radicale séduit ensuite les surréalistes, qui voient l'explosion de violence de 1793 en correspondance avec leur propre volonté de subversion. Carrier devient ainsi « surréaliste dans la noyade » et un poème intitulé *Chant d'une tête coupée* décrit « ces blancheurs de cous de Jean-Baptiste affilés par la guillotine... ces affaissements de fleurs, de vierges aristocratiques, dans le panier à son[3] ».

Les leçons, souvent rudes, dégagées par tous ces auteurs et penseurs, sont sans doute peu de chose à côté de celles tirées, enfin, par les innombrables petits maîtres qui, jusque dans les années 1920, publient des romans à quatre sous vulgarisant les thèmes de la bestialité révolutionnaire et du martyre des Blancs, auprès d'un très large public conquis d'avance. Dans une série populaire, Landay met en scène un héros, Carot, qui déjoue

---

3. Jean-Claude Bonnet dir., *La Mort de Marat*, Flammarion, Paris, 1986, p. 12-14, 50-55, 99-109.

les turpitudes terroristes – notamment celles de Carrier, véritable monstre sadien. Ces romanciers qui jouent sans scrupules sur l'imaginaire collectif sont relayés ensuite par le cinéma qui puise sans plus de vergogne dans ce fonds, pour noircir les Montagnards, souligner la violence populaire, insister sur les malheurs des guerres de l'Ouest et, d'une façon générale, confirmer la vision pessimiste de la Révolution en mêlant grands sentiments et brutalité dans un cadre historique connu par les spectateurs. Débauche sexuelle et sadisme sont ainsi les moteurs de l'action des *Deux Orphelines* de Griffith, tandis que le couple Corday-Marat stimule l'imaginaire des scénaristes ! La charge symbolique de la Révolution, rupture totale, obsède la pensée et fait amalgamer toutes les atrocités de la période dans une vision proprement mythique.

La révolution blanchie

Pourtant, depuis le premier tiers du XIXe siècle, la violence de la Révolution est traitée autrement par des historiens, qui n'y cherchent pas le destin mythique de l'humanité. « Les horribles mystères » de la Montagne ne sont pas seulement des objets de répulsion, mais sont étudiés pour que les générations futures s'en épargnent le retour. Guizot, Thiers, Mignet mettent la cruauté sur le compte de la « populace », des « brigands » qui sortent « comme de dessous terre… armés de piques et de bâtons[4] ». Une explication s'élabore, qui fait de la violence la conséquence de la brutalité maladroite avec laquelle le peuple entend rentrer dans ses droits ; on excuse le goût du sang qui fait des meurtriers des êtres « tour à tour animal doux et féroce », mais on condamne la volonté dépravée des chefs qui ont érigé en « système » cette « sanglante pratique ». Les colonnes dites « infernales » de Turreau sont ainsi perçues comme « les inévitables maux des guerres civiles ».

Cette vision modérée rassemble les républicains, mais est vite mise en question lorsque l'exemple de la monarchie de Juillet prouve qu'une révolution ne peut pas s'arrêter à l'imitation de 1789 et qu'elle doit intégrer le recours à 1793. Aussi les histoires de la Révolution (passée) tendent-elles à se confondre avec les discours sur la Révolution (future et espérée). Le cadre des études s'adapte aux calculs politiques et aux violences admissibles. Pour certains, Robespierre, Marat et Babeuf deviennent des exemples à suivre. Esquiros écrit ainsi en 1847 : « À la Révolution française,

---

4. Adolphe Thiers, *Histoire de la Révolution française*, 1834, t. 1, p. 97, 125, 187, t. 2, p. 522.

il faut la Terreur », même s'il précise aussitôt qu'il n'y a plus de violences à craindre. Buchez et Roux lisent la Révolution comme « un accident dont le crime fut pour les pères et le bien pour les enfants » et revendiquent les « terribles sacrifices » au nom du droit naturel imposé par la Révolution contre « l'ignominie de la cour ». Les crimes de la monarchie sont donc responsables de ceux du peuple révolutionnaire. Si Michelet soutient cette explication, Lamartine la discute. Il recense les débordements sanglants, avec compassion mais fatalisme, fait de Charlotte Corday « une Jeanne d'Arc de la liberté » et insiste sur les responsabilités du roi dans sa propre condamnation. Même s'il regrette tout ce sang inutilement versé, qui a préparé même le retour à la royauté et qui a terni l'image de la République, la violence révolutionnaire devient aussi inévitable qu'injustifiable. Ainsi le crime cesse-t-il d'être un absolu mythique, pour s'inscrire dans le cours de l'histoire et devenir l'élément d'une discussion politique au sein de la gauche républicaine, qui entend préparer par les études historiques les modalités d'une prise de pouvoir.

Après 1870, face à Taine qui détaille avec complaisance les scènes les plus atroces, les auteurs républicains s'emploient, avec Aulard, à faire endosser la Terreur à Robespierre ou aux Hébertistes, en insistant parallèlement sur l'œuvre accompli par la Révolution et en rappelant avec force que la violence initiale vient de l'Ancien Régime et de l'étranger. Nombre de révolutionnaires peuvent alors être transformés en martyrs. Dans cette ligne, Jean Jaurès refuse les « odieux massacres » tout en ne rechignant pas à emboucher les trompettes de Michelet pour sonner la charge contre les Vendéens massacreurs de patriotes et surtout contre la justice de la monarchie coupable de l'emploi de la torture et de l'écartèlement. Ce langage passe de mode dans l'historiographie universitaire d'après-guerre, qui récuse ce ton passionnel et les « boniments contre-révolutionnaires » des Gautherot et Gaxotte. Une lecture s'impose, qui, globalement, tolère une violence nécessaire en rejetant les débordements populaires – comme le « vandalisme » de 1794 – mais qui s'intéresse aux Jacobins, aux mouvements sociaux et aux contraintes économiques, pour donner une explication raisonnée de l'emploi de la violence. Les massacres de septembre sont ainsi compris dans le cours des luttes politiques et sociales, ce qui leur enlève toute préméditation, comme toute valeur symbolique.

Les détails les plus odieux sont identifiés aux rumeurs indignes des intérêts scientifiques des historiens, si bien que les passions qui animent toujours la société française autour des souvenirs de la Révolution ne rencontrent plus que des échos affaiblis dans le monde universitaire. *Les Annales historiques de la Révolution française* deviennent progressivement muettes sur le sujet, et, lorsque le massacre de deux notables à Ballon, dans la Sarthe, en 1789, est traité par François Dornic, celui-ci l'explique par « les antécédents économiques et sociaux » qui fait de ces morts la suite quasi logique de la tension née d'une ascension sociale individuelle effectuée trop rapidement dans une société rurale frustrée. Le sous-titre même de l'article résume l'orientation : « un problème mal posé ». La violence n'est plus l'explosion d'une agressivité populaire mal contrôlée, mais la conséquence sociale d'un antagonisme économique. Resterait à se demander pourquoi il n'y eut pas plus de nouveaux riches à mourir sous les coups de leurs voisins jaloux de leur réussite d'une part, et, d'autre part, si la frustration justifie la mise à mort.

Dans ce courant qui ne pense plus la violence, il n'est pas étonnant que ce soient de grands érudits, Jacques Godechot ou Richard Cobb, qui publient des témoignages sur les massacres, rencontrés au fil de lecture d'archives. Il aura fallu attendre les années 1980 pour que le débat sur la violence renaisse, après cinquante années de discussions sur le rôle des classes sociales dans la Révolution, tout en trouvant de nouveaux terrains et de nouvelles interrogations qui, au-delà des polémiques anciennes, posent le problème du politique dans la cité, ou, en instillant les démarches et les questions inspirées de la psychanalyse, s'interrogent sur les rapports au corps et à la sexualité à partir des événements de la Révolution française.

Guerres civiles franco-françaises

On comprend dans ces conditions que la mémoire nationale soit malade, comme en témoigne l'enseignement de l'histoire. Le XIXᵉ siècle, jusqu'à la IIIᵉ République, a accepté l'équivalence de la Révolution avec un régime sanguinaire et des révolutionnaires avec des monstres. L'anarchie et la terreur identifient toute la période, depuis les incendies de châteaux de 1789 jusqu'aux exécutions de masse de 1793, en passant par septembre 1792. Les événements, rappelés dans un contexte passionnel et dramatique, stigmatisent la perversité de quelques hommes et l'ignominie du peuple, dansant et chantant sur le corps des victimes, dont les chairs déchirées sont rôties pour des ripailles anthropophagiques. Seule la gloire militaire de jeunes généraux de vingt ans réussit à équilibrer autant que faire se peut les torrents de sang chargés de résumer toute l'histoire de la Révolution. Pour les élèves des classes secondaires de France, la seule image positive de la Révolution est donnée pendant la brève IIe République de 1848, avant qu'elle aussi ne tourne court.

Pendant la IIIe République triomphante, la situation s'inverse. La violence n'apparaît plus comme une catégorie univoque, tout en demeurant au cœur de tous les exposés. Les auteurs de manuels, républicains « avancés », considèrent la Révolution comme inéluctable et la justifient par le progrès réalisé, tout en étant embarrassés par les violences. Au 14 juillet 1789, ils préfèrent celui de 1790, à l'unanimité dépouillée de brutalités. Ils mentionnent à peine les incendies de la Grande Peur, et édulcorent ensuite tout ce qui peut ternir l'image d'une Révolution, agressée, condamnée à se défendre par tous les moyens. Les républicains modérés condamnent plus clairement la Terreur et les débordements populaires. La « bonne » Révolution est décrite, fondée sur le vrai peuple, comme pendant la nuit du 4 août ; en revanche, la « mauvaise », commise par les enragés de 1793, n'est citée que pour être rachetée par les soldats de l'An II et par les réformes léguées aux générations futures. De ce point de vue, la Révolution demeure bien un « bloc », selon l'expression de Georges Clemenceau, ce qui permet de la défendre dans sa totalité. Lavisse se rallie lui aussi à cette position, au fil des éditions de ses manuels, approuvant la mort du roi – même s'il ne l'excuse pas – et expliquant la Terreur par la traîtrise des émigrés et des Vendéens. La violence est ainsi intégrée dans un canevas explicatif, qui établit de subtiles balances entre les progrès destinés à tous et la méchanceté attribuée à quelques cercles d'individus peu recommandables. La violence de la rupture révolutionnaire elle-même est liée au déroulement global de l'histoire nationale : provoquée par des « causes », incluse dans des « circonstances », induisant des « conséquences ». Les victimes paraissent alors frappées par un destin inéluctable, plus que par la volonté de responsables politiques clairement identifiés.

Les auteurs des manuels catholiques adoptent, il va de soi, une lecture exactement inverse. La Révolution éclate comme un coup de tonnerre dans un ciel serein et est marquée aussitôt par des épisodes sanglants en grand nombre. Les charrettes débordent de cadavres d'innocents décapités ou fusillés, tandis que les femmes et même les enfants acceptent de mourir dans la dignité et la fidélité à un idéal religieux. Toute la période est ainsi considérée comme une « aberration » de l'histoire, contre laquelle il convient de se prémunir. L'échec final de la Révolution n'est en définitive que le refus de « l'esprit du mal ».

L'évolution récente, qui abandonne ces clivages trop marqués, doit être comprise pour ce qu'elle est : un abandon du sentiment militant que la Révolution française a longtemps entraîné chez les intellectuels français, un détachement envers les leçons attendues de l'histoire, le résultat des remises en cause des grandes oppositions politiques internationales depuis les années 1980. Les Instructions officielles de 1985, régissant les programmes d'histoire dans l'enseignement secondaire, ont largement entériné la mutation. Elles insistent toujours sur les mutations opérées, elles comparent les situations avant et après 1789 et 1799, mais elles ne prennent pas parti sur la Terreur, insistant même lourdement sur les débats historiographiques, au point de privilégier les fausses symétries pour ne pas oublier une interprétation. Des bilans démographiques sont tentés (300 000 personnes arrêtées, peut-être 50 000 exécutées, reprenant des chiffres anciens et peu vérifiés) et l'année terrible de la Terreur, de l'été 1793 à l'été 1794, est placée sous l'égide de la guillotine. La présentation de la part d'ombre n'est ainsi plus le seul fait des opposants à la Révolution, au grand dam de ses défenseurs idéologiques qui condamnent cette évolution « révisionniste ».

Que conclure de cette histoire marquée par la passion aveugle, malgré ce rapprochement récent ? La réalité des faits est toujours vue au travers des traditions de pensée et au travers des mots qui cachent autant qu'ils dévoilent. Les problèmes historiographiques encombrent les problématiques proprement historiques. Manifestement, même si la Révolution n'est plus autant cet objet « chaud » de notre univers, elle relève encore d'un « sacré » national. De ce point de vue, en comparant les aléas de cette mémoire française aux autres mémoires européennes de la Révolution française, l'idée vient naturellement que la nation française n'a existé que dans ces querelles politico-historiques, à propos de notre passé – et de notre futur –, et que nos divisions politiques et sociales, autour de la gauche et de la droite, de la relation entre l'Église et l'État, de la place des élites, ont non seulement forgé une communauté de pensée – dans l'affrontement – qui nous est propre, mais surtout qu'elles nous ont accoutumés à vivre notre histoire avec une exigence que l'on ne retrouve pas chez nos voisins, dont l'histoire est fragmentée par des nostalgies locales, rompue par des guerres récentes, parfois indicible sous l'effet d'événements monstrueux. Nous avons eu l'habitude de ce trop-plein de la mémoire, qui nous aura certainement empêchés de faire une histoire sereine et raisonnée, mais qui nous a entraînés à vivre dans un passé communautaire.

Jean-Clément Martin

Repères bibliographiques

Pierre Nora, *Les Lieux de mémoire*, Gallimard, Paris, surtout les tomes 1 (1984) et 3 (1992).

Daniel Arasse, *La Guillotine et l'Imaginaire de la Terreur*, Flammarion, Paris, 1987.

Olivier Bétourré et Aglaia I. Hartig, *Penser l'histoire de la Révolution*, La Découverte, Paris, 1989.

François Furet et Mona Ozouf dir., *Dictionnaire critique de la Révolution française*, Flammarion, Paris, 1988.

Patrick Garcia *et al.*, *Révolutions, fin et suite...*, Espaces Temps/Centre Pompidou, Paris, 1991.

Steven Kaplan, *Adieu 89*, Fayard, Paris, 1993.

Claude Nicolet, *L'Idée républicaine en France*, Gallimard, Paris, 1982.

Michel Vovelle dir., *L'Image de la Révolution*, colloque 1989, Pergamon Press, 4 vol.

2. Amnistie.
Les contraintes de la mémoire officielle

L'oubli institutionnel

Stéphane Gacon

Des lois viennent périodiquement aplanir les reliefs de la vie politique française : des lois d'amnistie. C'est une pratique dont la République est friande et qui s'inscrit dans une longue tradition lorsqu'il s'agit de clore les grandes batailles civiles. Toutes les grandes guerres franco-françaises ont eu leur amnistie : la Commune en 1879-1880, le boulangisme en 1895, l'affaire Dreyfus en 1900, la collaboration en 1951-1953, la guerre d'Algérie de 1962 à 1968. Et ces séismes n'ont pas été les seules occasions de proclamer l'oubli : Déroulède et les condamnés de la Haute Cour de 1899 ont eu leur amnistie en 1905, les grèves et les manifestations ouvrières ont régulièrement eu les leurs, les débats autour des désertions et des mutineries de la guerre de 1914-1918 ont occupé tout le premier après-guerre.

L'histoire retient que la première amnistie fut celle de Thrasybule, en 403 avant Jésus-Christ. Le souvenir de cette première expérience hante d'ailleurs les débats d'amnistie les plus récents. Cet homme, rentré d'exil pour chasser les Trente, tyrans d'Athènes, et rétablir la démocratie dans sa cité, proposant à l'assemblée des citoyens de voter une loi pour consacrer l'oubli des divisions antérieures, est toujours montré en exemple. C'est qu'il est l'inventeur du mot et de la notion[1]. Mais la Grèce de Thrasybule n'est qu'un modèle lointain. La République, en France, a plutôt hérité ses institutions de clémence de l'Ancien Régime. C'est pourquoi la seconde

---

[1]. « "Amnêsia" de "a" privatif et "mnaomaï", je me souviens » (*Littré*, article « Amnistie »). L'étymologie renvoie à l'idée d'un oubli, volontaire ou non. La loi de Thrasybule donne à la notion son caractère d'oubli volontaire puisque institué. Il ne s'agit pas, *a priori*, de pardon.

référence obligée de tous les débats d'amnistie est l'édit de Nantes, qu'on évoque pour définir l'amnistie et ses moyens : « Que la mémoire de toutes choses passées depuis mars 1585, ainsi que tous les troubles précédents, demeure éteinte et assoupie comme une chose non advenue, qu'il ne soit loisible ni permis à nos procureurs généraux, ni à toute autre personne publique ou privée, en quelque temps ni pour quelque occasion que ce soit d'en faire mention, poursuite ou procès devant quelque cour ou juridiction » et « pareillement nous défendons à nos sujets de quelque état et qualité qu'ils soient d'en renouveler la mémoire, de s'attaquer, de s'injurier, de se provoquer l'un l'autre à propos de ce qui s'est passé, pour quelque cause que ce soit, d'en disputer, contester ou quereller, mais de se contenir et de vivre ensemble comme frères, amis et concitoyens[2] ».

Mais, si la République a hérité de l'Ancien Régime la grâce et l'amnistie, son premier réflexe a été de confier à la nation souveraine, aux assemblées du peuple, ce qui était auparavant un droit régalien. La Révolution appliquait ainsi les prescriptions des philosophes : « Faire grâce ; on entend par là suspendre et empêcher l'effet d'une loi quelconque. Il est évident qu'il n'y a que le législateur qui puisse abroger une loi qu'il a portée. [...] Les lois qui gouvernent le peuple sont donc à lui[3]. » Depuis lors, l'amnistie démocratique est une prérogative parlementaire. Le Code pénal de 1791 avait supprimé le droit de grâce en attribuant l'amnistie à l'Assemblée législative, Bonaparte récupéra à son profit les deux institutions, grâce et amnistie, mais les républicains s'attachèrent toujours, par la suite, à distinguer le droit de grâce relevant du président de la République et le pouvoir d'amnistie relevant du Parlement.

L'événement n'a pas eu lieu

L'amnistie est un processus juridique surprenant par l'effet radical qu'il impose : on oublie tout, rien ne s'est passé. Son utilité première, lors des graves crises civiles, est de clore définitivement le conflit. Elle en forme le point final, car, si la plupart du temps les combats ou les affrontements sont terminés depuis plusieurs années, l'épisode judiciaire n'est pas toujours clos, et les débats persistent. En 1879, quand la Chambre des députés réalise une première amnistie des communards, la Semaine sanglante est

---

2. Édit de Nantes, 13 avril 1598, extraits cités par Jacques Limouzy, rapporteur du projet de loi portant amnistie à la séance du 23 juillet 1968. *Journal officiel*, *Débats parlementaires*, *Assemblée nationale*, 24 juillet 1968, p. 2 471.
3. *Encyclopédie*, tome XII, v, article « Politique (grâce) ».

déjà un souvenir ancien, mais les poursuites judiciaires ne sont pas terminées. Si l'essentiel de la répression judiciaire a eu lieu dans les mois et les années qui ont suivi la répression militaire, les journaux se font encore régulièrement l'écho de condamnations pour des faits liés à la Commune. De la même façon, la loi d'amnistie du 27 décembre 1900, qui clôt l'affaire Dreyfus, a pour premier effet de mettre un terme à tous les procès en cours. Pourtant Dreyfus a été gracié en septembre 1899.

C'est d'ailleurs au cours des débats sur ce projet de loi qu'a été donnée une des plus simples définitions de l'amnistie : « Nous demandons au Parlement d'ajouter l'oubli à la clémence et de voter des dispositions légales qui, tout en sauvegardant les intérêts des tiers, mettent les passions dans l'impuissance de faire revivre le plus douloureux conflit[4]. »

L'amnistie décrète que l'événement n'a pas eu lieu, les poursuites en cours cessent, les prisonniers retrouvent leur liberté, les exilés leur maison et les condamnés leur virginité. Mais l'amnistie ne représente ni un pardon des fautes ni la réhabilitation des condamnés. Ils retrouvent simplement leurs droits pour pouvoir reprendre une vie ordinaire, sous la protection de la loi qui garantit le silence.

L'amnistie a donc une utilité immédiate, celle de la pacification définitive après la lutte, celle de la volonté affirmée d'un retour à la normale. Elle est une réconciliation offerte au corps social, un artifice pour pouvoir continuer à vivre ensemble après la lutte.

Mais cet oubli juridique, dont on peut comprendre l'utilité immédiate, pose un problème, car il intervient souvent à propos de crimes. Certes, l'amnistie ne concerne pas que des crimes. Bien des personnes ne sont condamnées que pour de maigres délits. Mais la question morale se pose pour les crimes les plus graves : l'amnistie revient à les plonger dans l'oubli ; bien plus, à en nier l'existence. Pourtant ils ont fait des victimes qui portent en elles à jamais la trace indélébile du geste qui les a atteintes. Quand elles ne sont pas mortes. D'ailleurs, tous les crimes ne sont pas de la même nature. Il est possible de faire une distinction, dans ces guerres franco-françaises, entre les crimes fortuits, liés aux péripéties de la guerre et dont chaque camp est porteur, et le crime essentiel, l'atteinte à la République, au régime en place et à la philosophie qui le sous-tend. La différence entre ces deux types de crimes n'est pas une différence de degré, car il est légi-

---

4. Projet de loi sur l'extinction de certaines actions pénales (affaire Dreyfus) présenté par Waldeck-Rousseau, président du Conseil. Extrait de l'exposé des motifs. *Journal officiel*, annexe n° 39 à la séance du 1er mars 1900, p. 36.

time de poser le problème moral de la guerre, de se demander si tous les moyens sont bons et de poser en principe qu'il faut rendre des comptes quand on franchit certaines limites, même à la guerre, mais c'est une différence de nature. Le régime de Vichy, qui a représenté une contestation fondamentale de la République, obéit à un système de valeurs totalement étranger à celui de la République. Au sens strict, le régime de Vichy constitue un crime pour la République et son corollaire antisémite ne saurait prétendre au simple statut de crime de guerre.

Or, l'amnistie revient à oublier tous les crimes, et les crimes liés à la guerre et le sacrilège que représente la contestation de la République et de ses valeurs. Pourquoi accorder une amnistie dans ces conditions ? Comment comprendre que la République, sortie victorieuse du combat qui la menaçait, accepte, souvent rapidement, le retour à la liberté de ceux qui la combattaient ou de ceux qui, simplement, bafouaient ses lois et ses valeurs ? Cet oubli décrété, cette négation officielle de l'événement peut sembler à la fois immorale puisqu'elle blanchit des crimes de sang, socialement dangereuse puisqu'elle revient, malgré tout, même si elle le nie explicitement, à mettre en doute la chose jugée et historiquement inconséquente puisqu'elle fait disparaître de la mémoire officielle les exemples édifiants qui pourraient protéger l'avenir des erreurs du passé. Ces erreurs ne doivent-elles pas, au contraire, « figurer comme de hautes balises sur les routes où nous nous trouvons[5] » ? C'est la thèse que Pierre Vidal-Naquet et Laurent Schwartz ont défendue quand il a été question, en 1982, de compléter l'amnistie de la guerre d'Algérie en réintégrant les officiers généraux dans le cadre de réserve. Pour eux, la « guerre d'Algérie, comme autrefois l'affaire Dreyfus, la guerre d'Espagne ou la Résistance, a été un critère, pas forcément, pas immédiatement entre la gauche et la droite, mais tout simplement entre le chemin de l'honneur et celui de la honte, critère pris à son compte par la conscience universelle[6] ». Dans ces conditions, au nom de ce système de valeurs, le pays court un danger à vouloir oublier ces expériences éloquentes : « Un peuple est riche et fort de son histoire. À condition de l'assumer. La lâcheté devant son passé n'est pas un gage de courage pour l'avenir. Un peuple sans mémoire est un peuple sans ressort. Nous savons qu'il est possible de vivre son histoire en refusant de la comprendre. Est-ce souhaitable[7] ? » C'est ainsi qu'une partie des députés socialistes concluaient le débat de 1982.

---

5. Bernard-Henri Lévy, *Le Matin*, 2 novembre 1982, à propos de la réintégration des généraux dans le cadre de réserve.
6. Pierre Vidal-Naquet et Laurent Schwartz, *Le Monde*, 27 octobre 1982.
7. Jean-Pierre Worms, député socialiste de Saône-et-Loire, *Le Nouvel Observateur*, 6 novembre 1982.

Équité et unité retrouvées

S'il est dangereux et immoral d'oublier les crimes, pourquoi pratiquer l'amnistie ? Elle s'imposerait d'abord parce que, dans les crises civiles, les fautes et les crimes sont toujours partagés : « Savez-vous comment j'appellerais l'amnistie envisagée à ce point de vue-là ? Je l'appellerais la liquidation des excès commis de part et d'autre[8]. » Cet argument revient constamment dans les débats quand il s'agit de réclamer l'amnistie : elle serait un effet de la justice quand la justice n'est pas assurée. Les partisans de l'amnistie de la Commune au Parlement, qui n'étaient généralement pas d'anciens communards, ont eu tendance, pendant les longues années qu'a duré leur combat pour obtenir l'amnistie, à renvoyer dos à dos les responsables de l'exécution des généraux et des otages et les responsables de la répression versaillaise. On pourrait, de la même façon, opposer les attentats de la Résistance et la répression policière de Vichy, la torture en Algérie et le terrorisme de l'OAS.

Le problème est qu'il est impossible de faire ce calcul macabre, d'opposer terme à terme les violences des uns et celles des autres, de mesurer la gravité relative de chaque crime, de peser dans une balance exacte la faute de l'un et la faute de l'autre. Devant la complexité et l'enchevêtrement des crimes, de ces crimes liés au combat, la seule solution n'est-elle pas de régler la question par l'amnistie ? Devant le fait également que les fautes des uns, les vaincus, ont été plus sévèrement sanctionnées que les fautes des autres, les vainqueurs, que souvent les vainqueurs se sont faits les juges des vaincus ? En 1876, les radicaux espèrent beaucoup de la nouvelle majorité républicaine à la Chambre. Dès l'ouverture de la session, Hugo au Sénat et Raspail à la Chambre déposent une proposition de loi d'amnistie générale. Au cours de la séance du 16 mai 1876, Clemenceau se tourne vers le rapporteur de la commission et lui demande de « dire dans lesquelles de nos insurrections, dans celles surtout qui ont été l'objet d'amnisties, les grandes lois de l'humanité n'ont jamais été respectées ? Il aura beau chercher, il ne trouvera pas que les lois de l'humanité aient été respectées dans nos discordes civiles, ni par les gouvernants, qui n'ont pas eu besoin d'une amnistie parce qu'ils étaient les plus forts, ni par les insurgés, qui en ont eu besoin, et qui ont toujours fini par l'obtenir[9] ». Tout le monde a commis

---

8. Marcou, débat sur le projet de loi Raspail (amnistie des communards), séance du 17 mai 1876, *Journal officiel*, 19 mai 1876, p. 3 409.
9. Clemenceau, débat sur le projet Raspail, *Journal officiel*, 17 mai 1876, p. 3 340.

des crimes. Des crimes ont aussi été commis au nom de la République, au nom même d'un régime qui porte bien haut l'étendard des droits de l'homme. La victoire amnistie le vainqueur qui abat sa vengeance sur le vaincu. Aux excès du combat s'ajoutent les excès de la justice : « À toutes les époques, quand l'amnistie a été accordée, les gouvernements précédents avaient parfaitement compris ce qu'il y avait de chances à erreur à faire juger les accusés par des hommes qui, peut-être, avaient reçu, ou du moins leurs compagnons d'armes, leurs coups de feu. Et l'histoire a parfaitement approuvé ces sortes d'amnisties[10]. » Dès lors, l'amnistie s'impose.

Cet arrière-plan de justice et d'équité n'est pas absent des préoccupations de ceux qui accordent l'amnistie, mais ce n'est sans doute pas la raison première.

L'amnistie est plus certainement une façon de refaire l'unité nationale, une façon symbolique de la proclamer à nouveau après le conflit. Cette amnistie est d'ailleurs souvent présentée, dans les débats qui entourent les lois, comme un appel de la France à une réconciliation après les déchirements. Dans ces conditions, elle serait comme une cérémonie magique destinée à régler la tension permanente qui existe en France entre les aspirations individuelles fatalement centrifuges et antagonistes et l'aspiration unificatrice découlant de la volonté de vivre ensemble, d'appartenir à un groupe commun, l'aspiration collective à une vie rassurante dans un cadre lisse. Ce serait une façon de retrouver des repères simples après le trouble. « Cette amnistie est nécessaire sur les plans de la cohésion nationale, de l'intérêt national. À ce titre, il est inexact de dire et d'écrire que seuls ceux qui, par leur action ou la situation de leurs biens ou celle de leur famille, sont intéressés par le texte que nous débattons aujourd'hui souhaitent une amnistie. [...] Oui, c'est l'opinion tout entière, c'est-à-dire la moyenne de toutes les consciences individuelles françaises, l'opinion dans son ensemble, qui, par notre voix, sollicite et attend l'amnistie que nous allons voter[11]. »

Cette aspiration confuse à retrouver une unité imaginaire et confortable autour de valeurs communes largement mythifiées, c'est au pouvoir de la concrétiser, de la proclamer, par le biais de l'amnistie comme au travers d'autres célébrations, commémorations et anniversaires. L'amnistie réaffirme que la nation est une dans la République, dans une République qui

---

10. Marcou, référence citée.
11. Pierre Pasquini, débat sur le projet de loi d'amnistie de 1964, séance de l'Assemblée nationale du 17 décembre 1964, *Journal officiel, Débats parlementaires, Assemblée nationale*, p. 6 175.

ne peut pas s'accommoder de pratiques en rupture avec les droits de l'homme et de visions concurrentes. L'amnistie est chargée d'évacuer tout ce qui pourrait être centrifuge et de réaffirmer la vision jacobine de la République, celle de l'unité et de l'indivisibilité de la République.

La première grande amnistie de la République, l'amnistie de la Commune a d'ailleurs été souvent réclamée au nom de l'unité nationale, pour consolider la République naissante : « Je dis enfin que la vraie manière de donner confiance à ceux que vous voulez rassurer, c'est surtout de réussir dans l'entreprise que vous avez faite de fonder en France le régime républicain [...]. Vous conviez vos préfets à une œuvre de réconciliation et d'apaisement ; nous vous y convions à notre tour. Vous leur dites que la République ne pourra être fondée qu'en mettant fin à nos divisions [...]. Je vous dis que c'est seulement par la réconciliation des classes, par la réconciliation de tous les citoyens que vous ferez l'apaisement social que nous désirons tous [12]. »

Dans tout l'arsenal symbolique qui a consacré l'avènement de la République en 1879-1880, l'amnistie avait sa place. Paris retrouvait son rang de capitale de la France, et *La Marseillaise* était choisie comme hymne national en 1879 ; le 14 juillet devenait fête nationale, et l'amnistie était accordée aux communards en 1880 [13]. Gambetta s'émerveilla, à la tribune de la Chambre, de la rencontre de ces deux symboles républicains : « On a dit, et on a dit avec raison – cela saute aux yeux –, que le 14 Juillet étant une fête nationale, un rendez-vous où, pour la première fois l'armée, organe légitime de la nation, se trouvera face à face avec le pouvoir, où elle reprendra ces drapeaux, hélas ! si odieusement abandonnés... Oh ! oui, il faut que ce jour-là, devant la patrie, il faut qu'à la face du pouvoir, en face de la nation représentée par ses mandataires fidèles, en face de cette armée, "suprême espoir et suprême pensée", comme disait un grand poète, qui, lui aussi, dans une autre enceinte, devançant tout le monde, avait plaidé la cause des vaincus, il faut que vous fermiez le livre de ces dix années, que vous mettiez la pierre tumulaire de l'oubli sur les crimes et sur les vestiges de la Commune, et que vous disiez à tous, à ceux-ci dont on déplore l'absence et à ceux-là dont on regrette quelquefois les contradictions, et les désaccords, qu'il n'y a qu'une France et qu'une République [14]. »

---

12. Clemenceau, référence citée.
13. L'amnistie est réalisée par la loi du 11 juillet 1880 qui complète l'amnistie partielle du 3 mars 1879.
14. Gambetta, débat à la Chambre des députés du projet d'amnistie de la Commune en 1880, *Journal officiel*, 22 juin 1880, p. 6 840.

Ainsi, par tous ces actes symboliques, la République s'enracinait dans la tradition révolutionnaire. Le poète du discours de Gambetta, Victor Hugo, constatant le partage des crimes, avait d'ailleurs plaidé pour l'amnistie au Sénat, dès 1876, au nom de l'unité nationale, au nom de « cette chose immense et superbe, la patrie ouvrant ses bras et disant : "je ne sais qu'une chose, c'est que vous êtes tous mes enfants !" », mais surtout au nom de l'idée supérieure de l'homme contenue dans la philosophie des Lumières, matrice des droits de l'homme : « Messieurs, la guerre civile est une sorte de faute universelle. Qui a commencé ? Tout le monde et personne. De là cette nécessité : l'amnistie. Mot profond, qui constate à la fois la défaillance de tous et la magnanimité de tous. Ce que l'amnistie a d'admirable et d'efficace, c'est qu'on y retrouve la solidarité humaine. C'est plus qu'un acte de souveraineté, c'est un acte de fraternité. C'est le démenti à la discorde. L'amnistie est la suprême extinction des colères ; elle est la fin des guerres civiles. Pourquoi ? Parce qu'elle contient une sorte de pardon réciproque. Je demande l'amnistie. Je la demande dans un but de réconciliation [15]. »

Par la suite, toutes les grandes amnisties politiques seront l'occasion de rappeler la grandeur et la nécessité de cette unité nationale.

L'hémicycle fracturé

Mais l'amnistie se heurte au caractère illusoire de cette unité nationale, et les débats qui l'entourent révèlent toujours les fractures qui traversent le corps social. En 1982, en faisant déposer un projet de loi pour « régler certaines conséquences des événements d'Afrique du Nord [16] », François Mitterrand souhaitait tenir la promesse qu'il avait faite aux rapatriés d'Afrique du Nord pendant la campagne présidentielle de 1981 [17]. Le projet partait du constat que, si toutes les condamnations pénales et les sanctions disciplinaires avaient été effacées par la loi d'amnistie du 31 juillet 1968, il existait encore des personnes qui subissaient les conséquences des condamnations amnistiées. Ce projet de loi, qui avait, en particulier, pour conséquence de réintégrer dans le cadre de réserve les généraux du putsch de 1961, suscita la violente opposition d'une partie des socialistes.

---

15. Hugo, débat au Sénat sur son projet d'amnistie de la Commune, *Journal officiel*, 23 mai 1876, p. 3 533-3 534.
16. Ce sont les termes mêmes du projet de loi. *Journal officiel, Documents parlementaires*, projet de loi n° 1 124 (1982).
17. Promesse faite lors d'une réunion électorale à Avignon, le 4 avril 1981, et confirmée par un télex envoyé au congrès du Recours le 7 mai.

C'était le premier accrochage grave entre le président de la République et la majorité de gauche depuis l'élection de 1981. La tension monta, et il apparut, au fil des jours, que Raymond Courrière, secrétaire d'État chargé des Rapatriés, aurait du mal à faire voter sa loi. Pour sortir de l'impasse, le président de la République demanda au Premier ministre, Pierre Mauroy, de recourir à l'article 49-3 de la Constitution, et les députés socialistes furent contraints d'accepter la loi Courrière en ne refusant pas leur confiance au gouvernement. Dans cette affaire, le Parlement tout entier, et pas seulement les socialistes, s'était divisé pour savoir s'il fallait ou non compléter l'amnistie de la guerre d'Algérie. En refusant majoritairement de le faire, en refusant d'oublier, il maintenait une division que le président de la République, président de tous les Français, garant de l'unité nationale, souhaitait faire disparaître. Les débats qui entourent cette loi témoignent ainsi de la rivalité traditionnelle qui existe en France entre les deux pouvoirs, entre l'idéal d'unité qui a toujours hanté la communauté nationale, idéal incarné dans l'existence symbolique d'un guide seul et unique à la tête de l'État et la réelle diversité de cette communauté nationale enchaînée à l'histoire telle qu'elle est représentée au Parlement.

Cet exemple de rivalité entre les assemblées et le pouvoir exécutif, à propos de l'amnistie, n'est pas unique. Le gouvernement ou le président de la République ont souvent imposé leur vision des choses, en parfaite contradiction avec les principes constitutionnels. L'amnistie de la guerre d'Algérie, par exemple, a été votée, en 1964, en 1966 et en 1968, au rythme et dans les termes souhaités par le gouvernement. Les propositions de lois déposées sur les bureaux du Sénat et de l'Assemblée par certains groupes parlementaires n'ont jamais été prises en compte, et les seuls textes qui furent inscrits à l'ordre du jour furent les textes gouvernementaux. Bien plus, il n'a jamais vraiment été question de laisser au Parlement la possibilité d'aménager ces textes. Chaque fois le gouvernement a recouru à la procédure du vote bloqué qui permet d'adopter le texte initial, dans son intégralité, sans amendements. L'amnistie a donc eu son rôle à jouer dans le débat qui a opposé le pouvoir législatif et le pouvoir exécutif pendant tout le début de la Ve République. De Gaulle a toujours voulu garder le contrôle du processus d'amnistie. Il ne faut pas voir là le désir de faire de l'amnistie, celle des anciens membres de l'OAS et des organisateurs des attentats qui l'avaient visé, une affaire personnelle ni l'expression d'une quelconque mauvaise conscience vis-à-vis des Français d'Algérie, mais plutôt le reflet de sa conception de la République, une République unifiée autour d'un chef, guide et protecteur de la nation. Dans l'esprit de la nouvelle Constitution et dans la perspective du rôle historique qu'il s'assignait, lui seul, président de la République, pouvait réaliser la réconciliation des Français après les déchirements algériens, à travers l'acte symbolique que constitue l'amnistie.

La Vᵉ République et ses institutions présidentielles poussent à son paroxysme ce mécanisme d'incarnation du principe d'unité : François Mitterrand n'a fait, en son temps, qu'accepter le rôle que la pratique antérieure de la Constitution lui dictait. Mais cette tendance de l'exécutif à se poser en garant et acteur de l'unité nationale n'est pas propre à la Vᵉ République et à ses institutions particulières. Même sous un régime parlementaire comme la IIIᵉ République, les gouvernements ont cherché à imposer leur vision des choses. Le texte de la loi de 1879 est exactement celui du projet de loi déposé par le gouvernement, tous les amendements et autres contre-projets ont été rejetés. Pourtant, les propositions d'origine parlementaire étaient nombreuses à s'être accumulées sur les bureaux des deux chambres depuis 1871 [18] ! Cette fois encore, ce n'est que lorsque le gouvernement soumit un projet au Parlement que la discussion eut lieu, comme si les assemblées n'étaient pas en état de juger de l'opportunité de la réconciliation nationale ou comme si elles n'étaient pas assez unanimes pour la réclamer.

Il est vrai que l'amnistie désirée par l'exécutif n'est pas toujours simple à réaliser, et l'attitude partagée du Parlement ne fait, en général, que refléter ces difficultés. Le fait que la plupart des grandes amnisties aient été votées progressivement montre les obstacles : il fallut deux lois pour faire l'amnistie de la Commune [19], deux lois pour faire celle de la collaboration [20] et trois lois pour faire celle de la guerre d'Algérie [21]. Ces difficultés se lisent surtout dans la pratique de la grâce amnistiante qui constitue une nouvelle abdication du pouvoir législatif devant le pouvoir exécutif : au lieu d'accorder une amnistie pleine et entière, une amnistie générale, nombreux sont les textes de loi qui s'en remettent à la sagesse du président de la République au travers de la grâce amnistiante. L'amnistie ne sera accordée qu'aux personnes graciées. La loi du 11 juillet 1880

---

18. Au moment de l'ouverture des débats en janvier 1879, le Parlement est saisi des propositions Marcou, Louis Blanc, Escarguel à la Chambre des députés, et Hugo au Sénat.
19. La loi du 3 mars 1879 et la loi du 11 juillet 1880.
20. La loi du 5 janvier 1951 et la loi du 24 juillet 1953.
21. Si l'on s'en tient à l'amnistie pénale (qui avait d'ailleurs commencé par deux décrets et deux ordonnances dès 1962). Ce sont les lois du 23 décembre 1964, du 17 juin 1966, du 31 juillet 1968. L'amnistie pénale est complétée en 1974, 1981 et 1982 par plusieurs dispositions visant à faire disparaître les « conséquences » de cette amnistie pour ses bénéficiaires.

explique que « tous les individus condamnés pour avoir pris part aux événements insurrectionnels de 1870 et 1871 et aux événements insurrectionnels postérieurs, qui ont été ou qui seront, avant le 14 juillet 1880, l'objet d'un décret de grâce, seront considérés comme amnistiés[22] ».

Les parlementaires veulent des garanties. Ils ne se posent pas uniquement en rancuniers inflexibles. Leurs hésitations face à l'amnistie témoignent de l'inquiétude qui les habite. Il s'agit de proclamer l'unité en se protégeant du danger d'un passé qui pourrait renaître. Le propos des hommes politiques qui refusent l'amnistie est sans doute moins de garder en tête des « balises » que d'éviter que le danger dont on vient de triompher ne renaisse tout de suite. Il s'agit, et c'est toute l'ambiguïté de l'amnistie, de proclamer la réconciliation mais en prenant des précautions, en la retardant, en ne l'accordant qu'au compte-gouttes, d'abord pour les faits les plus insignifiants, en excluant ceux des condamnés qui sont jugés les plus dangereux.

L'amnistie totale est donc moins l'effet d'une générosité spontanée que le produit des circonstances politiques. Elle est un acte politique qui s'intéresse autant au présent qu'au passé : il faut évacuer le passé pour se protéger des menaces du présent. L'amnistie est alors faite pour satisfaire une partie de l'électorat ou de l'opinion. Cela revient fréquemment à consacrer de nouvelles divisions, à chercher l'appui d'une partie de la population contre une autre, parfois au prix d'un arrangement avec sa conscience ou d'un reniement de ses principes. Henry Rousso a montré que la loi d'amnistie de 1953, qui tire un trait sur Vichy et la collaboration, ne se comprend vraiment que dans le contexte de la guerre froide. Le rapporteur de ce projet de loi, en dehors de la clause de style sur la nécessaire clémence, est assez clair. Il explique que la « IVe République est assez forte pour faire preuve de compréhension et d'humanité. Elle doit s'y employer d'autant mieux que, devant la montée des périls, l'union entre tous les Français est plus que jamais souhaitable. Que demain la patrie soit en danger, elle n'aura pas trop de tous ses enfants pour la défendre[23] ». Le danger communiste impose de serrer les rangs. L'amnistie est un des moyens de le faire.

De la même façon, l'amnistie de la guerre d'Algérie se réalise très progressivement et toujours en rapport avec la conjoncture politique. La loi du 23 décembre 1964 intervient à la veille d'une grande année électorale

---

22. Loi du 11 juillet 1880, *Journal officiel*, 12 juillet 1880.
23. Roger Duveau, rapporteur du projet de loi, *Journal officiel, Débats parlementaires, Assemblée nationale*, 11 juillet 1952, p. 3 899. Cité par Henry Rousso, dans *Le Syndrome de Vichy, de 1944 à nos jours*, p. 63.

puisque doivent avoir lieu les élections municipales en mars 1965 et les élections présidentielles en décembre. Or les élections cantonales d'avril 1964 ont montré un relatif effritement de l'UNR. La loi du 17 juin 1966, « l'amnistie du calcul électoral[24] », prépare les élections législatives de mars 1967 dans un contexte de mécontentement social et de difficultés politiques, en particulier avec les tensions entre gaullistes et républicains indépendants. La menace vient de la gauche, porteuse d'une autre vision de la République, et qui entend faire de ces élections le « troisième tour » victorieux de l'élection présidentielle de 1965. La loi du 31 juillet 1968, « l'amnistie de la peur[25] », est la réponse à une promesse électorale faite à l'extrême droite dans les incertitudes de l'après-mai. C'est pour des raisons du même ordre que fut votée l'amnistie de la Commune : il fallait souder le camp républicain contre les monarchistes et les bonapartistes, consolider les victoires électorales de 1879.

Alors, malgré toute son ambiguïté politique, à quoi sert l'amnistie ? Il ne faut pas nier sa vocation magique, sa capacité à produire une illusion, plus ou moins voulue par la majorité des Français, plus certainement construite par les hommes au pouvoir. Elle se trouve au cœur d'un processus de sauvegarde, sinon de l'unité nationale, du moins de la République et de ses valeurs. Celles-ci sont aujourd'hui majoritairement admises dans le pays, mais il faut périodiquement, crise après crise, serrer les rangs autour d'elles. Il reste que l'amnistie est incapable de remplir de façon durable sa vocation affichée qui est de pacifier les cœurs après les déchirements. Elle n'agit pas en profondeur sur les mémoires. L'oubli proposé est un oubli juridique ; or, on ne décrète pas l'oubli, et les mémoires concurrentes de l'événement subsistent de façon souterraine, prêtes à resurgir. L'amnistie permet de continuer à avancer ensemble, un moment, dans la réaffirmation d'une unité de la nation. En ce sens elle est nécessaire. Mais elle ne solde ni la question de la division ni la question des crimes : elle ne règle pas tout. Les mêmes fractures ont rejoué tout au long du siècle. À chaque fois on a voulu croire que rien ne s'était passé, que l'unité était un fait, et on l'a cru... jusqu'à ce que l'édifice vacille à nouveau sous les coups d'une nouvelle crise.

Stéphane Gacon

---

24. La formule est de Dominique Jamet, dans *Le Quotidien de Paris*, 30 septembre 1982.
25. *Ibid.*

Au tableau noir de notre histoire

Suzanne Citron

Les manuels sont les témoins de la manière dont leurs auteurs, sous le contrôle des éditeurs et des directeurs de collection, interprètent le programme officiel. Outils mis à la disposition des professeurs, ils ne sont pas le *reflet* de ce qui est *dit* dans la classe, et leur influence sur les jeunes est difficile à apprécier.

Néanmoins, quoique produits marchands d'entreprises privées concurrentielles, ils constituent, par-delà et en fonction même de leurs diversités, d'indiscutables témoins du discours historique que l'État nation centraliste diffuse aux différents étages de son système scolaire.

Les premières décennies de la IIIe République ont été un moment clé dans la production d'une vision officielle du passé. L'école obligatoire a coïncidé avec la cristallisation et la banalisation d'une historiographie nationaliste et patriotique. La scolarisation de tous les petits Français par la République triomphante n'avait pas pour but idéologique l'initiation aux droits de l'homme résumés par la devise républicaine, mais devait explicitement franciser et nationaliser les enfants d'un pays encore largement multilingue et compartimenté. L'école serait gratuite, car, disait Jules Ferry, « il importe à une société comme la nôtre, à la France d'aujourd'hui, de mêler, sur les bancs de l'école, les enfants qui se trouveront, un peu plus tard, mêlés sous le drapeau de la patrie » (13 juillet 1880). Les « hussards noirs » de la République furent les agents d'un processus de francisation linguistique autoritaire, sans merci pour les « patois », et de la transmission d'une image quasi religieuse de la France, être incréé, méta-historique, cheminant à travers les temps, depuis un « autrefois » enfoui mystérieusement dans une Gaule surgie de nulle part jusqu'à l'« aujourd'hui » de l'État nation – territoire définitivement accompli par le *happy end* de la République.

Dans un précédent livre, *Le Mythe national – L'histoire de France en question*, j'ai plus particulièrement démonté la grille du passé illustrée par le *Petit Lavisse* et dégagé quelques stéréotypes martelés à grande échelle par l'enseignement de l'histoire à l'école primaire et ainsi inculqués au corps social « républicain » : impératif catégorique de la « défense du pays » illustrée par de glorieux serviteurs, identification sans états d'âme à tous les conquérants, à toutes les « croisades », « bonté de la France » libérant dans ses colonies les indigènes de l'esclavage, apportant l'instruction aux petits Algériens.

L'histoire enseignée par la République triomphante à l'école primaire se présentait comme une histoire linéaire et finaliste, dont la logique implicite et *nécessaire* était de décrypter dans le passé le fil conducteur de la construction de l'État nation, pour en célébrer les modalités.

Mais des interrogations nouvelles sur notre identité historique ont surgi depuis trente ans à l'occasion de débats fortement médiatisés sur Vichy, sur la guerre d'Algérie ou sur la Révolution française. Cette médiatisation a pu instiller dans une partie du public français méfiances et distances à l'égard des images traditionnelles et quêtes d'autres mémoires. Dans quelle mesure ce questionnement s'est-il répercuté dans les orientations d'une historiographie scolaire prenant le relais des représentations forgées par la IIIᵉ République ?

Dans *Le Mythe national* je n'ai pris en compte que les manuels du primaire, le propos sera ici nuancé et modulé par l'importance accordée au secondaire. Le collège généralisé, l'ouverture du lycée l'exigent impérativement.

S'il est incontestable que les enjeux de mémoire actualisés par les médias autour de Vichy et de la guerre d'Algérie ont eu leurs répercussions dans les manuels, le problème de l'État français et de ses crimes ne fait l'objet d'aucun traitement historique en amont du XXᵉ siècle. Bien au contraire, certains « crimes », jadis évoqués comme tels, s'effacent dans un dit qui les minimise ou disparaissent dans un non-dit ! Le paradoxe mérite que l'on s'y attarde.

Vichy : de la sujétion à la responsabilité

Outre les éclairages par le film, la télévision, les magazines, Vichy et la guerre d'Algérie ont suscité chez les historiens colloques, livres, publications. Quelles répercussions dans les manuels scolaires ?

Les cadres des programmes du lycée ont évolué. Avant 1960, on étudiait en terminale la période 1852-1939. Après 1960 : le monde contemporain de 1914 à nos jours. Entre 1982 et 1988 : de 1939 à nos jours. Depuis 1988 : de 1945 à nos jours, la Seconde Guerre mondiale et Vichy étant reportés en première.

On sait le rôle joué par les historiens américain et canadien Paxton et Marrus dans la connaissance et la réinterprétation, depuis 1973, du rôle de Vichy.

Dans les manuels de 1960, donc antérieurement à cette réévaluation, l'étude est menée *à l'intérieur* de la guerre, dans le cadre de « l'Europe sous la domination hitlérienne » (Bordas, 1962), « l'ordre nouveau en Europe » (Belin/Braudel, 1963), « les fronts intérieurs 1940-1945 » (Hachette, 1962), « les succès de l'Axe » (Hatier, 1962). La « collaboration » est partout mise en balance avec la Résistance. Le régime de Vichy est analysé assez longuement, notamment sur le plan idéologique, dans Bordas et Hatier. Les arrestations de Juifs y sont mentionnées mais imputées aux Allemands :

> Bordas : En avril 1942, les Allemands imposèrent le retour de Laval à la tête du gouvernement. [...] Pour répondre aux exigences allemandes en main-d'œuvre, il fallut instaurer « le service du travail obligatoire » et envoyer des travailleurs en Allemagne ; des milliers de Juifs de la zone occupée furent déportés sans que le gouvernement protestât.
> Hatier : Les autorités nazies se livrent, en zone occupée, à des arrestations massives de Juifs : 4 000 enfants de deux à douze ans arrivent en quinze jours à Drancy. Alors que le gouvernement reste muet, le pasteur Boegner, les cardinaux et les archevêques de France protestent avec force. [...]

Hachette est beaucoup plus sommaire :

> [...] Les lois allemandes concernant les Juifs sont mises en application dans la zone occupée, avec toutes les sinistres séquelles : perquisitions de la Gestapo, arrestations, camps de concentration, etc. *(sic)*. Le gouvernement de Vichy entreprend, pour sa part, de façonner une « France nouvelle ». [...] Tout d'abord Pétain, épaulé par la plupart de ses ministres, parvient à déjouer les manœuvres de Laval. [...] Enfin les Allemands imposent [...] le retour de Laval, et dès lors la collaboration va en s'amplifiant. [...]
> Belin/Braudel : [...] Le cas du gouvernement de Vichy est un exemple caractéristique / de la / dégradation morale des pays incorporés à l'espace allemand.

[...] Le redressement « dans la dignité » / recherché par le nouvel / État français qui se proclame autoritaire et traditionaliste [...] n'est guère réalisable : *le IIIe Reich exige toujours davantage*, utilise tous les moyens de chantage [...], soit des avantages économiques, soit l'envoi de travailleurs « volontaires » en Allemagne [...], soit l'application de la politique raciale en France, dès octobre 1940. [...]

Le mot « juif » n'apparaît pas. Dans un paragraphe sur « la *lutte* sans merci des *Allemands et leurs satellites* contre la Résistance » ce manuel évoque

les « camps de la mort » où les déportés, entassés comme du bétail, étaient soumis à un travail intensif, dans les pires conditions et servaient à toutes sortes d'expériences.

À partir de 1982 la plupart des manuels mentionnent les responsabilités de l'État de Vichy dans la déportation des Juifs comme le montre le *Tableau 1, p. 102*.

On voit que deux manuels, Delagrave et Scodel, n'innovent guère. Les plus percutants, notamment par la présentation en encadré d'une chronologie détaillée des mesures *françaises* contre les Juifs, sont A. Colin et Hachette. La formule d'Istra (dossier de textes), par son éparpillement, rend plus difficile l'appréciation.

Colonialisme et guerre d'Algérie

Jusqu'en 1960, « l'expansion coloniale sous la IIIe République » est au programme. Elle fait l'objet d'un chapitre de vingt pages dans le Cours Malet-Isaac, 1953.

L'expansion française, après un temps d'arrêt, a repris son essor vers 1880, sous l'impulsion de Gambetta et Jules Ferry. [...] Ainsi s'est constitué un immense empire qu'il a fallu *(sic)* pacifier et organiser. [...] L'extension et la mise en valeur des colonies comptent parmi les œuvres maîtresses de la IIIe République.

Sur l'Algérie, néanmoins, on ne cache pas des difficultés :

[...] *le décret du 24 octobre 1870* [...] supprima l'administration militaire [...] et divisa le pays en trois départements ayant chacun leur préfet, leurs représentants élus par les citoyens français, au nombre desquels seraient comptés désormais les israélites algériens. Ce fut l'origine de troubles qui aboutirent à la révolte ouverte. [...] La Kabylie entière se souleva pour « la guerre sainte ». La répression fut prompte et rigoureuse : exécution ou déportation de chefs, lourdes amendes et confiscation de terres. La révolte écrasée, on travailla à

TABLEAU 1 : VICHY ET LES JUIFS DANS LES MANUELS D'HISTOIRE DE 1983

ÉDITEURS	IDÉOLOGIE D'ÉTAT	PERSÉCUTIONS	BILAN	CHRONOLOGIE
A. Colin	Victimes de l'antisémitisme d'État de Vichy.	Juifs arrêtés par la police française (lors de la rafle du Vél' d'Hiv'). Le camp de Drancy antichambre des camps de la mort.	75 000 Juifs (dont 23 000 ont la nationalité française) sont déportés à Auschwitz.	Liste détaillée des mesures fran-çaise antijuives.
Delagrave	Le régime bénéficia jusqu'en 1942 d'une apparente indépendance.	Dans LA VIE QUOTIDIENNE PENDANT L'OCCU-PATION : • Mgr Saliège : « Les Juifs sont des hommes, les Juives sont des femmes. » • Même en zone libre les « parias » sont menacés dans leur liberté et leur existence.		Rien.
Hachette	Pendant une trentaine d'années, le rôle joué par l'État français dans la per-sécution et la mort des Juifs français et des Juifs étrangers réfugiés en France a été volontairement masqué par les res-ponsables politiques et oublié par les manuels d'histoire [...].	Les enfants juifs livrés par Laval. (Mar-rus et Paxton, *Vichy et les Juifs*).	Bilan chiffré : Klarsfeld, « Vichy et la solution finale », *Le Monde*, 1982.	Calendrier détaillé de l'antisémi-tisme de Vichy.
Hatier	La collaboration d'État, pratiquée par le gouvernement de Vichy, a pour objet d'obtenir de l'Allemagne un traité de paix réservant à la France un sort rela-tivement favorable.	LA VIE DES FRANÇAIS SOUS L'OCCUPATION : – l'humiliation – la pénurie – la contrainte – la répression. Le 16 juillet 1942 se produit la pre-mière grande rafle des Juifs à Paris. Quarante ans plus tard un des survi-vants accuse.		Néant.

Éditeur			
ISTRA	L'antisémitisme, péché originel de Vichy : texte extrait de Paxton sur les mesures d'exception de 1940, *La France de Vichy*, 1973.	Mais nombre de Juifs ont été sauvés grâce à l'aide des Français non juifs qui leur ont procuré un abri ou des faux papiers. Instructions pour l'arrestation des Juifs donnés à la police. Texte de Maurice Rajfus, *Le Monde*, 10 juillet 1982. Textes sur la déportation des Juifs, les enfants de Drancy, l'étoile jaune.	Faits dispersés dans les dossiers.
Magnard	Vichy instaure de lui-même une législation antisémite à caractère social.	Laval organise la rafle du Vél' d'Hiv' le 16 juillet 1942.	Court rappel de quelques mesures.
SCODEL	Responsabilité de Vichy pas explicitement mise en cause.	Dossier sur « le génocide des Juifs » victimes de la folie raciste et meurtrière de Hitler dont textes de Mgr Saliège et pasteur Boegner. Deux lignes éparses dans LA FRANCE ET LES FRANÇAIS DE 1940 à 1944 : en juillet [1942] [Laval] laisse la police parisienne rafler 17 000 Juifs livrés à Himmler et fait arrêter en zone libre les Juifs étrangers promis au même destin (p. 40). Le pillage des biens juifs et des musées alimente les collections du maréchal Goering (p. 47).	Néant.

« franciser » l'Algérie par tous les moyens. La colonisation européenne se développa aux dépens des indigènes [...] les services administratifs de la colonie furent rattachés aux ministères de la métropole. [...] À l'épreuve la politique républicaine d'assimilation ne parut pas plus viable que la politique napoléonienne du Royaume arabe. [...]
À partir de 1896 on s'orienta vers un nouveau régime colonial, l'autonomie, sinon politique [...] du moins administrative, économique et financière. [...] Cependant, par suite de l'extrême inégalité des droits et des charges entre Européens et indigènes, de graves abus subsistèrent encore : la population indigène restait soumise à des servitudes spéciales – impôts et corvées – dont elle ne devait être libérée qu'après la Grande Guerre.

Sur l'Indochine française bilan nuancé mais globalement positif.

La mise en valeur fut [...] activement poussée. [...] Par ailleurs, l'œuvre civilisatrice française a été considérable. [...] D'autres aspects de la colonisation ont, il est vrai, été plus contestables. Les habitants du pays ont souvent été traités en inférieurs, même les plus instruits et les plus évolués d'entre eux, par les fonctionnaires ou les colons. [...] Ces abus ont contribué à la naissance [...] d'un nationalisme annamite [...] dès avant 1914.

Dans ce même manuel, les problèmes coloniaux de la France entre les deux guerres font l'objet d'un paragraphe :

[...] L'élite indigène espéra que la métropole appliquerait, au moins dans une certaine mesure, le principe du droit des peuples à disposer d'eux-mêmes. Mais bien rares étaient les Français qui s'intéressaient à leur empire et se préoccupaient de ses besoins matériels et moraux. [...] Les médecins coloniaux luttaient contre les maladies [...], les gouverneurs multipliaient les écoles. [...] Mais trop souvent subsistait le régime du travail forcé [...] surtout les pouvoirs des administrateurs coloniaux à l'égard des indigènes étaient presque discrétionnaires. [...] L'éducation toute française donnée aux jeunes indigènes faisait souvent de cette élite, méprisée par l'élément européen, écartée des postes de commande, dépourvue même de toute liberté civile, les chefs naturels des mouvements nationalistes. [...]

Même avec quelques réserves et mention des nationalismes « indigènes », la colonisation reste la grande œuvre de la IIIe République. Dans les cours de fin d'études que fréquente encore une part très importante des jeunes Français, les problèmes sont occultés.

Quand la République s'est définitivement installée, la France est donc à la tête d'un nouvel empire colonial important, conquis et administré selon des principes humanitaires et intelligents qui vont dominer l'action outre-mer à partir de 1881. [...]
À la veille de la guerre de 1939, la France se trouve à la tête d'un vaste empire colonial, fort divers par les races, les religions et le degré de civilisation des

hommes qui le peuplent. [...] À la Libération se pose la question du sort qui leur sera réservé désormais. Resteront-ils les sujets d'un empire où les Français de métropole font la loi ? ou bien entreront-ils dans une vaste communauté, dont la civilisation française sera l'inspiratrice, mais où chacun prendra part à l'administration de son pays ? [...] C'est cette solution qui fut adoptée dans la Constitution de 1946. [...] (Clozier/Larousse, 1954).

En pleine guerre d'Algérie, les quatre manuels de 1960 précédemment cités évoquent ainsi les nationalismes « indigènes » de l'entre-deux-guerres.

Bordas : [...] C'est dans un véritable *immobilisme politique* que s'enlise l'empire colonial français. Aucun plan d'ensemble ne préside à son aménagement. [...] Sur place, la toute-puissance des colons et des petits fonctionnaires freine les innovations. La promotion sociale des indigènes ne progresse que lentement. [...] Il faut *(sic)* parfois, comme dans la construction du chemin de fer Congo-Océan (1921-1935) recruter de force une main-d'œuvre indigène à peine rétribuée. [...]
Les revendications nationalistes demeurent encore le fait d'élites bourgeoises peu nombreuses souhaitant participer à la gestion des affaires locales. [...] Cette agitation paraît superficielle, et *la France ne pratique pas de réformes profondes.* [...] Hésitant sans cesse, les pouvoirs publics ne paraissaient pas décidés à élaborer un « idéal commun » qui pût donner à des peuples si divers le sentiment d'appartenir à un ensemble français.
Hatier : [...] Face aux *difficultés coloniales*, la France [...] fait preuve *d'une grande force d'inertie* [...] *d'une grande indifférence aux réformateurs* [...] ignorant l'humanisme colonial, idéaliste et réaliste à la fois [...] tradition ancienne de notre histoire parvenue à Lyautey par Faidherbe et Gallieni ; humanisme fait de compréhension pour l'indigène, de respect pour ses convictions et ses traditions. [...] Dans l'ensemble, l'opinion française s'est cabrée devant l'évolution nécessaire. [...]

Hachette montre le réveil des pays coloniaux, après la Première Guerre mondiale, du fait des « contingents indigènes » et de la « perte de prestige des Blancs et de leur civilisation ».

Belin met l'accent sur l'ambiguïté positive de la domination européenne. (Braudel, maître d'œuvre de l'ouvrage, a enseigné en Algérie avant 1939) :

L'Europe éduque le monde : [...] les Européens réalisent aussi, le voulant ou non, une œuvre considérable d'éducation et de « diffusion » de biens culturels. [...] Les missionnaires [...] tentent de [...] donner aux individus le sens de leur dignité, ils cherchent à « élever leur niveau moral », selon les normes européennes bien sûr, et de ce fait ils détruisent les cadres des sociétés traditionnelles, préparent inconsciemment le développement de ces mouvements nationalistes, qui profitent du caractère ambigu d'une expansion qui se veut à la fois éducatrice et dominante. [...] Développé ou sommaire, jamais inexistant, particulièrement en avance dans le domaine colonial français, l'ensei-

TABLEAU 2 : LA RÉPUBLIQUE ET LA GUERRE D'ALGÉRIE DANS LES MANUELS D'HISTOIRE DE 1983

ÉDITEURS	CHAPITRE(S) DE RÉFÉRENCE	RESPONSABILITÉS FRANÇAISES AVANT 1954	POUVOIRS SPÉCIAUX ET RESPONSABILITÉ DE GUY MOLLET	TORTURE, PROTESTATIONS ET CENSURE	« POGROME » DU 17 OCTOBRE 1961	CHARONNE 8 FÉVRIER 1962
A. Colin	France 1945-1982	Élections truquées du 17 juin 1951.	12 mars 1956 : vote des pouvoirs spéciaux. Le gouvernement compromet le crédit international de la France en tolérant la pratique de la torture.	Texte de Marrou « France ma patrie » Le Monde, 5 avril 1956.	17 octobre, manifestation d'Algériens réprimée violemment.	8 morts au cours d'une manifestation anti-OAS.
Delagrave	Décolonisation. France IVe et Ve République 1945-1982	Sétif : sévère répression. 1948 : l'administration française truque les élections.	G. Mollet, tout en envoyant le contingent, fait confiance à Robert Lacoste. L'armée devient le véritable pouvoir.	Rien.	Rien.	Le 8 février on releva 8 morts. Affiche du PC.
Hachette	France 1944-1982	Aveuglement face aux problèmes coloniaux [...]. Dossier sur les causes d'un nationalisme musulman.	G. Mollet demande et obtient du Parlement des pouvoirs spéciaux.	Un drame de conscience : la torture. Textes de Argoud et de Teitgen. Manifeste des 121.	Rien.	8 morts au métro Charonne.
Hatier	France 1952-1974	Une colonie politiquement soumise. Élections truquées. Société inégalitaire.	[Politique de G. Mollet] massivement approuvée par le Parlement (communistes compris) qui vote des pouvoirs spéciaux pour la mettre en œuvre.	Contre l'utilisation de la torture se dressent des intellectuels, des représentants des Églises, des jeunes [...]. Le gouvernement ne réagit que par	Rien.	Rien.

				des saisies de journaux [...], des révocations.		
ISTRA	Émancipation des peuples dépendants. France depuis 1946	Les massacres de Sétif et la répression. Les élections truquées (mars 1949).	(Mentionnés au détour d'une phrase p. 266.)	« Ratissages » évoqués mais pas la torture ni la censure des journaux.	Rien.	« Incidents de Charonne » mentionnés au détour d'une phrase sur la popularité de De Gaulle.
Magnard	Décolonisation. France 1945 à nos jours	Massacres de Sétif.	Le pouvoir civil confie ses pouvoirs de police à l'armée.	Des journaux français dénoncent le recours à la torture.	Rien.	Rien.
SCODEL	Décolonisation (dossier Algérie de 1939 à 1962)	Émeute anti-européenne à Sétif, répression sanglante. Une bourgeoisie d'affaires [...] une masse de petits Blancs font échouer le projet Blum-Viollette [...] et dénaturent le statut de 1947 [...] par des élections truquées.	G. Mollet, favorable à des négociations, renonce après des jets de tomates à Alger.	En métropole, des intellectuels comme Mauriac ou Sartre commencent à dénoncer l'utilisation de la torture par l'armée.	Le FLN commet des attentats en métropole. Une manifestation d'immigrés à Paris donne lieu à une répression meurtrière (octobre 1961).	Démonstration de rue de la gauche française réprimée violemment au métro Charonne (8 morts).

gnement a établi partout ses réseaux et ses services. [...] Les historiens occidentaux ont recréé de toutes pièces l'histoire ensevelie de ces peuples, inattentifs à un passé qu'ils considèrent aujourd'hui comme un patrimoine. [...]

Aucun de ces textes ne présente de la colonisation une vision idyllique, tout en adoptant le point de vue de la métropole. Dans les « bavures » ou les hésitations de l'action coloniale, ce sont les colons, les fonctionnaires, l'opinion qui portent le chapeau. Pas vraiment l'État républicain. La supériorité des « Blancs » sur les « indigènes » reste un postulat partout sous-jacent : l'européocentrisme n'est pas encore distancié. Il le sera, vingt ans après, dans ce constat :

> En toute bonne conscience, les Européens croient, au début du XXe siècle, que l'omniprésence européenne est un progrès, celui de « la » civilisation (A. Colin, première, 1982).

Le *Tableau 2, p. 106* montre comment la guerre d'Algérie est présentée dans les manuels de 1983. Presque tous les manuels mentionnent les élections truquées. Deux seulement gomment la torture. La question de la responsabilité de l'État républicain est indirectement posée par la mention des « pouvoirs spéciaux ».

Mais peut-on, pour autant, parler d'une révolution dans l'historiographie scolaire ? Celle-ci supposerait une approche problématique de l'émergence de l'État nation, un démontage critique des crimes d'État, une rupture avec la logique linéaire et finaliste de l'historiographie traditionnelle qui repose sur le postulat de l'identité entre l'État et la nation et sur l'identification des Français aux faits et gestes de cet État. Or cette logique, loin d'être mise en cause, est, à certains égards, renforcée par la conjonction entre l'immobilisme dans la perception de l'histoire nationale et la facture « modernisée » des manuels.

Lavisse, Malet-Isaac et les autres

Deux manuels symbolisent l'histoire scolaire de la IIIe République : le Lavisse, pour l'école primaire, le Malet-Isaac pour le secondaire. Du fait de leur longue vie, ces deux monuments sont devenus les emblèmes d'une configuration du passé quasi officielle. Sous la IVe et la Ve République, les réformes multiples ont modifié la conception des manuels, mais pas forcément l'historiographie sous-jacente.

Le *Petit Lavisse* date de 1882. Sans cesse réédités chez Armand Colin, le cours élémentaire et le cours moyen seront revus par l'auteur jusqu'à sa mort en 1924 et paraîtront encore en 1950 ! Après 1945, les manuels primaires des années 1950-1970 conservent le style du récit ancien. Ceux des années 1980, qui correspondent à la réintroduction de l'histoire traditionnelle (programmes Chevènement de 1985), ont adopté un style et une maquette de secondaire « primarisé », où l'anecdote disparaît.

Les Cours Malet, dans le secondaire, remontent aux programmes de 1902. L'initiateur du texte, Albert Malet, est tué à la guerre. Jules Isaac reprend la tâche et, toujours dans le cadre des « classiques » Hachette, les Cours d'histoire A. Malet & J. Isaac règnent presque sans partage dans les lycées de l'entre-deux-guerres. Dans les années 1950, André Alba rajeunit le Cours d'histoire Jules Isaac. Des glissements de programme sont l'occasion de « moderniser » la présentation de ce qui devient la Collection Jules Isaac. Elle disparaît définitivement lorsque, dans les collèges, la réforme Haby de 1975 induit chez les éditeurs scolaires une concurrence effrénée pour la parution en 1977 de nouveaux manuels d'histoire-géographie désormais prêtés gratuitement aux élèves. La maquette, unanimement adoptée, repose sur la multiplication des « documents » et la réduction drastique du récit. Pour les lycées de second cycle, les changements de programmes précédemment mentionnés (1960, 1982, 1988), auxquels s'ajoutent les inflexions de 1992-1993, suscitent également une floraison de nouveaux manuels ou d'éditions successives.

Les Lavisse et les Malet-Isaac seront confrontés, sans prétention exhaustive, à quelques manuels ultérieurs.

Lorsqu'on consulte divers dictionnaires, l'idée de crimes *commis par* l'État n'existe pas (contrairement à la notion de « crimes commis contre la sûreté de l'État »). Peut-on espérer voir ces crimes stigmatisés dans les manuels ? Logiquement on ne devrait parler de crime d'État dans le premier sens qu'à partir du moment où le droit se réfère explicitement à l'*habeas corpus* et aux droits de l'homme. En ce qui concerne l'histoire de France, l'analyse se limiterait à la Révolution et aux régimes qui se réclament de ses principes.

Mais les manuels, destinés à instruire dans le cadre d'une société dont les valeurs sont celles de la République, ne doivent-ils pas souscrire à un minimum de points de vue éthiques, explicites ou implicites, même si l'objectif de l'enseignement est de consolider le patriotisme et de servir à l'unification nationale autour du nouveau régime ?

De plus, l'historiographie est profondément marquée par la vision de Michelet : la France, ferment du Bien pour toute l'humanité (« Toute histoire est mutilée, la nôtre seule est complète », *Le Peuple*, 1847). Ferdinand Buisson, qui fut collaborateur de Jules Ferry, affirme en 1926 que la France, de tout temps, a personnifié le droit. Selon cette grille, la notion de « crimes » est pertinente dès la monarchie. Seront donc choisis comme exemples de « crimes » : les violences à l'égard des Juifs, l'extermination des cathares, les geôles sadiques de Louis XI, la Saint-Barthélemy, la révocation de l'édit de Nantes.

Les Juifs n'ont pas droit au passé

Ils sont totalement ignorés des Lavisse, qui, même dans le cours supérieur de 1925, ne parlent pas de l'affaire Dreyfus. Leur existence reste occultée dans les manuels primaires des années 1950-1970. Dans ceux des années 1980, les voilà mentionnés comme victimes dans la France occupée, d'abord en version pré-Paxton, par exemple dans F. Nathan, CM, 1981 :

> Les Allemands arrêtent de nombreux Juifs et les déportent dans des « camps de concentration » où ils trouvent la mort,

puis en version corrigée (Nathan, CM2, 1985), qui parle de

> rafle par la police française de 13 000 Juifs, hommes, femmes et enfants envoyés dans un camp à Drancy.

Le Malet & Isaac, 4ᵉ, 1926, fait une allusion à propos des « opérations malhonnêtes » de Philippe le Bel :

> Les confiscations étaient un procédé plus simple encore et plus malhonnête. Les Juifs, nombreux surtout dans le Midi, en furent victimes en 1306 : ils furent tous arrêtés, expulsés ; leurs biens saisis et mis en vente (*en note* : Ils furent autorisés à rentrer en France après la mort de Philippe le Bel).

Dans la collection Isaac, 5ᵉ, 1964, ils existent dans un bout de phrase, perdus au milieu d'une page sur « le règne de Philippe le Bel » :

> Il multiplia les emprunts et les dons forcés ; il expulsa les Juifs, pour confisquer leurs biens, et les banquiers italiens installés en France pour recouvrer à son profit les sommes qui leur étaient dues.

Mais dans le Hachette, 5e, 1991, on ne parle même plus d'expulsion. On trouve dans le lexique une explication sur les Templiers mais rien sur les Juifs. En revanche, ce manuel parle de « l'intolérance de Louis IX envers les hérétiques albigeois et juifs », qu'ignore Hachette, seconde, 1993.

Les cathares et l'Inquisition

Manuels primaires. La croisade des Albigeois fait l'objet d'un paragraphe du Lavisse, CM.

> Au temps de Philippe Auguste il se passa dans le Midi des événements terribles. Un grand nombre de gens du Midi étaient hérétiques. [...] Le pape prêcha une croisade contre eux [...] des atrocités furent commises. Le pape établit un tribunal appelé l'Inquisition. Les juges de ce tribunal recherchaient les hérétiques et les condamnaient à des peines très dures, même à mort.

Mais ces « événements terribles » débouchent sur une heureuse conclusion :

> Philippe Auguste n'alla pas à cette croisade ; mais il y envoya son fils. Ce fils, sous le nom de *Louis VIII*, réunit au domaine royal les pays de Beaucaire et de Carcassonne.
> *Ainsi, le domaine du roi commença de s'étendre dans ces pays du Midi. [...]*

Dans les manuels 1950-1970, la croisade est oubliée. Seul PB, CM, 1948 la mentionne... à propos du « rassemblement des terres françaises » ! Elle est absente de Nathan, CM, 1985, Hachette, CM, 1985, Belin, CM, 1987 et indiquée d'une phrase dans Hatier, CM, 1985.

Manuels secondaires. La croisade des Albigeois est étudiée sur cinq pleines pages du Malet & Isaac, 4e, 1926, dans un chapitre sur « l'Église aux XIIe et XIIIe siècles ». Les croyances *cathares* sont exposées. Le texte stigmatise l'action de Simon de Montfort, « un dur homme de guerre, d'un fanatisme implacable et d'une âpre ambition » et dénonce la croisade comme

> une véritable guerre du Nord contre le midi de la France. Ceux du Nord jalousaient et méprisaient les Français du Midi qui n'avaient ni la même langue ni les mêmes goûts, qui étaient plus civilisés, d'esprit plus libre ; ils convoitaient aussi leurs richesses et beaucoup allèrent à la croisade comme à une curée.

Un document évoque le saccage de Béziers. Le manuel précise, sans commentaire, que « la croisade se trouva avoir d'importantes conséquences territoriales et politiques : l'extension du domaine royal et de la puissance capétienne jusqu'à la Méditerranée ». Les procédés de l'Inquisition sont exposés sur une page.

> Les inquisiteurs eurent en fait sinon en droit un pouvoir illimité. Ils faisaient arrêter qui bon leur semblait [...]. L'accusé n'était pas confronté avec ses accusateurs, dont il ignorait même les noms. Il n'avait pas d'avocat. S'il refusait de se reconnaître hérétique, on lui arrachait l'aveu par le moyen de la torture, que jusqu'alors la justice d'Église s'était toujours abstenue d'employer [...]. S'il refusait d'abjurer [...] il était livré par l'Église au bras séculier, c'est-à-dire aux laïques, agents du roi ou du seigneur et condamné à être brûlé vif. Sous le règne de Saint Louis, un inquisiteur, chargé d'opérer en Champagne, fit brûler en une seule fois 183 hérétiques (1239) [...].

Saint Louis, pourtant, est « un modèle accompli de toutes les vertus chrétiennes [...] son règne est une des plus belles époques de l'histoire de France ».

Le court paragraphe d'Isaac, 5e, 1964, se contente de noter que

> Les croisés, composés surtout de Français du Nord, se donnèrent pour chef [...] Simon de Montfort. En quelques années ils conquirent une partie du Languedoc, mettant le pays à feu et à sang.

Le lecteur est implicitement sollicité de s'identifier au point de vue de l'Église et de la monarchie :

> [...] En 1229, l'hérésie semblait écrasée *(sic)*. [...] Au point de vue politique, la croisade amena, pour l'avenir, l'annexion de l'immense comté de Toulouse au domaine royal.

Dans les manuels postérieurs à la réforme Haby, les cathares n'occupent plus que quelques lignes dans le chapitre consacré à l'Église. F. Nathan, 5e, 1978 et Hatier, 5e, 1987 publient en « document » un extrait de la *Chanson de la croisade des Albigeois*, texte peu compréhensible pour des élèves de douze-treize ans, dont par ailleurs on déplore la non-maîtrise du français contemporain.

Malgré un dessin de *Cathares au bûcher*, une photographie de Montségur, pour Hachette, 5e, 1991, les cathares ne sont pas *sujets* de leur histoire mais *objets* de la croisade : on demande aux élèves de « montrer que les cathares sont des hérétiques » à propos de deux textes sur l'Inquisition. Cette dernière n'est définie que dans le « lexique », sans le moindre jugement critique.

Louis XI : méchant homme, grand roi

Les deux Lavisse insistent sur sa cruauté :

> Il était méchant. Il fit mourir des hommes qu'il n'aimait pas, ou bien il les enferma dans des cages où l'on ne pouvait ni se tenir debout ni se coucher (CE).
> Il était peureux, menteur et méchant. Il se vengea cruellement de ses ennemis. Il les faisait mourir ou les enfermait dans des cages où ils ne pouvaient pas se tenir debout (CM).

Mais Louis XI est quand même un « bon roi ». Il fit obéir les seigneurs et, surtout,

> il agrandit le royaume en acquérant plusieurs provinces. *Ce méchant homme fut un roi qui rendit de grands services à la France* (CE). Il s'empara de la Bourgogne et il hérita de plusieurs autres pays. À sa mort, en 1483, son domaine s'étendait sur une grande partie de la France (CM).

L'extension territoriale devient le fait majeur dans les manuels primaires des années 1960-1970, comme dans MDI, 1971, au chapitre « Louis XI roi rusé et énergique » :

> Louis XI est l'ami des bourgeois.
> Il force les grands seigneurs à lui obéir.
> Il triomphe de son ennemi : Charles le Téméraire et il agrandit la France.

Dans les manuels actuels ne subsistent que « l'œuvre de modernisation » (Hatier, CM, 1985), « l'affirmation du pouvoir royal » (Belin, CM, 1987).

Louis XI a, semble-t-il, cessé d'être un « méchant homme ». Grâce à lui, « la France a presque son étendue d'aujourd'hui » (Hatier, CM, 1985) !

Le massacre de la Saint-Barthélemy

Manuels primaires. C'est « un grand crime » dans les Lavisse. La responsabilité, cependant, en incombe à Catherine de Médicis :

> Un grand crime
> En l'année 1572, le roi était Charles IX. Sa mère Catherine de Médicis était une méchante femme.
> Elle aurait voulu que son fils fît tout ce qu'elle voulait. [...] Elle demanda au roi de faire tuer tous les protestants qui se trouvaient à Paris. Le roi refusa d'abord

puis consentit [...]. Dans toute la ville, on tua ; on tua dans les maisons, on tua dans les rues. Même des femmes et des enfants furent assassinés [...]. *Ce fut un crime abominable et lâche.*

Mais le crime a sa sanction :

Le repentir de Charles IX
Le roi Charles se repentit d'avoir laissé commettre un si grand crime. Il ne pouvait plus tenir en place. Il n'osait plus regarder personne en face, il baissait la tête, fermait les yeux, les rouvrait, puis les refermait. La lumière lui faisait mal [...].
Il tomba malade. Dans ses dernières heures, il était gardé par sa vieille nourrice [...]. Il lui dit : « Ah, ma nourrice, ma mie, que de sang et de meurtres. Ah qu'on m'a donné un méchant conseil ! Oh ! mon Dieu, pardonne-moi ; aie pitié de moi, fais-moi miséricorde, s'il te plaît. » (CE, p. 92-94.)

Dans le manuel de CM, le remords est spectaculaire :

Charles IX mourut en 1574. Ses derniers moments furent horribles. Il pensait au massacre qu'il avait ordonné ; il avait le délire, et on l'entendait crier : « Que de sang ! que de sang ! »

Le remords atténue-t-il le crime ?

Dans quatre des onze manuels 1950-1970, la Saint-Barthélemy n'est pas explicitement imputée à Charles IX mais aux « catholiques » ou aux « chefs catholiques » (A. Colin, CE, 1962, SUDEL, CE, 1964, F. Nathan, CE, 1965, Hachette, CM, 1964). Elle *disparaît* dans A. Colin, 1966, MDI, 1971.

Elle se réduit à une phrase ou un bout de phrase dans ceux des années 1980 (par exemple Belin, Hachette, Hatier).

Manuels secondaires. Le Malet & Isaac, 3e, édition d'avant 1939, ne mâche pas son jugement sur « le massacre de la Saint-Barthélemy », étudié sur trois pages.

[...] Ce « honteux bain de sang » – le mot est d'un souverain catholique, l'empereur Maximilien, beau-père de Charles IX – n'eut même pas le résultat escompté [...]. Cependant le faible roi, dont la santé était ruinée, vivait [...] dans un perpétuel cauchemar où il lui semblait voir « ces corps massacrés, les faces hideuses et couvertes de sang ». Il mourut à l'âge de vingt-quatre ans.

Dans le Cours Isaac-Alba, 4e, 1959, l'horreur s'atténue, le « crime » n'est pas dénoncé, mais les remords demeurent.

Les remords le poursuivaient : « Que de sang et de meurtres, aurait-il dit avant de mourir ; ah ! que j'ai eu un méchant conseil ! »

Au fil des ans, la place accordée à la Saint-Barthélemy s'est progressivement réduite telle une peau de chagrin.

La révocation de l'édit de Nantes, faute « politique » du Grand Roi

Chez Lavisse, la persécution est évoquée dès le CE.

Les protestants aux galères : Rappelez-vous que le bon roi Henri IV avait permis aux protestants de conserver leur religion. Louis XIV leur retira cette permission.
Les protestants qui ne voulurent pas se faire catholiques furent envoyés aux galères [...].
C'était bien dur de traiter ainsi même des criminels. C'était abominable d'envoyer aux galères des protestants qui n'avaient pas commis de crimes, et qui étaient d'honnêtes gens.

Au CM, dans le chapitre sur « le gouvernement de Louis XIV, la cour, les lettres et les arts », le château, la cour, les grands écrivains occupent la plus grande partie du chapitre. La révocation y est présentée ainsi :

[...] Ce fut un acte odieux et très malheureux pour la France.
Les protestants qui ne voulurent pas se faire catholiques furent cruellement maltraités, envoyés aux galères ou condamnés à mort. Des milliers et des milliers s'enfuirent à l'étranger. [...] La France fut appauvrie par leur départ, et les pays étrangers furent enrichis par leur arrivée. Beaucoup s'en allèrent en Allemagne.

La plus grande partie du texte insiste sur le grand dommage fait à la France par ces départs. Sur trente-six lignes, quinze insistent sur « les protestants français en Allemagne », sept sur les « Français à Berlin ». En conclusion :

Ainsi, par la faute de Louis XIV, grandit la ville de Berlin, qui est aujourd'hui la capitale de l'empire d'Allemagne (*sic*, édition de 1924 !).

Le thème de la « faute » (politique) est repris dans les manuels ultérieurs. Comme Lavisse, ces derniers, par le nombre de pages, donnent une grande importance à Louis XIV. La note de splendeur, de fêtes s'accentue. Le Roi-Soleil, la cour de Versailles, le « magnifique » palais, Colbert, Turenne fournissent aux élèves du CE images et développements dans lesquels le positif l'emporte nettement sur le négatif, ce dernier condensé brièvement dans « la misère des paysans ». La révocation a disparu du CE. Elle est évoquée en quelques lignes dans les manuels de CM des années 1980. Elle est bien estompée dans les manuels secondaires actuels.

Ainsi, les « crimes d'État », parfois stigmatisés dans les premiers manuels républicains, semblent quelque peu gommés dans ceux d'aujourd'hui. En revanche l'agrandissement territorial de la France, les « grands rois » capétiens (Hachette, 5e, 1991), les fastes du Roi-Soleil sont les soubassements d'une historiographie qui demeure stato-nationaliste.

Terreur, Vendée : quelles évolutions ?

Ces thèmes font encore aujourd'hui l'objet de controverses. Les manuels secondaires ont-ils évolué ?

Dans le Lavisse (Cours supérieur, 1925) on ose évoquer les violences de l'épisode vendéen :

> La levée de 300 000 hommes dans un pays que les nobles royalistes et prêtres réfractaires agitaient déjà, amène une *terrible insurrection* [...]. Plus horrible que les fournées de condamnés envoyés sur des charrettes à la guillotine, on massacra en masse les insurgés faits prisonniers, à Nantes en les noyant, à Lyon à coups de canon.

Mais, en fin de compte, l'éloge l'emporte sur la critique :

> La Convention a semblé parfois ne plus savoir ce qu'étaient la justice et l'humanité. Mais elle a tenu tête à des dangers inouïs, et sauvé, à force d'énergie, la République et la patrie. Elle a été terrible et grande.

Dans le Malet & Isaac (première, 1928), la situation est celle de la Révolution en péril :

> Ce qu'on appelle le *gouvernement révolutionnaire* a donc été un gouvernement provisoire, d'un caractère anormal, imposé par la situation anormale dans laquelle se trouvait la Convention. Cette situation exigeait un gouvernement fort, centralisé, armé de pouvoirs dictatoriaux : tel fut le gouvernement révolutionnaire.

Mais la Terreur est décrite sans concessions :

> L'ensemble des victimes ayant subi un semblant de jugement fut, pour la même période et pour la France d'environ 12 000, dont *plus de 4 000 paysans et de 3 000 ouvriers et domestiques*. Mais en outre, sur plusieurs points, on pro-

céda à des exécutions en bloc, et l'on peut évaluer à 20 000 environ le chiffre total des victimes de la Terreur [...].
À Nantes, le représentant Carrier, aidé des terroristes locaux – une bande de chenapans –, employa, pour déblayer les prisons encombrées, le procédé sommaire des « noyades » [...]. Il périt ainsi de 3 000 à 4 000 personnes, jusqu'à des enfants au maillot.

La conclusion est sans appel : « Rien ne peut justifier de pareilles horreurs. » Cependant dans une partie consacrée à « la lutte contre l'Europe », les insurgés vendéens sont des brutes et la Convention dédouanée.

Pour bien juger la grandeur de l'effort accompli par la République de 1793 à 1795, il faut toujours se rappeler qu'à la guerre contre l'étranger s'ajoutait la lutte contre les insurrections, dont la plus redoutable fut l'insurrection vendéenne [...]. Les paysans de l'Ouest, qui avaient l'horreur du service militaire, s'insurgèrent [...]. Leurs bandes *(sic)* [...] prirent le nom significatif d'armée catholique royale et combattirent avec un acharnement incroyable. Les « patriotes » faits prisonniers par les « Blancs » étaient suppliciés, massacrés ; certains furent enterrés vivants. On sait, par l'exemple de Carrier à Nantes, que les représailles *(sic)* furent atroces [...]. Pour venir à bout des insurgés, on essaya tour à tour de la dévastation systématique puis de la douceur [...]. L'horrible guerre civile [...] avait coûté la vie à près de 50 000 personnes et changé cent lieues carrées de pays en désert.

L'élève se souviendra-t-il de « la bande de chenapans » évoquée près de quarante pages auparavant ?

Dans les manuels des années 1960, la Terreur n'est plus désavouée, tout l'accent est sur « la patrie en danger » (Bordas, seconde, 1961), « l'unité française en péril », « la volonté de victoire » (Hachette, seconde, 1962), « la situation dramatique de l'été 1793 » (F. Nathan, seconde, 1960).

Pour le premier manuel, à travers les mesures d'exception, « le gouvernement révolutionnaire subordonne tout aux nécessités de la défense nationale. Contre les ennemis de la République on emploie la Terreur ». On cite Robespierre : « La justice prompte, sévère, inflexible [...]. » Les exactions de Carrier (comme celles de Fouché et Collot d'Herbois) ne sont mentionnées que quinze pages plus loin par une phrase qui se perd à l'intérieur d'un compact paragraphe sur les Hébertistes. Les deux gravures qui montraient six pages auparavant les massacres de Lyon et une impressionnante exécution en série à Nantes seront-elles retenues ?

L'historiographie véhiculée par Hachette est également promontagnarde. Tout le chapitre est orienté vers sa conclusion : « la victoire de la Montagne à l'extérieur ».

Les difficultés particulières à la guerre de Vendée ont contraint *(sic)* la Convention à une mesure terrible : un décret ordonne de rendre le pays inhabitable en incendiant les bois, les taillis, en s'emparant du bétail (1er août) [...]. Le 13 décembre, [...] les bandes de Jean Chouan sont taillées en pièces au Mans par Kléber et Marceau ; le 21 décembre ils sont exterminés ou faits prisonniers près de Savenay [...]. Leur armée disloquée est poursuivie par les « colonnes infernales » de l'implacable Turreau. Charette et Stofflet continuent à faire le coup de feu, mais le grand danger est passé. Les représailles dirigées par les représentants Carrier et Francastel furent d'une extrême sévérité *(sic)*. Les horreurs de la répression n'auront pour effet que de prolonger une nouvelle lutte : la guérilla des « chouans ».

Le texte enchaîne sur « l'extermination des suspects ».

[...] La Montagne [...] met *la « Terreur »* à l'ordre du jour [...]. « On ne chasse pas les traîtres on les extermine », affirme Robespierre [...]. La procédure est plus que sommaire, et l'abondance des affaires réduit encore les formalités.

Suit une énumération de guillotinés (le mot « victimes » n'apparaît pas).

[...] Le Tribunal opère par fournées de 50 à 70 accusés, pour la plupart des bourgeois, des paysans, des artisans ; plus de roturiers que d'anciens privilégiés. Mais la Montagne ne se contente pas de mener une lutte terrible contre les ennemis de l'intérieur, sa tyrannie se complète d'un immense effort qu'elle accomplit pour dégager les frontières.

Dans F. Nathan, le récit de « La Vendée vaincue » s'inscrit après celui de « La Terreur », dans « l'œuvre du gouvernement révolutionnaire ». La Terreur,

qui devait frapper d'épouvante ses adversaires et imposer à tous son autorité est le moyen d'action par excellence du gouvernement révolutionnaire.

Les « résultats » sont : « l'invasion repoussée, les révoltes intérieures brisées, la Vendée vaincue ». Le paragraphe se termine ainsi :

Une répression féroce s'abattit sur le pays. Les *colonnes infernales* de Turreau incendiaient les villages. La haine contre les Bleus ne désarmait pas et des bandes résolues, comme celle de Charette, continuèrent la guérilla. Mais le grand danger était passé : la guerre de Vendée n'était plus que *la Chouannerie*. Aux frontières comme à l'intérieur du pays, le *gouvernement révolutionnaire avait sauvé la République*.

Médiatisés à l'occasion du Bicentenaire, les débats sur la Vendée et la Terreur ont-ils une répercussion dans les manuels ?

Dans Nathan, seconde, 1987, l'historiographie reste jacobine et pro-montagnarde.

La révolte dite « fédéraliste » est une révolte contre la Révolution.

Le redressement par la « Terreur » : [...] Sans s'aligner sur le programme des sans-culottes [...], les Montagnards perçoivent avec netteté la nécessité de rallier le peuple pour défendre efficacement la Révolution [...]. Le 1er août l'affolement de la Convention est tel que, sur un rapport de Barère, elle décide la « destruction complète de la Vendée ».

[...] Mise à « l'ordre du jour », la *Terreur* comprend des mesures politiques, économiques, militaires. Sur le plan politique la *loi des suspects* (17 septembre 1793), ordonne l'arrestation de tous ceux qui par leur condition ou leurs relations, par leurs propos ou leurs écrits, se sont montrés « les partisans de la tyrannie ou du fédéralisme et ennemis de la liberté » [...].

Dès la fin de 1793, les plus graves périls sont écartés : l'insurrection fédéraliste est écrasée [...] l'armée vendéenne détruite au Mans puis à Savenay [...].

Au total, on évalue à 20 000 le nombre des victimes de la Terreur [...]. Dans plusieurs endroits on *(sic)* eut recours à des exécutions collectives, comme à Nantes, où Carrier fit procéder à des noyades dans la Loire, ou à Lyon où Fouché fit mitrailler des prisonniers.

Sur une page sont reproduits en couleurs les portraits de Marat, l'« ami du peuple », Robespierre l'« incorruptible », en noir François Athanase de Charette de la Contrie « l'un des principaux chefs de l'insurrection vendéenne ».

Le manuel par ailleurs rappelle en quatre lignes les polémiques autour du « génocide franco-français » entre Pierre Chaunu, Ronald Sector *(sic)* et François Lebrun. Le reste de la page est occupé par quatre textes contradictoires sur... les origines du soulèvement.

Dans Belin, seconde, 1993, deux pages de textes sur « La Vendée et les Vendéens », extraits de l'ouvrage de Claude Petitfrère, sont un stimulant plus sérieux de la réflexion historiographique.

Hachette, seconde, 1991, manifeste une certaine perplexité : « Les principes de 1789 sont bafoués », mais la nécessité de la Terreur est implicitement admise. Le rapport de Robespierre justifiant le gouvernement révolutionnaire est présenté en document. À la page suivante, une phrase sans commentaire :

Au printemps 1794, la situation se rétablit aux frontières, et les colonnes infernales du général Turreau dévastent la Vendée.

Une évolution paradoxale

Comment interpréter, à travers ces textes, hésitations, contradictions ou régressions ?

Il apparaît d'abord que l'ébauche d'une historiographie critique de l'État liée à des enjeux de mémoire vivants et fortement médiatisés à propos de Vichy et de l'Algérie, n'a eu d'effet, en amont de ces deux drames, que dans la manière de traiter l'expansion coloniale. Dans un style et sous des habillages « modernes », la vieille historiographie, construite autour de la logique de l'agrandissement territorial et d'une France « légitime », incarnée dans l'État monarchique, révolutionnaire, impérial, républicain, demeure inchangée. Les vaincus ou les persécutés du pouvoir, quels qu'ils soient, ne sont jamais sujets historiques à part entière.

Cette trame implicite du passé est même renforcée par la sécheresse nouvelle des textes, particulièrement dans les manuels de l'école et du collège. On a pu noter que dans les ouvrages anciens s'exprimaient par endroits des indignations, des jugements, des condamnations, une mise en cause de certains crimes d'État dans un style qui, nous faisant parfois sourire, n'était en tout état de cause jamais « froid ».

Or aujourd'hui, du cours moyen à la 3e, mais aussi, désormais, dans les « raccourcis » des nouveaux manuels de seconde, partout s'étale une histoire qui se veut positiviste, « objective », ramassée, et dont l'écriture est de plus en plus abstraite, impersonnelle, indifférente, aseptisée. Ce qu'il pouvait y avoir de passion contenue dans les premiers manuels (y compris le chauvinisme des Lavisse) a cédé la place à l'alignement fade d'une suite de faits sur lesquels on se garde de prendre position. Non seulement il n'y a plus de passion, mais il n'y a plus d'*opinion* même d'un point de vue éthique.

En outre le parcours traditionnel du passé, de la 6e à la 3e, dont la conception remonte au XIXe siècle, n'a jamais été remis en cause, faute d'une réflexion officielle, historiographique et épistémologique. Il en résulte l'abondance, la surcharge effrayante d'une représentation historique que l'on conceptualise toujours en séquences prétendument continues depuis « l'Antiquité », et qui débouche sur un monde contemporain monstrueusement détaillé en 3e, première et terminale.

Si l'histoire du temps présent sollicite des remises en cause, l'historiographie induite par les programmes et cristallisée dans les manuels se révèle incapable de *problématiser* le passé pour éclairer le présent.

Vichy nous pose des questions, dont l'assassinat de René Bousquet ne permettra pas l'examen public : comment de hauts fonctionnaires de la IIIᵉ République, par « obéissance », sont-ils devenus les pourvoyeurs des fourgons de la mort, pourquoi la magistrature a-t-elle, sans états d'âme, prêté serment d'allégeance à Pétain, comment expliquer que l'Université soit restée silencieuse face à l'exclusion des Juifs ?

La guerre d'Algérie, entreprise au nom d'une prétendue indivisibilité de la France de Dunkerque à Tamanrasset, a révélé les procédés fascistes d'une police supposée « républicaine », l'usage abusif de la raison d'État, la censure ou la répression par la République de protestataires invoquant les droits de l'homme.

Les substrats historiques de ces problèmes seront-ils examinés ?

On lit dans le programme de seconde de 1987 que « l'enseignement de l'histoire et de la géographie dans les lycées est orienté essentiellement vers la compréhension du monde actuel » (*BO*, 5 février 1987). Mais dans les manuels actuels, l'étude « De l'ancienne France à la Révolution » n'est qu'une récapitulation banale de séquences traditionnelles.

Quel fut l'effet à long terme de l'écrasement de la Commune sur le régime de la IIIᵉ République ? D'où vient l'antisémitisme ? Pourquoi et comment l'État républicain est-il resté un État d'inspiration et d'organisation napoléoniennes ? Comment la Révolution, en imposant l'idée d'une France une et indivisible, politiquement et linguistiquement, a-t-elle inscrit dans l'histoire humaine la conception d'un État nation territoire, de culture prétendument homogène ? Quels effets, quels blocages sur le présent, en France et ailleurs ?

Une ultime citation glanée dans un récent manuel servira de (non) réponse à ces interrogations :

> C'est sur ce territoire extrêmement diversifié que s'édifie pourtant l'une des Nations les plus précoces et les plus solidement unies d'Occident (Nathan, seconde, 1993).

Suzanne Citron

L'archive du crime

Sonia Combe

À plus d'un titre, l'affaire du, ou, plus exactement, des fichiers juifs établis sous l'Occupation correspond, dans la problématique qui nous intéresse ici, à un cas d'école. Tout d'abord parce que ces fichiers constituent par excellence l'*archive* du crime, en ce sens qu'ils sont la trace irréfutable, palpable, matérielle de la contribution de Vichy à la solution finale. Mais également parce que, avec ses rebondissements, ce qui a fini par devenir une « affaire » (à tant vouloir l'éviter, c'est le résultat contraire qui fut atteint !) présente une valeur heuristique pour l'étude des rapports que *nous* (l'État, la société) entretenons avec cette tache inscrite à jamais dans notre biographie nationale.

À première vue, dans ses manifestations extérieures (médiatisées), l'affaire des fichiers juifs apparaît incompréhensible : pourquoi resurgit-elle périodiquement à grand fracas, faisant la une de la presse nationale et l'objet de reportages aux journaux télévisés, pour retomber aussitôt dans l'oubli ? La fascination pour le crime céderait-elle encore le pas à la répulsion ? Ce phénomène pose, bien sûr, la question de la nature de l'événement : la découverte de fichiers de Juifs dans nos archives fait-elle, à proprement parler, « événement », au sens où l'entendent les historiens et, dans ce cas, où se situe l'événement « vrai » ? Il offre également matière à réflexion sur les oscillations de la mémoire, sur l'éventuelle soumission du travail de remémoration à des impératifs idéologiques (pour faire bref) mais encore sur d'éventuelles réticences intrinsèques de la mémoire collective – ce qui nous intéresse davantage.

Cette affaire, nous allons le voir, n'est pas close. Elle a été délibérément « gelée » après qu'une tentative de la dévoyer eut bénéficié d'une grande publicité. De cela, aucun observateur *a priori* impartial (comme le furent la plupart des journalistes qui couvrirent l'affaire) ne fut dupe. Tous avaient d'ailleurs établi de façon *quasi naturelle* les raisons de l'occultation ou, pour être d'emblée plus précis, de la « non-publicité » (terme que nous préférons pour des raisons qui seront ultérieurement explicitées) de l'existence de tels fichiers : c'est la mauvaise conscience nationale face à la trace du crime qui avait été à l'œuvre dans les institutions détentrices (archives des Anciens Combattants, archives départementales). La véritable responsabilité ne fut pourtant jamais clairement énoncée, et, dans la toute première version de la découverte du fichier des Anciens Combattants, c'est même l'employée responsable des archives de ce ministère qui fut jetée en pâture. Pourquoi cette réserve, cette prudence alors qu'il est devenu courant, au moins dans une certaine presse, d'« épingler » nos gouvernants pris en flagrant délit de manquement au désormais fameux devoir de mémoire (affaire Papon, Touvier, etc.) ? Il serait vain de se perdre en conjectures sur des pressions venues du plus haut niveau. La preuve nous a été administrée que l'État dispose de moyens bien plus distingués que de vulgaires intimidations.

Le fichier fantôme

Traçons à grands traits les principales étapes de l'affaire : le 6 mars 1980, *Le Canard enchaîné* annonce que le « fichier des Juifs » établi sous l'Occupation se trouverait dans un centre de la gendarmerie nationale, à Rosny-sous-Bois. La CNIL, commission nationale de l'informatique et des libertés qui vient de faire promulguer une loi (loi sur l'informatique et les libertés du 3 janvier 1978) interdisant la constitution ou la conservation de fichiers de type raciste, entreprend une enquête qui fera l'objet d'un compte rendu publié dans le cadre de ses rapports annuels d'activité ainsi que celui d'une intervention dans un colloque[1]. Elle aboutit à la conclusion qu'aucune trace de fichiers juifs n'a été retrouvée, pas plus à Rosny-sous-Bois que dans les autres ministères, dont celui des Anciens Combattants. Chargés de l'établissement des droits et pensions des victimes de guerre, les services des

---

1. CNIL, 3ᵉ rapport d'activité (1981-1982), Documentation française. Actes du colloque du 1ᵉʳ octobre 1990, organisé par le CDJC. « Il y a cinquante ans : Le statut des Juifs de Vichy », Éditions du CDJC.

Anciens Combattants avaient fait l'objet d'une demande appuyée : c'est pour les besoins d'une cause légitime (administrative) qu'un tel document aurait pu leur avoir été confié. Leur réponse fut négative, de même que celle des Archives de France (qui regroupent les Archives nationales, à Paris, et les archives départementales), également interrogées, en toute logique là encore. Un doute subsistant néanmoins dans l'esprit des enquêteurs – le magistrat Louis Joinet et le sénateur Henri Caillavet –, la CNIL déclare publiquement et inscrit noir sur blanc que de « larges zones d'ombre subsistent ». À ce moment-là, ce qui surprend les enquêteurs, c'est autant l'absence de traces de tout ou partie des fichiers juifs établis *massivement* sous l'Occupation que l'absence de preuves attestant leur destruction (conformément à la directive ministérielle Depreux, en 1946).

L'affaire ne connaît plus de publicité jusqu'à la visite (fortuite ?) de Serge Klarsfeld, à l'automne 1991, aux archives des Anciens Combattants, à Fontenay-sous-Bois, soit dix ans plus tard. Consultant un inventaire confidentiel (à usage interne au service et non communicable au public), Serge Klarsfeld trouve la mention du fichier, sous son appellation initiale, « Fichier de la Préfecture de police ». Tel était en effet son nom depuis sa constitution – un nom qui avait l'avantage (ou l'inconvénient) de rappeler le service qui l'avait établi. Le crime était signé. Ce document avait été déposé aux Anciens Combattants en 1948[2]. Son identification comme « fichier des Juifs de la région parisienne » avait été réitérée par une mission d'archivistes des Archives nationales – institution de tutelle de la quasi-totalité des services d'archives des ministères – lors d'un inventaire réalisé en 1982-1983[3]. Klarsfeld informe alors le cabinet du ministre des Anciens Combattants de sa découverte. Devant l'absence de réaction, il décide deux mois plus tard de la rendre publique *via* le journal *Le Monde*[4]. L'ensemble de la presse se saisit de l'information. Les journalistes affluent sur les lieux du délit. Effarés, les employés du service d'archives des Anciens Combattants apprennent qu'ils ont commis un crime contre la mémoire. Ce document ne constituait à leurs yeux qu'un instrument de travail, et, il convient de le préciser, aucun d'eux n'était archiviste. Montrés du doigt, ils sont manifestement dépassés par les événements. La plus haute autorité l'est également. Louis Mexandeau, alors ministre des Anciens Combattants, a-t-il été informé par son directeur de cabinet de la

---

2. F. Mitterrand en était alors le ministre. Cette précision a-t-elle son importance ?
3. Témoignage de Xavier Rouby, directeur des pensions et statuts aux Anciens Combattants, émission *Le fichier des Juifs, enquête sur une disparition*, France-Culture, 12 juillet 1992.
4. 13 et 14 novembre 1991.

découverte de Klarsfeld ? Rien n'est moins sûr, mais il faut un coupable. Il n'a pas le choix : la solidarité institutionnelle s'impose pour éviter que le champ des responsabilités ne s'étende. Il commande néanmoins, à Christian Gal, une enquête sur les raisons de l'occultation et du mensonge. Il en sort un rapport, écrit certes dans la langue de bois propre à tout énarque à qui il incombe de sauver les meubles, mais qui a le mérite, paradoxalement, d'appeler un chat un chat. Il s'agit d'un descriptif minutieux du mécanisme de rétention de documents décrétés confidentiels : puisque non communicables, ces archives « sensibles » disparaissent des inventaires. Dès lors, personne ne peut les demander. Enfin le rapport Gal évoque la « culture du secret » qui imprègne le monde des archives, état d'esprit que Louis Mexandeau qualifiera même d'*omerta*[5]. Le rapport se termine sur une allusion discrète à la grande muette du débat, l'institution des Archives de France, façon policée d'indiquer qu'elle a sa part de responsabilité dans les pratiques peu orthodoxes des archives des Anciens Combattants[6].

Il reste à régler la question de la légitimité à conserver un fichier qui aurait dû être détruit, de son lieu de conservation et de sa communicabilité. Après avoir procédé à l'audition de représentants de la communauté juive et d'historiens, la CNIL propose qu'en raison du caractère symbolique du document il soit conservé et déposé au Mémorial du martyr juif inconnu, un double microfilmé étant remis aux Archives nationales[7]. Une complication inattendue surgit : des personnes dont le nom ou celui de leurs parents devrait figurer dans le fichier exigent la destruction (ou pour certaines d'entre elles, à tout le moins, celle de leur propre fiche) du document infamant, au nom même de la loi sur l'informatique et les libertés citée ci-dessus. Émanant d'une tout autre direction, d'autres voix s'élèvent pour réclamer, au nom du principe de laïcité, que ce fichier revienne aux Archives nationales. C'est d'ailleurs la position officieuse de cette dernière institution qu'une « obligation de réserve » protège de toute intervention publique et qui fait entendre son son de cloche par la voix de l'Association des archivistes de France[8]. Il y a donc désaccord sur les deux principales questions soulevées par la découverte du fichier.

---

5. Émission déjà citée.
6. Rapport de Christian Gal, Anciens Combattants, établi en décembre 1991. Voir également *Le Monde*, 17 décembre 1991.
7. Les Archives nationales disposent déjà d'une copie microfilmée du fichier, remise par les Anciens Combattants en janvier 1991, soit près d'un an avant la découverte.
8. *Le Monde*, 27 mars 1992.

La couverture

Une commission nommée en mars 1992 est chargée de trancher. Elle est présidée par l'historien-politologue René Rémond, exclu jusque-là du débat mais jouissant d'une respectabilité liée au nombre impressionnant de fonctions qu'il cumule dans tous les lieux où s'écrit l'histoire de la France contemporaine. Homme de pouvoir, ce dernier vient en outre de diriger un rapport sur l'affaire Touvier – l'Église catholique ayant eu l'intelligence de prendre les devants en confiant à cet historien qui lui est proche le soin d'établir la responsabilité de la hiérarchie ecclésiastique dans cette sombre affaire. Ce « courage » de l'Église fut salué de toutes parts, et l'historien en recueillit les lauriers. L'essentiel de sa légitimité à s'occuper du fichier des Juifs résidait là, précisément, dans cette aptitude à dénouer les situations délicates tout en préservant les apparences. Ses travaux d'historien, en revanche, ne lui confèrent aucune compétence particulière en la matière. Spécialiste de l'histoire politique du XXe siècle, il ne s'est jamais spéciale-ment consacré au thème de la persécution raciale et du génocide. Mais l'une de ses fonctions le désignait particulièrement pour cette tâche – celle de président du Conseil supérieur des Archives de France. À lui de sortir cette dernière du mauvais pas où l'a entraînée l'affaire du fichier et qui, nous le verrons plus loin, risquait de la mettre, à son tour et de façon visible, cette fois, au banc des accusés.

Des préconclusions de la commission Rémond interviendront près d'un an plus tard. Dans les derniers jours de l'année 1992, à nouveau le fichier juif fera la une des quotidiens et l'objet de reportages aux jour-naux télévisés. Le fichier découvert, nous dit-on, n'est pas le « fichier des Juifs » de 1940 : « Dès que nous avons commencé à manipuler les fiches individuelles, il est apparu qu'elles ne concernaient que des Juifs ayant été arrêtés. Bref, c'était le fichier des victimes et non celui de la population juive du département de la Seine. Nous sommes ainsi en mesure d'affirmer que ce "fichier" n'est pas celui du recensement d'octobre 1940[9]. » Le ton péremptoire compensait et masquait la faiblesse de l'argumentaire qui reposait sur le seul constat, établi déjà par d'autres, du caractère incomplet du fichier (environ 75 000 fiches alors que près de 150 000 Juifs avaient été recensés). Le rebaptiser « fichier des victimes » ne permettait en rien d'ex-clure l'hypothèse qu'il s'agissait d'une partie du fichier de 1940, concer-nant les personnes arrêtées et conservée pour des raisons administratives

---

9. *Le Monde*, 30/31 décembre 1992 et *Libération*, 12 janvier 1993.

aux Anciens Combattants. Telles seront les objections de Serge Klarsfeld et du sénateur Caillavet, qui, tous les deux, avaient eu la possibilité d'examiner le fichier lors de sa découverte. Et quand bien même ce fichier incomplet n'était pas l'émanation directe du fichier établi à l'issue du recensement, accorder tant de publicité à ce qui s'avérait un détail au regard de la valeur historique et symbolique de l'objet retrouvé paraissait pour le moins déplacé (comme le fit remarquer Jean-Marc Théolleyre dans *Le Monde*[10]). En tout état de cause ces fiches de victimes étaient bien issues d'un fichier de Juifs établi en vue de la traque raciste.

Il y aurait beaucoup à dire sur le contenu même de cette déclaration qui, sous couvert de n'être qu'une préconclusion, s'autorise le flou et l'imprécision, voire la désinvolture, soulevant davantage de questions qu'elle n'en résout. Mais ce n'est pas ce contenu qui est ici à prendre en considération, c'est le message *subliminal* qu'il recèle, à savoir : *rien* n'a été découvert dans les archives des Anciens Combattants. En jetant la suspicion sur la date précise de l'établissement d'un document *constamment remis à jour*, on jette implicitement la suspicion sur la *nature* même du document[11].

Ce fut, il faut le dire, un coup de maître en matière de désinformation. Déstabilisant les adversaires de la conservation comme les partisans d'un dépôt au Mémorial du martyr juif inconnu en les dépossédant de l'objet du désaccord, il coupait court à tout débat et orientait la polémique vers un aspect mineur et invérifiable. Le père du fichier, André Tulard, n'est plus de ce monde pour témoigner. En outre, désormais, ce fichier est encore mieux préservé des regards « indiscrets » qu'il ne le fut aux Anciens Combattants puisque reclus pour raison d'expertise... Se trouvait ainsi balayé le fondement de l'événement qu'avait constitué la découverte dans un centre d'archives publiques d'un fichier de Juifs établi sous l'Occupation et recherché depuis dix ans par la CNIL. Les informations lapidaires livrées par la commission Rémond ne modifiaient en rien ces données mais, en dénaturant l'événement initial, elles lui en substituaient un autre, subalterne.

Une question s'imposait : pour quelles raisons la commission Rémond avait-elle tenu à communiquer ses préconclusions alors même qu'il eût été

---

10. *Le Monde*, 5 février 1993.
11. Les fiches comportent une date d'impression de l'imprimerie Chaix correspondant aux années successives de l'Occupation, dont 1940, année de l'établissement du fichier de la Préfecture de police. La révélation inattendue aurait été la constitution *après* la Libération de ce fichier, en vue de l'établissement de dossiers de déportés. C'est d'ailleurs la thèse de l'extrême droite. Les Anciens Combattants auraient-ils eu le mauvais goût d'utiliser dans ce but des fiches établies sous l'Occupation ?

préférable que l'on attende le rapport définitif ? Est-ce en raison de la sortie, fin 1992, du livre d'Annette Kahn sur *Le Fichier des Juifs*, livre qu'il convenait de discréditer[12] ? Pas seulement. Dans son rapport, la commission demande l'élargissement de ses investigations « à l'ensemble des documents établis par voie de recensements, pendant les années 1940-1944, sur l'ensemble du territoire, d'en dresser une chronologie qui établisse de façon définitive la liste et de *localiser* (souligné par nous) autant que faire se peut les documents qui subsistent de ces opérations ». Ce zèle s'explique. En décembre 1992, la direction des Archives de France vient précisément de recevoir les résultats de l'enquête que lui a demandée la CNIL, après la découverte du premier fichier des Anciens Combattants, concernant la présence éventuelle d'autres fichiers juifs dans l'ensemble des Archives de France. Le rapport est accablant : une cinquantaine de départements possèdent des documents de ce type[13]. Or, de même que les Anciens Combattants, les Archives de France avaient répondu de façon négative à la CNIL, lors de sa première enquête ; de même que les Anciens Combattants, les archives départementales avaient le plus souvent omis de mentionner ces fichiers dans leurs inventaires. Quand bien même ils n'auraient pas été consciemment cachés, ils l'étaient *de facto*, personne n'étant en mesure de les demander – conformément à un mécanisme de rétention parfaitement rodé. La commission Rémond s'apprêtait-elle à nous en révéler l'existence, s'attribuant le crédit d'une longue et minutieuse recherche, affichant son désir de transparence tout en désamorçant l'émoi que pouvait à nouveau provoquer une telle découverte ?

Comment expliquer le fait que plus d'une année ait pu s'écouler sans qu'aucune pression de journalistes, d'historiens, d'institutions communautaires n'ait été faite sur la commission Rémond pour qu'elle livre enfin son rapport définitif, alors même que, le 28 décembre 1992, elle annonçait qu'il serait prêt dans « quelques semaines » ? La seule « preuve » avancée mais non produite – le procès-verbal de destruction du fichier des Juifs découvert opportunément dans les archives de la Préfecture de police de Paris – reste sous le boisseau[14]. À notre connaissance personne n'a osé ou n'a voulu en faire la demande. L'écheveau de raisons conduisant à

---

12. Paru chez Robert Laffont en janvier 1993.
13. Informations communiquées par la CNIL. Voir également *Libération*, 26 janvier 1993.
14. Tout au plus ce procès-verbal peut-il attester de la destruction d'une partie de ces fiches – celles qui manquent, peut-être. La circulaire Depreux a été suivie de peu d'effets : en témoignent les fichiers découverts dans une cinquantaine de départements.

« geler » l'affaire (intérêts « supérieurs » de l'État, appétits personnels de publicité, rivalités internes, etc.) était certes dense mais non inextricable.

D'autant que, pour complexe qu'il soit, ce dossier reste limpide dans sa démonstration d'une continuité étatique : en confisquant l'archive du crime de Vichy, la République agit en héritière de l'État français *via* les Archives de France. La séculaire tradition du secret entourant les actes de l'État s'est appliquée sans sourciller à ceux de Vichy. Peut-on imaginer aveu plus transparent de cette situation d'héritiers ? Est-il encore possible, devant un tel acte d'appropriation, de penser l'État français comme une « parenthèse » ?

D'autres pays possèdent des fichiers semblables qui n'ont jamais fait l'objet d'occultation, qui n'ont pas été frappés de confidentialité. Ils avaient été établis, il est vrai, par l'occupant lui-même, et le crime de ce dernier, personne ne songerait à le masquer... Ces fiches jaunies que la police française, elle, s'appliquait à *tenir à jour* en les surchargeant au crayon d'annotations aussi « précieuses » que « recherché(e) depuis le... », « arrêté(e) le... » n'ont pas réactivé la seule mémoire des victimes. Le caractère brut du document bureaucratique, c'est le rappel de la banalité du mal : des fonctionnaires consciencieux et inconscients, pire, indifférents. Par son archive exhumée, c'est l'image insoutenable du crime qui nous est imposée. Elle était là, tapie dans nos archives, mais peut-être fûmes-nous animés par la volonté de n'en rien savoir, nous laissant bercer par la rumeur lénifiante de sa destruction [15]. Intrigués et réticents à la fois, nous ouvrons grandes nos oreilles quand resurgit la *trace du crime français*, pour mieux les boucher à nouveau, soulagés (?), lorsqu'on nous en dépossède. Comme si elle nous brûlait les doigts.

Sonia Combe

---

15. Le rapport Gal démontre la mise en pratique progressive de l'occultation. Sans qu'aucune publicité ne soit donnée à l'existence de ces fichiers aux Anciens Combattants ou dans les archives départementales, il paraît plausible (cela a été confirmé dans un très petit nombre de cas) qu'ils aient été communiqués jusqu'au début des années 1970, l'occultation totale intervenant à partir des recherches officielles de la CNIL, en 1980.

3. Mythe.
Spécificité des mémoires nationales

Aux origines du mythe

Hélène Dupuy

Liberté, Égalité, Unité ou la Mort [1].

Ce n'est pas parce que notre société en général est enfin devenue adulte, ni parce que chacun de ses membres pris à part est plus responsable, que nous voyons actuellement s'y manifester une certaine exigence de vérité [2]. L'historien est tenté de penser qu'il s'agit au contraire d'un réflexe assez archaïque. Vue rétrospectivement, l'époque que nous vivons paraîtra sans doute avoir été, plus qu'on ne le pense, travaillée par les peurs récurrentes qui accompagnent, dans l'Occident chrétien, l'approche d'un millénaire. La plus évidente manifestation de ces angoisses se situerait dans le mélange de désordres et de moralisme, symbolisé par une véritable hystérie procédurière, qui fait le charme un peu pervers de notre civilisation. Ce n'est plus le Grand Soir qu'attendent les Français, mais le Grand Jugement. En témoigne l'abondance des procès dont le citoyen ordinaire est directement saisi. Plus qu'une mode, c'est un véritable phénomène de société qui est à l'œuvre : sondages, représentations théâtrales, procès fictifs interac-

---

1. Devise gravée sur une broche d'époque révolutionnaire présentée dans le cadre de l'exposition « La République fête son bicentenaire à la Monnaie », Monnaie de Paris, 30 septembre 1992-3 janvier 1993, s.d.

2. Ce n'est pas un hasard si est apparu voilà moins de vingt ans un journal comme *L'Événement du jeudi*, avec l'ambition affichée, selon les mots d'un de ses fondateurs, de satisfaire à une aspiration « que nous savons profonde, à un discours politique renouvelé, à une démarche intellectuelle dégagée des tabous et des rites », et ce « sans les milliards qui dévorent, sans les compromissions qui tuent ». Éditoriaux de Jean-François Kahn, *L'Événement du jeudi*, n° 1, 8 au 14 novembre 1984 et n° 2, 15 au 21 novembre 1984.

tifs, toutes les méthodes sont bonnes pour rouvrir certains débats publics et nous sommer d'y rendre un verdict. Le bicentenaire de la Révolution, avec son cortège de commémorations funèbres, a fourni un large champ d'application à cette manie : l'exécution de Louis XVI, celle de Marie-Antoinette[3], l'affaire du courrier de Lyon, la mise à mort de certains chefs vendéens, ont fait l'objet de recréations scéniques dont la signification globale prête à réflexion. Avec ces pseudo-procès qui consistent à rejouer l'histoire et à en faire appel devant le tribunal de la postérité, la société française tout entière s'offre une psychanalyse. Et les procédures privées font aussi recette[4], comme si la figure du Jugement dernier, plus que jamais présente, réveillait et soutenait des exigences de justice individuelles longtemps refoulées, comme si, également, le désir de vérité des uns rencontrait brusquement chez d'autres une certaine volonté d'expiation. Les procès réels ou fictifs du communisme effondré ont de ce point de vue constitué, durant les années qui viennent de s'écouler, un énorme psychodrame à usage interne pour les consciences de gauche[5].

C'est précisément dans cet espace de remises en cause et d'épuration, matérialisé par les lézardes du ciment social et des certitudes morales – l'École, le Pouvoir, l'Identité, la Gauche –, que s'inscrivent les revendications des opprimés de notre histoire ancienne ou plus récente. De toutes parts des voix s'élèvent, pour réclamer justice. Les appels à la réparation des descendants des morts de la Terreur, des enfants de déportés juifs, des familles de victimes des ultimes avatars de la décolonisation s'expriment aujourd'hui plus fortement que jamais. Et ce qui est demandé, par ceux du moins qui ont les moyens de se faire entendre, c'est, davantage qu'une simple réparation, la reconnaissance de leur souffrance, cela seul devant peut-être permettre de mener à son terme le travail du deuil et de panser les plaies. On ne peut d'ailleurs pas dire que la volonté politique soit totalement hostile à une telle reconnaissance. La création de filières universitaires d'enseignement des langues régionales a par exemple tenté de porter remède au « génocide culturel[6] » qui aurait été commis voilà deux siècles par la République ; la décentralisation a sans doute favorisé l'apparition de musées ou de conservatoires du patrimoine et de l'histoire vendéens ; plus

---

3. Voir le spectacle proposé par Robert Hossein, *Je m'appelais Marie-Antoinette* au cours duquel les spectateurs sont appelés à voter pour décider du sort de la reine.
4. L'affaire Seznec, par exemple, qui a suscité coup sur coup deux ouvrages et un téléfilm.
5. Voir le débat autour de la question : Jean Moulin fut-il un agent du KGB ? qui dépasse largement le cadre de l'affaire elle-même.
6. L'expression est de Mona Ozouf, *L'École de la France*, Gallimard, Paris, 1985, p. 21.

récemment, le décret instituant une journée commémorative des persécutions racistes et antisémites du régime de Vichy a en partie donné satisfaction à la mémoire des victimes de ces déportations.

Créon et Antigone

Pourtant, de manière générale, le processus de reconnaissance, qui consiste à inscrire les mémoires particulières dans la mémoire officielle, reste difficile, parce que le refus de faire une place aux souvenirs de ce qui constitue des bavures ou des réductions d'opposants au pouvoir institutionnellement établi, s'inscrit en France dans la logique historique d'un État fort. C'est un fait reconnu que l'on ne gouverne pas avec de bons sentiments. Pas de grande figure politique de notre histoire dont l'action ne soit peu ou prou l'illustration de cette maxime. Saisies dans un même moment historique, des personnalités aussi dissemblables en apparence que celles d'un Mirabeau et d'un Robespierre, trouvent là leur véritable unité[7]. Plus généralement, cette idée a été au fondement de la puissance de la France moderne centralisée, monarchique[8] aussi bien que républicaine. Elle a été aussi au centre des débats qui ont agité les consciences quand il s'est agi sous la Révolution de définir les présupposés idéologiques qui soustendraient le fonctionnement du régime républicain. Le tragique renoncement de la Ire République, pourchassant les aristocrates, prenant des décrets à l'encontre des étrangers[9], après avoir proclamé l'appartenance potentielle de toute l'humanité à la citoyenneté française, – « Les hommes libres sont français » – est l'illustration de cette crise de conscience à l'issue pragmatiquement – oserions-nous dire nécessairement ? – restrictive.

Parmi les questions qui se posèrent alors, certaines nous semblent terriblement d'actualité. Un régime démocratique peut-il tolérer en son sein l'existence d'un élément qui le nie ? Et, s'il l'a écrasé, peut-il supporter qu'on en entretienne la mémoire ? Vouloir que, sur ce point, la morale des États soit semblable à celle des individus ne revient-il pas à faire preuve d'une grave naïveté, et une nation peut-elle sans danger suivre les lois du

---

7. Tous deux ont eu, de manière aiguë, le culte de l'« eventus », la conscience que la mémoire qui subsiste est celle des vainqueurs.

8. Cette extraordinaire capacité à traiter avec un mélange de cynisme et d'empirisme les affaires publiques qui permettait dans un même temps une mobilisation totale des ressources humaines ou matérielles du royaume a fait au XVIIe siècle l'admiration des monarchies disloquées d'Europe centrale tentées de prendre la France comme modèle.

9. À partir de 1792, lorsque la France entre en guerre.

droit universel dans un environnement qui ne les suit pas ? Toutes ces interrogations qui ont animé voici deux siècles les débats des assemblées révolutionnaires, des événements récents – ceux d'Algérie, d'Europe centrale – viennent nous rappeler que nous n'avons jamais su y répondre de manière satisfaisante. Et ce n'est pas dans notre réservoir culturel traditionnel que nous leur trouverons une issue. La tragédie de Sophocle met en scène l'insoluble dilemme : faut-il permettre à Antigone d'enterrer son mort ? Laisser faire Antigone, c'est mettre en péril la force et la cohésion de l'État, le fragiliser, et par conséquent mettre la nation en danger ; la combattre, c'est jeter les germes d'un pervertissement interne qui finit aussi par la conduire à sa perte, car on ne construit pas quelque chose de durable sur le mensonge.

Toutefois, agir comme Créon n'est pas une spécificité française. Tous les États se protègent, les démocraties peut-être moins que les autres. Ce qui est remarquable en France, c'est, davantage que le rejet institutionnel dont elles font l'objet, l'absence de sympathie apparente dont souffrent les victimes de ce qu'il faut bien appeler, faute d'une expression plus appropriée, les crimes d'État : ni mépris ni oubli véritable, un sentiment de gêne qui ne va pas jusqu'à la compassion. Phénomène d'autant plus étrange que nous passons ordinairement pour une nation de contestataires, râleurs professionnels, nargueurs patentés de l'autorité, que la moindre occasion de contester ravit.

D'où vient alors que nous ayons tant de mal à nous associer à la peine des opprimés de la cause publique ? La seule explication possible – sauf à considérer les Français comme un peuple de Brutus – est que ces victimes auraient enfreint un des tabous majeurs de notre société, empêchant ainsi toute participation spontanée de la communauté à leur deuil. Pour comprendre l'origine de ce dysfonctionnement, il est donc nécessaire de se pencher sur notre imaginaire national, plus complexe et plus impliqué dans le déroulement historique qu'on ne le croit généralement.

Exigeante fraternité

Pour définir la spécificité du modèle identitaire français par rapport au modèle américain, Alain Joxe soulignait il y a dix ans que « les empires jouent toujours sur les divisions entre les ethnies, les Républiques sur l'unité des peuples [10] ». On pourrait ajouter que le modèle français a

---

10. Dans *Le Monde* du 22 décembre 1992. Il précisait également à ce propos que « la nation française est depuis le début un melting-pot bien plus réussi que l'Amérique ».

subordonné consciemment l'appartenance à la communauté nationale à l'effacement progressif des différences entre individus. Historiquement, ce modèle identitaire remonte bien évidemment à la Révolution. Notre nationalisme, qui prend forme à ce moment-là, dans des conditions particulières[11], opère, sur le plan de l'imaginaire, une synthèse de mythes antiquisants, de schémas familiaux archaïques et des théories politiques les plus modernes. Il fait des Français, mais aussi, potentiellement, par une sorte de magie adoptive, de tous ceux qui seraient amenés à partager les mêmes valeurs, un peuple de « frères » dont la fusion s'opère, sur le mode mystique, par l'adhésion à un idéal de charité, incarné dans la figure féminine hautement symbolique de la Patrie. Pour tenir compte du principe de réalité, il suppose d'autre part la mise en place, parallèlement à la dévolution des droits politiques, d'un système d'éducation généralisé susceptible d'améliorer les individus et de réduire les inégalités entre eux.

Car la Patrie est une mère exigeante : prenant dès le berceau le pas sur la mère naturelle, elle s'empare des enfants, nous disent les hymnes révolutionnaires, et elle s'empare d'eux nus, dépouillés de toute appartenance autre que celle qui les attachera à elle. Moyennant quoi, quelle que soit la couleur de leur peau, elle en fera des citoyens à part entière, susceptibles de s'amalgamer, par intuition fraternelle, non seulement l'âme des Français de leur siècle, mais celle des Français de tous les temps, et de régénérer ainsi sans cesse ce bloc qu'est la nation. Cette fable, comme toute fable, contient sa part de vérité, et les écoliers français découvrent toujours avec un rien de ravissement étonné que *Les Trois Mousquetaires*, parangon de l'esprit aristocratique du XVIIe siècle, est l'œuvre d'un écrivain des Temps modernes, métis d'origine créole.

Si, d'autre part, ce modèle identitaire a pu, depuis deux siècles, exercer une réelle fascination, doublée d'une égale répulsion sur nombre de peuples, c'est bien parce qu'ils en pressentaient l'irrésistible radicalité[12]. Rares sont les mythes d'appartenance qui ont porté aussi haut la dignité humaine en postulant, comme l'ont fait les révolutionnaires, l'interchangeabilité parfaite des êtres. Rares aussi sont ceux qui, à terme, exigent autant des personnes qui y adhèrent, et inclinent aussi facilement à l'exclusion. Ce modèle a en effet ceci de dangereux que les individus non

---

11. Le climat d'utopie idéalisante des débuts de la Révolution, même s'il ne dure pas, n'est plus à démontrer.
12. Voir le choc psychologique qu'a représenté dans certaines régions du monde le geste de François Mitterrand déposant lors de son investiture une rose sur la tombe de Victor Schœlcher, preuve de la puissance encore très vive du message identitaire français.

conformes sont sans excuses, puisqu'ils se sont vu proposer sans en tirer parti le même mode d'amélioration que les autres, et que, d'autre part, il implique directement chacun de nous. Chaque fois que nous mettons en jeu notre nationalité, c'est nous-mêmes que nous exposons, puisque, l'autre, le frère, n'est rien d'autre que la figure de notre double[13]. Dès lors, ceux qui semblent repousser notre offre de fraternisation, même s'il s'agit de miettes[14], ou manquer à notre modèle, nous repoussent, nous, et sont à l'origine d'irréparables blessures. Pour ceux-là, lorsqu'ils sont victimes d'une répression d'État, il ne peut y avoir de pitié. Les risques d'offenses sont d'autant plus grands que le modèle s'est alourdi dans notre inconscient collectif au cours des deux siècles passés, au fur et à mesure que l'on découvrait ce qu'il peut y avoir d'irréductible dans la définition d'une identité, l'appel aux valeurs se doublant progressivement de références à la culture, avec ses entités normatives, qu'elles soient occidentales, gréco-romaines, ou chrétiennes.

Une nation universelle

Pourtant cela ne serait rien encore si le jeu des circonstances historiques n'avait pas décuplé la puissance d'exclusion de ce mythe originel en couplant l'apparition de la nation avec celle de l'État moderne. C'est aujourd'hui une banalité de dire que certaines particularités du fonctionnement de la société française jusqu'à nos jours ont leur source dans le lien qui se noue au XVIIIe siècle entre la recréation[15] de la France comme communauté nationale et son institution comme État moderne, exemple quasi unique d'un rapprochement casuel entre la notion de patrie et celle d'État. La naissance de la nation épouse en effet le changement de régime non seulement dans le temps, mais aussi dans les faits et dans les idéaux : c'est par la mise en avant des intérêts d'une « patrie » fictive, construite de toutes pièces par des groupes aux ambitions diverses[16], que se réalise, au cours des

---

13. Mona Ozouf écrit qu'au printemps 1793 « beaucoup de textes illustreraient cette fraternité identitaire, qui n'est plus une volonté d'unir, mais un état quasi fusionnel, obsédé par la réduction au même ». *L'Homme régénéré : essais sur la Révolution française*, Gallimard, Paris, 1989, « La Révolution française et l'idée de fraternité », p. 173.
14. Voir l'irrationalité relative du discours sur l'Algérie qui aurait « refusé » de devenir française, et la suppuration infinie de cette plaie à l'origine fantasmatique.
15. On ne peut parler de création dans la mesure où, comme l'a fort bien démontré Mme Colette Beaune, les éléments constitutifs d'une forme de patriotisme – certes exclusiviste et hiérarchisant – existaient bien avant la Révolution.
16. Voir les thèses de l'historien américain Dale Van Kley sur la formation du parti patriote au XVIIIe siècle.

trente années qui précèdent la Révolution, le lent discrédit qui se révèle fatal au pouvoir monarchique. La projection d'une autorité théoriquement plus ancienne, plus légitime, plus morale surtout que le monarque, et à laquelle celui-ci doit des comptes, achève de fragiliser un système de gouvernement déjà mal assuré. Les implications au long terme de cette confusion sont que la définition de ce qui est contraire à l'éthique nationale ne s'écarte pas de la définition de ce qui est contraire aux exigences étatiques. C'est sans trop d'états d'âme que les armées révolutionnaires cherchèrent à étendre notre pays jusqu'à ses « frontières naturelles ». C'est avec l'idée d'œuvrer à la grandeur de la France que, plus tard, nos ancêtres conquirent l'autre rive de la Méditerranée. À tout moment, les Français se sont donc assez bien accommodés de cette double exigence, peu à peu muée en dialectique de l'idéal et de la nécessité.

En effet, dans cette facilité de conciliation, apparente du moins, il faut sans doute voir la marque de ce qui constitue le troisième terme de l'équation. Après le mythe fraternel et l'attachement à l'État nation, c'est la prétention à l'universalité qui modèle notre résistance à la fraternisation avec les victimes de crimes d'État. Comme la théorie de l'unité, celle de l'universalité fait partie des présupposés de la France moderne. C'est que la Patrie française – si l'on veut rendre à ce vocable sa majuscule révolutionnaire –, a d'abord tiré sa supra-légitimité par rapport au système monarchique d'une confusion avec les lois naturelles, exemple unique d'un peuple qui adopte, comme définition de son être propre et particulier, des lois générales et universelles. Cette volonté, politique au départ, prend aussi, au cours des siècles, un sens tactique : elle correspond à la nécessité historique d'agréger un peuple aux origines mêlées, de se mettre d'accord sur des valeurs qui transcendent les différences, d'où un patriotisme de l'Universel.

De là aussi le rôle nécessairement ambigu que l'État joue en France dans les conflits entre morale publique et morale privée, et l'incompréhension, voire le sentiment de trahison, qui s'ensuit de part et d'autre. La plupart des peuples séparent en effet judicieusement la morale politique, qui se propose d'atteindre ce qui est le plus avantageux à la nation, de la morale privée, qui, adossée à ses remparts philosophico-religieux, se donne pour but de réaliser les règles de l'Universel. C'est l'absence d'une telle séparation qu'ont dénoncée ceux qui ont élevé la voix pour stigmatiser le nouveau catéchisme dans son acceptation de la peine de mort ; ils lui reprochaient en effet bel et bien de ne pas dire le droit universel, kantien, mais celui, subjectif et particulier, qu'a une société à se défendre. Ainsi, le régime républicain laïque n'aurait pas l'apanage d'une telle confusion. C'est pourtant lui qui paraît la systématiser, l'érigeant en règle d'existence. Notre système politique repose sur une ambiguïté fondamentale : la République serait l'incarnation en politique des valeurs éthiques universelles. Et ceci, quoi qu'on en pense, est vrai pour notre époque aussi, au moins sur le plan de l'inconscient. L'idée de Montesquieu que la démocratie repose sur la vertu, c'est-à-dire, traduit en termes modernes, sur la force du sentiment civique, est une de ces vérités que nous ne cessons de redécouvrir. L'État, en France, se trouve d'une certaine façon le dépositaire du trésor de la Loi, et ses membres y ont tous également part. Ils ne sauraient donc agir d'une manière qui lui soit contraire.

On pressent comment cette redéfinition du contrat moral dépasse le simple contexte politique pour envahir l'espace privé. Le thème de l'Unité a pris, avec la Révolution, une nouvelle dimension ; elle nous a dotés d'un véritable système métaphysique susceptible de concurrencer le système chrétien. En un mot, comme le soupçonnait Albert Mathiez, la République n'a si bien réussi à s'implanter chez nous que parce qu'elle a fait d'abord l'objet d'une religion. Cette qualité, aux implications psychologiques très particulières, était présente dès l'origine au cœur même de la définition du vrai patriote républicain. Il était en effet à la fois le fondateur de l'État souverain et l'Antigone de l'Ancien Régime, personnage véritablement christique, martyr et témoin de sa foi, car ce qu'ont voulu produire la Révolution, et, par-delà celle-ci, toute la société française des Temps modernes, c'était l'homme nouveau, régénéré, avec l'idée que les Français doivent trouver dans le régime républicain, incarnation des droits, leur accomplissement personnel[17]. Ambition immense – totalitaire, diront certains – que celle qui consiste à tenter de réconcilier ainsi les nécessités collectives et les aspirations individuelles. Ambition élevée également et quasi sanctifiée par ses origines.

C'est une exigence très ancienne que révèlent dans leurs écrits théoriques les fondateurs de la France moderne ; Mably tout comme Rousseau ont fait leur l'idée platonicienne que l'homme trouve le bonheur dans la possession de sa vérité, et que celle-ci réside dans la poursuite du bien commun. La réalisation des lois universelles en politique est donc l'incarnation du bonheur sur la terre, à condition toutefois, ajoute Rousseau, que

---

17. François Furet dit que « la Révolution de 1789 a voulu refaire la société et le corps politique sur l'idée que l'essence de l'homme, commune par conséquent à tous les hommes, est la liberté », *La Révolution, 1770-1880*, Hachette, Paris, 1988, p. 96.

ces lois s'incorporent à l'être même des individus et qu'elles ne leur soient pas imposées de l'extérieur. Dans la réalité, le seul moment d'apparente conciliation des deux morales est très bref, de 1789 à 1792 ; puis on bute sur les difficultés qui lui sont inhérentes et qui sont toujours un enjeu pour les républicains de notre époque. Pour le procès du roi, Robespierre dira : « Louis doit mourir parce qu'il faut que la patrie vive », et ce n'est certes pas de la haine qui s'exprime là, mais le point de rencontre d'un individu et de l'histoire, ou, si l'on veut, du droit particulier de la nation française à se constituer en République et du droit naturel de tout homme à l'existence. C'est pourquoi il y a non-sens à demander aux Français d'aujourd'hui s'il fallait ou non « tuer » Louis XVI, sans les replacer dans la double perspective que nous venons d'évoquer. Au regard des droits de l'homme, la France moderne naît d'un crime, l'assassinat de l'individu Louis de Bourbon. Mais c'est aussi le sacrifice expiatoire d'un roi et l'application d'un principe de réalisme politique : « Pas de liberté pour les ennemis de la liberté. »

La Révolution apparaît donc plus que jamais à l'horizon de notre enquête. En transférant à la nation la souveraineté absolue du monarque, plus encore en faisant du jeu politique une affaire de mystique, puisque le changement de régime est passé par le truchement du patriotisme unitaire, elle a d'une certaine façon assemblé les termes de l'équation qui sous-tend les exclusions actuelles. La nation française a sécrété l'État moderne comme l'incarnation institutionnelle de cette nécessité vitale de l'unité qu'elle a d'ailleurs su instaurer effectivement par un certain nombre de mesures : création des départements, imposition d'une langue commune, projet d'un système généralisé d'éducation nationale. De cette force qui provient de l'ancrage de la nation dans un système aussi radicalement justifié découle sans doute la certitude inconsciente pour chaque Français que l'ennemi de l'État est aussi, d'une certaine façon, son ennemi intime.

Ces théories, pour abstraites qu'elles aient été, ont modelé la société française en profondeur depuis deux siècles, lui conférant son caractère particulier. Quiconque se penche sur les problèmes liés à l'identité est obligé d'en tenir compte. Comme nous l'avons vu, notre schéma identitaire est, plus qu'un autre, un lieu de tensions, entre bonheur individuel et intérêts collectifs, pragmatisme étatique et sens moral, idéaux et nécessités de la vie politique. Ce schéma aurait donc dû générer comportements et sentiments schizoïdes – comment les amants de Marianne accepteraient-ils qu'elle ait parfois les mains rouges ? Or il n'en est rien ou peu s'en faut. Si l'on excepte un certain nombre d'artistes plus ou moins engagés, il est assez difficile de déceler chez les hommes publics français un sentiment de malaise à ce propos. Pour un Rimbaud, un Boris Vian, chez qui une sensibilité particulière encourage sans doute le dédoublement et la fuite dans l'ailleurs, combien de Français vivent leur sentiment patriotique dans l'exaltation de la continuité ? C'est qu'à ces tensions bien spécifiques, la France a inventé une réponse elle aussi spécifique.

Abel et Caïn

Comment concilier l'absolu et le contingent, l'universel et le particulier ? Le système français y parvient, de manière aussi habile que paradoxale, en répartissant artificiellement ces entités au départ indistinctes, entre différentes fractions du corps social, permettant ainsi à certains groupes de jouer un rôle de conscience à l'intérieur de la société et d'en expulser symboliquement la culpabilité. C'est la vieille technique, bien connue des anthropologues, du bouc émissaire [18], mais ici raffinée, complexifiée du fait que les accusateurs d'hier peuvent devenir les accusés de demain. Ainsi le système laisse-t-il coexister plusieurs théories de la nation qui n'ont en commun que leur exclusivisme et leur prétention à la détention d'une vérité supérieure. Pierre Nora fait remonter ce phénomène au transfert de souveraineté du roi à la nation qui se serait opéré sans transition ni adaptation suffisantes, lorsqu'il écrit : « La négation impossible de la première nation par la seconde a, du même coup, installé la réalité nationale, historique et politique française dans un espace conflictuel irréductible. Conflit fondamental de l'ancienne France avec la nouvelle, de la France religieuse avec la France laïque, de la France de gauche avec la France de droite, qui ont représenté beaucoup plus que des options ou des catégories politiques : des formes de l'identité nationale, des réemplois imaginaires de matériaux anciens. Non des formes rivales à l'intérieur d'un consentement mutuel, mais des figures exclusives et antagonistes de la nation elle-même [19]. » Nous pourrions ajouter que les crimes d'État en France, dont nous avons dit à quel point ils se confondent avec des atteintes à l'intégrité nationale, touchent précisément à des déchirures jamais refermées, archétypales et souvent puissamment fantasmées, du tissu national, qui sont le fruit de notre histoire ; peuple contre aristocrates : la Vendée ; droite contre gauche : la Commune ; Juifs contre non-Juifs : l'affaire Dreyfus, Vichy ;

---

18. On pensera évidemment aux travaux de René Girard.
19. *Dictionnaire critique de la Révolution française*, Flammarion, Paris, 1988, article « Nation », p. 801-812.

colonisateurs contre colonisés : les « bavures » des guerres coloniales. Dans les deux derniers cas, la question raciale ou coloniale ne doit pas occulter le fait qu'il s'agit du même enjeu que précédemment, et que c'est le débat entre deux « France » qui est en cause, dans un ballet bien réglé, où chacun peut d'ailleurs tour à tour revendiquer les plus hautes motivations : certains fonctionnaires de Vichy, par exemple, ne se sont-ils pas défendus en alléguant leur sens du « devoir » pour expliquer leur attitude passive ou leur activisme nocif ? En effet, ce qui caractérise le mieux l'effet pervers de ce système, c'est l'aptitude qu'ont tous les partis en présence à revendiquer la palme de la moralité, chacun s'inscrivant de fait dans une logique différente, et s'autorisant ainsi à crier au terrorisme ou à la trahison, trahison de la réalité nationale dans un cas, des idéaux fondateurs dans l'autre.

Marianne à l'épreuve

De ce système que faut-il retenir ? Qu'il a tout d'abord une force de cohésion et d'autojustification exceptionnelle. Et ce qui rend possible cette autojustification, c'est bien entendu la présence permanente de l'autre. Le pouvoir sécrète son opposition, comme un logique et bienfaisant complément. Que, d'autre part, sur un plan strictement psychologique, il fonctionne mieux lorsque les valeurs morales sont incarnées par l'opposition et non par le pouvoir. Ainsi l'effet de dédoublement salutaire que nous évoquions précédemment joue-t-il à plein. Le Français veut être gouverné ; mais il est aussi sincère lorsqu'il affirme son attachement à un idéal. Il applaudit Zola, cet homme de cœur, mais il respire : le « complot juif » est écarté. Dans ce sens va également la constatation que, chaque fois que vient au pouvoir un mouvement se réclamant ouvertement de l'Éthique, la grande, celle de la Révolution, cela fragilise en quelque sorte l'équilibre psychique péniblement construit de la nation. Ainsi n'est-ce pas dans la coexistence paisible de deux systèmes, mais au contraire dans la certitude que leur lutte sera féroce, sans merci et sans fin, que le Français puise une part de sa tranquillité morale. Dès lors, permettre à l'un des groupes qui composent la scénographie nationale de se distinguer en statufiant sa mémoire meurtrie risquerait, en même temps que cela apparaîtrait comme un privilège exorbitant, de susciter une insupportable déstabilisation.

L'autre particularité du système français réside précisément dans la façon qu'ont les Français de se situer, dans leur inconscient collectif, vis-à-vis de la notion d'opposition. Notre historiographie, celle de la IIIe République en particulier, qui a tant pesé sur l'esprit de générations de Français, nous a appris à considérer notre passé comme une histoire de vaincus. Regardons la trame de cet enchaînement de saynètes qui constitue la saga symbolique du peuple français. Le Lavisse la fait s'ouvrir sur une reddition emblématique, celle de Vercingétorix[20], que certains n'ont pas hésité à comparer au sacrifice rituel du jeune Roi des mythes de fondation, pour dérouler une longue suite de chutes rédemptrices, d'anéantissements purificateurs suivis de recommencements prometteurs, que des manuels plus récents parachèveront par l'épreuve finale de l'Occupation. Ce qui domine, c'est l'idée-force que nous serions le peuple de l'épreuve et du refus, non des conquérants, mais des opposants de nature[21]. Ainsi la France récupère-t-elle l'esprit de résistance, l'érigeant en dogme national. Toutes les mémoires opprimées survivent, par un phénomène de transubstantiation mystique, dans l'esprit de notre peuple, à travers cette propension au refus, parfois dénommée fronde, voire panache[22], c'est la nation tout entière qui porte le poids du crime éternel et l'expie théâtralement à chaque soubresaut de l'histoire[23]. Nos héros eux-mêmes sont des « anti », des spécialistes des causes perdues. Dès lors quel sens auraient des réclamations individuelles, qui ne se fondraient pas dans l'adhésion mystique à ce sentiment d'expiation collective ?

Ceci est d'autant plus vrai que ces réclamations s'adressent à la République, à cette figure idéale présente dans les limbes de notre conscience comme une déesse inaccessible. Qu'on l'appelle Marianne, la Mère ou la patrie, elle n'est rien d'autre que l'agglomération fantasmatique de ce que les Français veulent avoir de meilleur et qu'ils jugent incontestable. Les hommes sont faillibles, pas elle. Ceux qui nous gouvernent à un moment donné peuvent errer, elle n'en reste pas moins fidèle à sa vocation. Dressée comme une entité abstraite, pure de toute tache, au-dessus de l'histoire, la France a « une âme », disait Michelet[24], une âme qui englobe et dépasse ses manifestations temporelles. Tous ceux qui ont un sens aigu du patriotisme

---

20. Sous le titre emblématique de « Vercingétorix meurt pour la patrie ».
21. Et ceci est valable pour la mémoire officielle comme pour la mémoire officieuse. Nombreuses sont par exemple les personnes, ayant répondu à l'enquête de la revue *Espaces Temps* menée à l'occasion du bicentenaire sur le souvenir de la Révolution française (*Espaces Temps*, n° 38/39), qui associent fortement dans leur sentiment patriotique les idéaux révolutionnaires à la période de l'Occupation.
22. Symptomatique est à cet égard l'utilisation surabondante que l'on a faite de ce terme à propos du voyage de M. Mitterrand à Sarajevo.
23. Rappelons que l'histoire vue comme châtiment est aussi une création du XIXe siècle.
24. *Le Peuple*, III.V.

français le savent[25]. C'est probablement cette qualité transcendante de notre patriotisme, et plus généralement de notre sens de l'histoire qui le rend parfois si difficile à appréhender aux autres peuples et, finalement, si mystérieux pour nous-mêmes.

La façon dont s'est opéré le conditionnement de nos esprits à partir des développements de notre histoire récente n'a, elle, rien de mystérieux. Même si elle ne suffit pas à résoudre toutes les questions, l'observation des conditions dans lesquelles s'est initié notre mythe national permet d'éclairer un tant soit peu les mécanismes d'obstruction mentale qui empêchent, de façon plus ou moins radicale en fonction des tempéraments, que nous ne sympathisions très aisément avec les victimes des crimes d'État. Notre imaginaire national s'est précisément ancré et construit autour d'une vision idéalisée de l'État, bras séculaire de la patrie, et à ce titre composante indispensable de cette famille idéale qui est censée rassembler tous les Français. Le « pays des droits de l'homme », comme l'appellent souvent ceux qui veulent le critiquer, n'a pas droit à l'erreur. Il est vrai, au fond, que les présupposés de notre mythe d'identité, pour noblement ambitieux qu'ils aient pu apparaître à un moment donné, ne servent parfois ni la fraternité, ni la vérité, ni cette unité ardemment désirée des Français, mais il est vrai aussi que le message qu'ont à nous offrir ces mémoires écrasées n'est recevable que s'il n'est pas lui-même refus apeuré de l'autre.

Hélène Dupuy

---

25. C'est peut-être à la lumière de cette réflexion que l'on pourrait interpréter les propos attribués à F. Mitterrand interrogé sur l'éventualité d'une réparation des crimes de Vichy par la République : « La République a fait ce qu'elle devait. »

L'ennemi d'outre-Rhin

Michael Jeismann

Dans un ouvrage paru en 1972, le politologue et philosophe anglais Isaiah Berlin attirait l'attention sur le fait qu'aucun des grands philosophes de l'histoire ou théoriciens de la société du XIXe siècle n'avait jamais perçu le nationalisme moderne dans sa force élémentaire, et ne l'avait guère défini systématiquement qu'en fonction de notions idéologiques telles que communisme, libéralisme ou conservatisme.

« Il y eut un mouvement, écrit Berlin, qui domina si largement le XIXe siècle européen, et qui fut si déterminant et si familier, qu'il fallut véritablement faire un effort pour se représenter un monde dans lequel il n'intervenait pas. Il avait des partisans et des détracteurs, des colorations démocratiques, aristocratiques et monarchistes, il inspira des hommes d'action et des artistes, des élites intellectuelles et les masses, et pourtant, étonnamment, aucun penseur compétent ne lui prédit, à ma connaissance, un avenir dans lequel il continuerait à jouer un rôle dominant. [...] Ce mouvement est le nationalisme[1]. » On sera, certes, moins tenté aujourd'hui qu'au XIXe siècle de sous-estimer le nationalisme. Mais la question est de savoir si les multiples recherches consacrées au nationalisme en tant que phénomène autonome autorisent l'hypothèse réconfortante que nous serions désormais à l'abri des erreurs pleines de suffisance du XIXe siècle. On peut craindre que non lorsqu'on connaît les perspectives et les résultats

---

1. Isaiah Berlin, *Der Nationalismus. Seine frühere Vernachlässigung und gegenwärtige Macht*. Avec une introduction de Henning Ritter. Frankfurt a. Main, 1990, p. 44. Dans une autre édition : *The Bent Twig. A note on Nationalism*, in *Foreign Affairs 51*, 1971, p. 11-30.

de la recherche sur le nationalisme, notamment en ce qui concerne la question des haines et agressions nationales. Non seulement le nationalisme n'a engendré aucun théoricien, mais sa mémoire est des plus sélectives, aussi bien du côté de ses partisans que de celui de ses détracteurs[2]. Le concept même, comme l'objet dont il est question ici, se dérobe toujours. Max Weber définit le « national » comme « une forme spécifique de pathos qui, dans un groupe humain uni par une communauté de destin, de coutumes, de confession ou de langue, s'associe à l'idée de l'organisation du pouvoir politique, déjà existant, ou à laquelle ce groupe aspire[3] ». Mais quelle promesse contenait ce pathos pour qu'elle soit à ce point séduisante et proche, que toutes les autres pâlirent à côté ?

La promesse nationale

La grande promesse du nationalisme était : l'égalité dans l'unité. Alors que la plupart des programmes politico-idéologiques ne voyaient dans l'unité ou l'« harmonie » qu'un simple moyen pour atteindre leur but, ou même n'en faisaient que peu de cas, le nationalisme, lui, se donna tout simplement l'unité pour but. L'égalité dans l'unité ne nécessitait ni réformes sociales ou politiques ni grands bouleversements. Sa condition unique et indispensable résidait dans la croyance que chacun des membres d'une nation, indépendamment de son statut social, pouvait se sentir, en qualité d'Allemand, de Français, d'Italien ou d'Espagnol, l'égal de ses semblables. L'unité et l'égalité reposaient donc toutes deux sur des sentiments « nationaux » identiques.

Cette unité était en même temps la voie la plus rapide vers une démocratisation, qui devait être largement réalisée indépendamment du système socio-politique existant. Bien sûr, unité et égalité étaient compatibles avec les contenus politiques des plus divers : missionnaire et humanitaire pendant la Révolution française, religieux et identitaire en Allemagne à l'époque des guerres de libération contre Napoléon, ou en Pologne, impérialiste au cours du dernier tiers du XIXe siècle. L'unité nationale a même pu prendre au départ des formes racistes et biologiques. Et le caractère politiquement ouvert de l'unité nationale explique sa faculté d'absorption de

---

2. La somme des articles contenus dans le gros recueil de Pierre Nora, *Les Lieux de mémoire*, représente certainement une mémoire qu'on peut qualifier de bilatérale, de critique. Il est vrai que, si l'on suit la préface de Nora qui figure dans le premier tome, ce n'est justement que la perte de l'identité nationale que Nora regrette, et qui dicte le plan des *Lieux de mémoire*.
3. Max Weber, *Économie et Société*, Gallimard, 1992.

ces différentes idéologies. Dernier élément caractéristique : le nationalisme était, plus que toute autre conception politique, ouvert à la tradition.

Il existe pourtant un moyen d'atteindre l'essence du phénomène national et par là même les conditions mentales et spirituelles des crimes perpétrés au nom de la nation. D'une part, cerner le concept de nation suppose que l'on commence par se demander : Qu'est-ce que l'identité nationale, que signifie être « allemand » ? Et qui est « non allemand », qui est exclu, qui est ennemi ? Quel degré atteint cette hostilité ? D'autre part, la méthode comparative s'impose, car ce n'est que lorsqu'on aura analysé l'antagonisme national selon au moins deux points de vue différents que le jeu du national sera mis en évidence[4].

« De l'humanité, par la nationalité, à la bestialité » – la tentation est grande de suivre la formule de Grillparzer pour retracer l'évolution de l'identité nationale et des représentations de l'ennemi qui vont de pair, en Allemagne et en France, de la Révolution à la Première Guerre mondiale. C'est pourtant bien la présence côte à côte de revendications humanitaires, d'aspirations nationales et de fantasmes « bestiaux » qui caractérise l'époque qui s'étend de la Révolution à la Première Guerre mondiale, et qui irrite tant lorsqu'on l'analyse. Quoi qu'il en soit, l'approche morale ou critique de l'idéologie ne permet pas de savoir comment la « nation » ou la « patrie » ont pu se transformer en catégories politiques élémentaires, et comment elles ont imprégné l'action politique et la vie des peuples entre eux et l'un à côté de l'autre.

L'indispensable ennemi

L'identité nationale et les représentations nationales de l'ennemi, en Allemagne et en France, présentent dans un premier temps une série d'évolutions et de structures *parallèles*.

En France, comme en Allemagne, l'ennemi était un élément constitutif de la conscience nationale sans lequel la patrie ne pouvait pas exister. La France révolutionnaire de 1792 n'a pas fondé son identité et son dynamisme expansif uniquement sur la base d'idéaux positifs comme « Liberté,

---

4. Voir à ce propos : M. Jeismann, *Das Vaterland der Feinde. Studien zum nationalen Feindbild und Selbstverständnis in Deutschland und Frankreich 1792-1918*, Stuttgart, 1992. Voir également, pour les recherches sur le nationalisme : R. Koselleck, B. Schönemann et K. F. Werner, « Volk, Nation, Nationalismus, Masse », in O. Brunner, W. Conze, R. Koselleck (publié sous sa direction), *Geschichtliche Grundbegriffe, historische Lexikon zur politischsozialen Sprache in Deutschland*, Stuttgart, 1992, p. 141-431.

Égalité, Fraternité », mais bien autant en propageant l'idée d'une « libéra-tion », à l'intérieur et à l'extérieur, de toutes les forces qui étaient soup-çonnées s'opposer à ces maximes. De même, dans l'Allemagne de l'époque napoléonienne, l'appel à un sentiment national ne pouvait guère se récla-mer d'une certaine culture commune à laquelle aurait été attachés tous les Allemands. C'est plutôt l'opposition supposée entre les deux « natures » allemande et française qui a permis d'envisager l'union nationale sur la base de l'analogie de langue et de « coutumes ». C'est encore vrai à la fin du XIXᵉ siècle et à l'époque de la Première Guerre mondiale, lorsque nation et patrie ont été plus effectivement créées. L'ennemi était alors plus que l'indispensable envers de ce qu'on se proposait de devenir. Dans la mesure où chacun à sa manière projetait dans la nation ses idéaux plus ou moins utopiques, l'ennemi pouvait signifier deux choses : d'une part, il représen-tait un obstacle à l'accomplissement national, et d'autre part, cette entrave perpétuait justement le caractère de promesse du national. L'ennemi, qu'il fallait constamment surpasser, balisait un chemin qui devait bien mener quelque part.

L'ennemi représentait les mauvais côtés de la modernité, la manifes-tation négative de la civilisation moderne – aussi différente ait été sa défi-nition dans les deux pays. L'ennemi national était une forme et une fonction séculaire de « l'ennemi héréditaire » chrétien, aussi bien en Alle-magne – où le terme de « haine héréditaire » *(Erbfeindschaft)* gardait sa connotation religieuse originelle – qu'en France, où l'ennemi, à partir de la deuxième moitié du XIXᵉ siècle, pouvait être considéré, du côté catholique et royaliste, comme l'éternel adversaire de l'histoire sacrée catholique et nationale, et du côté républicain et laïque, comme le perpétuel adversaire de l'achèvement de la Révolution.

L'ennemi consensuel

De 1792 à la fin de la Première Guerre mondiale, les représentations de la nation et de son corollaire, l'ennemi national, sont demeurées remar-quablement stables. Si l'enveloppe politique de ces identités nationales a naturellement évolué, les affirmations identitaires et les définitions de l'ennemi sont restées telles qu'elles avaient été formulées à l'aube du XIXᵉ siècle. Du fait de leur généralité, ces représentations étaient capables d'offrir une grille d'interprétation constamment valable pour expliquer les conflits militaires avec le voisin. Il s'est produit un phénomène de fonda-mentalisme historique qui a conduit à toujours repérer les mêmes motifs et les mêmes caractéristiques dans les conflits entre les États et les peuples. Ce qui voulait passer pour une expérience historique était en réalité une autostylisation mythique qui cherchait et trouvait désormais une justification durable dans l'histoire, dans le présent et dans l'avenir.

La manière de percevoir et de vivre les conflits internationaux s'en est durablement ressentie. De la seconde moitié du XIXe siècle jusqu'à la Première Guerre mondiale comprise, ces conceptions de l'identité nationale et de l'altérité répulsive ont progressivement imprégné les champs politique, confessionnel ou idéologique et ont créé, dans les situations de crise, une base de consensus national minimal.

C'est pourquoi en 1870, comme en 1914, on ne pouvait appeler à l'harmonie de tous les Français et de tous les Allemands qu'en espérant la victoire. Car il existait déjà un consensus implicite sur le sens et la valeur de la nation, sur l'intention et l'attitude de l'ennemi, aussi bien que sur les origines et la dimension du conflit. Ne voir ici que le succès d'une propagande nationaliste et militaire serait simpliste et réducteur, et dissimulerait justement cette motivation aussi centrale qu'inconsciente, qui conduisit à ce consensus de base : la croyance et l'espoir que la nation serait, d'une certaine façon, le moteur ou le vecteur privilégié de l'histoire, et que la patrie serait par conséquent préservée et protégée contre toutes les agressions venant des autres nations. Cette croyance pouvait être partagée aussi bien par les socialistes que par les monarchistes, les démocrates, les républicains que les nationalistes. Ce n'est que lorsque cette fonction de la nation a été mise en doute ou considérée comme suspecte que s'est brisé aussi le savoir unificateur sur les qualités nationales et sur la nature antagoniste de l'ennemi.

Ce tournant a eu lieu pendant la Première Guerre mondiale de façon relativement nette en France, de façon plus diffuse en Allemagne où il régnait après la guerre un sentiment sourd et entêté de dépit, avant que le national ne soit à la fois élevé et abandonné aux conceptions racistes et nationalistes. La nation est devenue à cette époque un réservoir d'idées conservatrices dont le modèle traditionnel était certes encore utilisé, dans le camp national-socialiste, à des fins propagandistes, mais qui n'étaient plus pensées en fonction des configurations politico-historiques qui les avaient produites.

Si, en France comme en Allemagne, la nation représentait le garant de l'espoir d'un ordre du monde plus « juste » et harmonieux, des idées de purification se sont parallèlement développées et ne se sont appliquées dans un premier temps qu'au pays même. Des guerres de la Révolution jusqu'à la

Première Guerre mondiale, chaque conflit était considéré à la fois comme occasion et comme invitation à surmonter les frictions internes sociales et politiques en fonction d'un seul critère : être allemand ou français. Ce qui s'est accompagné, dans les deux pays, d'appels visant à restaurer les bonnes mœurs de la société et à se protéger de la dégénérescence partout redoutée, dont les dangers étaient d'autant plus précisément décrits que le progrès technique était plus rapide et implacable, avec ses répercussions sur la structure sociale des sociétés. Naturellement, l'« unité nationale » était également un instrument du pouvoir, mais qui parvenait justement à dissimuler son caractère d'instrument en se faisant passer pour un moyen de réaliser le potentiel d'harmonie utopique que l'on attribuait à la nation depuis la Révolution française.

Le rôle constitutif de l'ennemi, la continuité dans la définition de soi et de l'ennemi par-delà les transformations politiques, la purification sociale comme première étape de la réalisation nationale vers la réalisation universelle : en fait, il ne faut pas considérer ces trois points communs fondamentaux dans la formation de la conscience nationale – en Allemagne et en France – comme des phénomènes spécifiquement nationaux. Ils pourraient bien plutôt constituer des composants essentiels de toute action politique. En s'associant à la nation, ils ont cependant atteint, au XIXe siècle et au début du XXe siècle, un haut degré d'efficacité et de capacité à s'imposer. Ce phénomène a largement contribué à créer l'image uniforme de ce qu'on appelle le « nationalisme ». C'est pourquoi il est indépendant de la nature du régime politique, il peut s'accompagner de revendications conservatrices ou émancipatrices, et il a pu se propager et s'implanter de la même façon dans les deux pays. Cette équivalence fonctionnelle, l'anthropologue français Louis Dumont l'a très justement formulée ainsi : « ... les Allemands se posaient, et essayaient de s'imposer comme supérieurs en tant qu'Allemands, tandis que les Français ne postulaient consciemment que la supériorité de la culture universaliste mais s'identifiaient naïvement à elle au point de se prendre pour des instituteurs du genre humain[5]. »

Mission universelle et barbarie allemande

En dépit de cette ressemblance fondamentale, qui se retrouve jusque dans la manière très proche de concevoir la symbolique et les rituels natio-

---

5. L. Dumont, « Peuple et nation chez Herder et Fichte », *Livre 6*, 1979, p. 233-250, ici p. 248 et suivante.

naux, on constate également, en ce qui concerne l'émergence des revendications nationales, la conception de l'antagonisme avec l'ennemi ou même la prétention à l'universel, des *différences* considérables entre l'Allemagne et la France.

Dans la France révolutionnaire, il y avait identité entre la nation et la mission politique universelle. La nation révolutionnaire ne correspondait pas à un territoire délimité face aux autres nations ou peuples, mais supposait des frontières élargies, avec pour objectif une République universelle, subdivisée en nations reliées les unes aux autres. Dans cette optique, la figure même de l'ennemi devenait illégitime dans la mesure où elle supposait l'existence aberrante d'une « humanité » différente et hostile. Les ennemis réels de la Révolution ont donc été marginalisés et pathologisés. Qualifié de « barbare », l'ennemi était, dans la logique révolutionnaire, exclu de l'« humanité » aussi bien d'un point de vue politico-historique qu'anthropologique. Cette conception entraînait l'impossibilité de définir l'ennemi par son appartenance à une nation ou à un État. L'ennemi était plutôt celui qui était déclaré opposant à la Révolution – à l'intérieur, comme à l'extérieur de la France. Le « barbare », par conséquent, n'était pas exclusivement un concept utilisé contre l'ennemi extérieur, mais pouvait être tout autant appliqué dans les conflits de politique intérieure. Ainsi, jusqu'à la Révolution de 1848, opposants et partisans de la Révolution utilisèrent pareillement le terme de « barbare » pour caractériser l'ennemi.

Ce concept avait la particularité de pouvoir exprimer aussi bien des expériences concrètes plus anciennes (guerre, occupation, pillage…) que, enrichi par la philosophie de l'histoire, servir à la définition générale de l'ennemi. Ainsi, grâce à ce concept, les peurs et expériences traditionnelles pouvaient être directement associées à la définition abstraite, révolutionnaire de l'ennemi. Si la correspondance entre la nation et la revendication politique conduisait à une hostilité conçue essentiellement au niveau politique, elle n'excluait pas pour autant un ancrage national de cette dualité : de même que la France constituait le « premier » pays de la liberté, le français était la langue de la liberté.

L'opposition entre « liberté » et « barbarie », largement développée sous Napoléon, a finalement été remplacée par l'antagonisme entre « civilisation » et « barbarie », sans que ce glissement rhétorique ait porté atteinte au caractère expansif et prosélyte de l'idéal national des Français. Rien n'a changé fondamentalement jusqu'à la guerre de 1870 – en dépit des changements politiques.

Ce n'est qu'avec la guerre franco-allemande que l'on assiste en France à une transformation fondamentale de l'identité nationale et de la représentation de l'ennemi. Après que Napoléon III eut associé le consensus national à la longue tradition guerrière de la France et ainsi astreint l'Empire au succès militaire, la conscience d'un devoir universel, d'une mission à remplir à l'extérieur s'est brusquement écroulée après les sévères défaites du mois d'août et la bataille de Sedan. Il est apparu, dès le mois de juillet, que les Français ne se reconnaissaient plus dans la France napoléonienne. Après la proclamation de la République le 4 septembre 1870, les républicains et la presse française ont alors pu stigmatiser la France comme l'incarnation de la « civilisation », menacée par l'invasion des « barbares ». En plaçant le concept de civilisation dans un contexte défensif, et non plus offensif, la presse française est parvenue à bonifier l'image d'une France victime. Cette image permettait aux différents partis politiques d'atteindre un consensus minimal. Le « barbare » qui réapparaissait alors n'était plus du tout celui de 1792 : la barbarie était à présent définie comme nationale, liée à l'identité germano-prussienne. Pour les catholiques français, ce « barbare » pouvait représenter le protestantisme, et pour les républicains le militarisme, auquel ils accordaient encore, quelques semaines plus tôt, des formules bienveillantes. Quelles qu'aient été ses connotations, le « barbare » ne recouvrait plus une définition politique de l'ennemi, mais une définition nationale. Ainsi, dès la naissance de la IIIe République, l'hostilité obsessionnelle à l'Allemagne devenait un élément constitutif de l'identité du nouveau régime.

La Première Guerre mondiale a donc commencé sous les mêmes auspices qu'après septembre 1870 – à la différence que la France représentait désormais la « civilisation » au sein d'une coalition de plusieurs États. Le degré d'hostilité avait, dès le début, atteint un niveau qui excluait toute conciliation. D'autant plus que l'ennemi revêtait désormais une dimension ethnique : il était prouvé que l'Allemand était physiquement et intellectuellement un « barbare », situé en deçà de l'humanité évoluée, et que sa constitution politique reflétait son niveau de développement. En définissant l'ennemi sur les plans ethnique et anthropologique, l'hostilité devenait aussi inévitable que durable. Même la paix ne pouvait pas métamorphoser l'ennemi.

Il faut retenir, pour finir, que la victoire française de la Première Guerre mondiale a paradoxalement vaincu les idées universelles de la Révolution. La Révolution ne pouvait pas être achevée, parce que, en affirmant son caractère particulier et irréductible, on avait sacrifié la civilisation et la liberté, dans leur dimension universelle, à une hostilité durable.

Éthique chrétienne et barbarie française

En Allemagne, on assiste à un même processus depuis les guerres de libération jusqu'à la fin de la Première Guerre mondiale.

Lorsqu'à l'occasion des guerres napoléoniennes, en réaction à la politique expansive et prosélyte des Français, une poignée de publicistes ont commencé à définir la germanité comme critère d'appartenance nationale pour tous les Allemands, la délimitation nationale et non politique vis-à-vis de la France est apparue comme un élément déterminant pour l'avenir. L'ennemi des Allemands n'était pas seulement la Grande Armée, mais tout simplement le peuple français. À défaut d'une définition politique de cette hostilité, l'antagonisme durable trouvait sa justification à un niveau moral et religieux. L'« athéisme » ostensiblement affiché n'était qu'un aspect de l'« immoralité » générale que l'on attribuait aux Français. L'« ennemi héréditaire » et la « haine héréditaire » supposaient une répartition nationale de la chute originelle : le « mal » était fixé en France, le « bien » et l'« agréable à Dieu » en Allemagne. L'hostilité qui en résultait devenait une fatalité. Pourtant, les métaphores empruntées à la religion pour qualifier l'ennemi ont perdu en crédibilité à mesure que les événements politiques n'étaient plus guère considérés et interprétés en fonction de catégories chrétiennes dans de larges cercles de population. On pouvait bien traiter globalement les Français de « diables », mais qui pouvait vraiment croire que chaque Français était possédé ? C'est ce qui fait la grande différence avec le concept de « barbare » développé du côté français, qui, lui, pouvait toujours s'incarner dans le personnage du soldat ennemi.

Le moralisme chrétien des publicistes engagés dans la lutte nationale ne leur a pas permis, dans les années 1806-1815, d'adopter un projet missionnaire équivalent. Au contraire : comme l'Allemagne, à l'inverse de la France, ne considérait pas le national comme un élargissement potentiel des frontières, mais justement comme une délimitation rigide, la valeur et le sens de la nation se sont définis en fonction d'une série de qualités exclusives et non partageables, et qui ne pouvaient pas être expliquées aux autres peuples. Cette autostylisation n'a d'ailleurs pas empêché les Allemands d'apprécier leurs voisins et de juger leur évolution politico-historique mieux que ces derniers.

Il faut souligner que le concept de nation « objective » n'apparaît pas dans les textes du premier mouvement nationaliste allemand. On n'était pas « allemand », il fallait désirer l'être. La nationalité s'acquérait par un acte volontaire, et non par le simple fait que l'on parlait allemand, qu'on partageait des « coutumes » allemandes ou même une histoire commune.

Cela n'a changé qu'en 1870, avec l'annexion de l'Alsace-Lorraine. Il s'agissait alors d'opposer à la volonté de la population concernée des critères « objectifs » qui faisaient d'eux, malgré tout, des Allemands. Pendant la guerre franco-allemande, le critère d'identification gardait encore en Allemagne sa composante morale et chrétienne. Mais, malgré son exclusivité de principe, on s'est accroché à l'idée d'une civilisation européenne commune, où l'enracinement des valeurs nationales compenserait l'absence de projet politique universel.

Pendant la Première Guerre mondiale, ce déficit a empêché l'émergence d'un concept d'ennemi qui aurait permis d'englober l'ensemble des ennemis coalisés. Une hostilité à caractère national ne se laissait pas multiplier à volonté. Pas plus qu'il n'était possible d'obtenir de l'autostylisation des coutumes toujours en cours, une interprétation politique rigoureuse de la guerre. En dépit de nombreux efforts, il a été impossible de redéfinir la « germanité » dans une perspective de politique mondiale. L'identité nationale traditionnelle s'accordait mal avec une aspiration à l'hégémonie politique au niveau mondial. La Première Guerre mondiale a donc provoqué une profonde crise de l'identité nationale, mais aussi de la représentation de l'ennemi. Crise renforcée par le fait que l'empereur, figure de l'intégration nationale au cours de la guerre, a perdu beaucoup de son importance – laissant un vide qu'ont comblé Hindenburg et Ludendorff, sans pouvoir cependant correspondre autant au besoin de tradition et de continuité historique.

Tout comme en France, la droite est parvenue à s'approprier la « nation » et la « patrie », alors que le parti social-démocrate avait visiblement des difficultés à réconcilier la République et la nation à l'intérieur d'une nouvelle définition de l'identité allemande.

En suivant la genèse et l'évolution de l'identité nationale et de la représentation de l'ennemi de 1792 à 1918, en France et en Allemagne, on se rend compte que, derrière les événements politiques et l'échange culturel réciproque entre les deux pays, a toujours sommeillé un antagonisme de principe, activé à chaque fois que la nation semblait menacée. Cet antagonisme était inévitable parce que l'ennemi était inscrit dans l'idée même de la nation. C'est dans la nation, définie négativement *via* la figure de l'ennemi que réside le principe d'ordre de l'idéologie nationale : dans un monde soumis à des processus de plus en plus complexes et anonymes, l'ennemi assume tous les manquements de la civilisation moderne, qui concernent chacun, mais qui ne semblent provoqués par personne.

Dans l'ébauche de la représentation de l'ennemi se reflétait une conscience aiguë de la modernité, avant que le critère national de partage entre le positif et le négatif ne la brouille à nouveau. En d'autres termes : la somme des représentations et des concepts de l'ennemi a fourni un panorama de ce qui était imaginable dans l'expression des antagonismes. Les fantasmes de haine du xixᵉ siècle anticipaient ce qui allait devenir réalité au xxᵉ siècle – et l'anéantissement de l'ennemi, quels qu'aient été les principes qui le motivaient, a encore largement dépassé l'imagination. L'histoire de la représentation de soi et de l'ennemi était donc, *de facto*, commune. S'il avait été possible que ce trait commun parvienne à la conscience générale, l'hostilité aurait obligatoirement disparu. Mais ceci était impossible, parce que l'hostilité était fermement inscrite dans l'identité nationale : qui pouvait être responsable de l'imperfection et des conflits dans le monde, sinon l'ennemi ?

Traduit de l'allemand par Jean Bertrand

Michael Jeismann

L'ombre du soleil rouge

Christophe Sabouret

En 1993, près de cinquante ans après la défaite, le Premier ministre du Japon, Hosokawa Morihiro[1], ne put toujours pas qualifier, comme il le fit lors de sa première conférence de presse du 10 août 1993, de « guerre d'invasion » le comportement du Japon en Asie durant le second conflit mondial, sans susciter une certaine gêne parmi la population. Qu'il ait récidivé quelques mois plus tard lors de sa visite en Corée (7 novembre 1993) et reconnu la réalité de la colonisation de la péninsule de 1910 à 1945 par le Japon, et ce fut de nouveau le tollé jusque dans les rangs de son propre parti. Exigence de vérité ou simples formules incantatoires destinées à rassurer l'étranger ? Il n'est peut-être pas indifférent au propos de l'ex-Premier ministre Hosokawa que son grand-père, le prince Konoe Fumimaro, ait contribué, à la fois en tant que Premier ministre (1937-1939 ; 1940-1941) partisan de la loi de mobilisation générale (mars 1938) et « père » de la sphère de coprospérité asiatique (novembre 1938), à précipiter son pays dans la guerre sino-japonaise (1937-1945).

Vice-premier ministre dans le premier gouvernement de l'après-guerre, mais figurant sur la liste des trente-sept criminels de guerre classe-A établie par les Américains, le prince Konoe se suicidera le 16 décembre 1945. Comment alors expliquer ce « déphasage » entre le Premier ministre et son pays ? Peut-être faut-il y reconnaître le signe le plus évident que la lame de fond linguistique qui frappe aujourd'hui d'interdit dans les pays anglo-saxons (*political correctness*) toutes les « expressions inadéquates »,

---

1. En japonais, le nom de famille est placé avant le nom personnel.

parce que jugées discriminatoires, n'épargne pas le Japon ? En ce cas, l'identité de celui qui est discriminé est problématique. Qui, de l'ancienne puissance colonisatrice ou des pays asiatiques anciennement colonisés par le Japon a le plus à craindre des mots de l'histoire ? Plus profondément, en effet, ces précautions oratoires à l'égard du passé sont révélatrices d'un mal de la société japonaise : l'amnésie et son corollaire, l'euphémisme. D'autres expressions, telles que « invasion » de la Chine, « guerre » de Mandchourie, « bases militaires américaines » ou « rétablissement » officiel des relations sino-japonaises en 1978, attendent d'être enfin tirées du purgatoire où les ont reléguées les doux euphémismes d'« avancée » stratégique, d'« incident », de « zones et installations » et de « normalisation ». Pareils tics de langage semblent cependant avoir été pris très tôt et même très haut puisqu'on chercherait en vain dans l'allocution radiophonique impériale du 15 août 1945 les termes infamants de « défaite » ou de « capitulation ». Pour « inhabituelle » qu'elle soit, la « décision de mettre un terme à la situation » est alors présentée comme le seul fait de l'empereur Hirohito (1901-1989). Ce serait donc lui qui aurait, en son âme et conscience, « donné l'ordre d'accepter les termes de la déclaration commune des puissances ». Admettre cette thèse allait entraîner une dérive. Dans les jours qui suivirent la lecture de ce rescrit impérial sur la fin de la guerre, le gouvernement allait se sentir encouragé à dire, soit que la « fin » de la guerre était en réalité le produit de la reddition volontaire du Japon et non celui de sa défaite (18 août 1945), soit encore que le peuple devait expier par un « examen de conscience collectif » le fait de ne pas avoir su éviter la guerre (le 28 août 1945). Dans les années qui suivirent, l'interprétation de la défaite *(Haisen)* comme fin de la guerre *(Shûsen)* allait être promise à un indéracinable succès, comme en témoigne le soin qu'apportent aujourd'hui encore les déclarations officielles, les médias et les manuels scolaires à ne pas mentionner le terme de défaite[2]. Or, c'est précisément cette propension du Japon à ne pas s'avouer vaincu qui, à l'étranger, dérange et intrigue, fascine et effraie, parce que s'y dévoile subrepticement une énergie qu'on s'ingénie de toute part à réduire à une volonté de puissance[3].

---

2. Comparée à la situation que connaît la France en matière de production des manuels scolaires – qualifions-la de libérale, pour aller vite, sans être inexact –, la situation japonaise est depuis plus d'un siècle celle de la censure d'État. Les manuels scolaires doivent, pour mériter leur emploi en salles de classe, être « agréés » par le ministère de l'Éducation qui vérifie si le contenu des manuscrits qui lui sont adressés est conforme aux programmes en vigueur.

3. La place manque pour développer une analyse historique des représentations réciproques entre le Japon et l'Occident. Il serait pourtant intéressant de poursuivre l'étude de ce véritable « dialogue de sourds et d'aveugles », où à la cécité partielle des uns fait écho l'écoute sélective des autres,

Aussi, en dehors de toute considération sur la validité d'une assertion qui, près de cinquante ans après la défaite, continue de faire du rapport ambigu que le Japon entretient avec son passé un danger pour l'avenir, le présent article n'a-t-il pas d'autre ambition que de repérer ce que les mémoires successives de la guerre doivent à l'histoire officielle et à l'oubli volontaire.

15 août 1945 : défaite ou fin de la guerre ?

Le 15 août 1945 scelle donc la défaite du Japon et la fin de la Seconde Guerre mondiale. Environ 2 500 000 Japonais ont péri tandis que le chiffre de trente millions est avancé pour parler des victimes asiatiques de la guerre de Quinze Ans (1931-1945)[4]. Six millions de Japonais restent à rapatrier des « huit coins » d'un empire que les autorités avaient dans leur rêve de sphère de coprospérité asiatique imprudemment abrité sous « un même toit » (*Kakkô Ichiu*, littéralement « un ciel, huit cordes »). Le 2 septembre de la même année, le général MacArthur, commandant suprême des forces alliées, reçoit à bord du cuirassé *Missouri* l'acte officiel de capitulation du Japon des mains du ministre plénipotentiaire Shigemitsu Mamoru. L'archipel s'apprête alors à connaître un sort identique à celui de l'Allemagne : une occupation qui durera sept ans et un tribunal international chargé de juger les « fauteurs » de guerre. Après avoir siégé de mai 1946 à novembre 1948 à Tokyo et retenu neuf chefs d'accusation sur les cinquante et un initiaux, le Tribunal militaire international pour l'Extrême-Orient rendra sa sentence pour les vingt-cinq criminels de guerre classe-A effectivement traduits en justice : la pendaison pour sept d'entre eux et dix-huit peines de prison, dont seize à vie[5]. Animées par les mêmes

---

comme le rapporte Endymion Wilkinson, *Le Japon face à l'Occident*, Éditions Complexe, Bruxelles, 1992 : on y trouverait sans nul doute tous les ingrédients du discours culturaliste qui mène le plus souvent à des apories du type de celle qui consiste par exemple à faire des valeurs l'explication suprême des différences que l'on observe, à tort ou à raison, entre le Japon et l'étranger.

4. En 1956, l'historien Tsurumi Shun'suke, en quête d'une formule susceptible de traduire l'escalade de la guerre, de l'incident de Mandchourie (1931), la guerre sino-japonaise (1937-1945) à la guerre du Pacifique (1941-1945), a fixé son choix sur la « guerre de Quinze Ans » *(Jûgonensensô)*, laquelle, c'était à prévoir, ne fit pas l'unanimité parmi la profession. Depuis cette date, de nombreux auteurs comme Ienaga Saburô et Eguchi Kôichi sont venus corroborer la thèse d'un continuum entre les trois guerres. L'article présenté ici s'inscrit résolument dans ce courant historiographique.

5. Les jours qui suivirent l'exécution des sept criminels de guerre classe-A (23 décembre 1948) virent la libération des dix-huit autres qui attendaient en prison depuis 1945 d'être jugés. Naguère stigmatisés pour leur responsabilité dans la mise en œuvre d'une politique expansionniste et criminelle, la plupart de ces « honorables » criminels de guerre n'eurent pas trop de peine à se faire accepter des Américains, dont ils partageaient l'anticommunisme, pour connaître par

intentions punitives, les forces d'occupation procédaient dans le même temps à l'épuration politique de l'archipel[6].

Énoncé banal, si ce n'est qu'entre l'Allemagne et le Japon, l'appréciation portée sur le passé diverge profondément. Ceci ne tient pas seulement à la différence de nature entre les crimes de guerre et la Shoah, mais bien dans l'écart constaté entre la mémoire et l'oubli. Dans le cas de l'Allemagne de l'Ouest, l'absence de débat d'une réelle ampleur nationale sur la place du IIIe Reich dans leur histoire a peut-être conduit les Allemands à ne pas trop s'appesantir sur l'arrière-plan idéologique que représentait leur position anticommuniste. Cependant, il n'en demeure pas moins évident que le nazisme, considéré comme passé-repoussoir, allait constituer un formidable champ de valorisation collective[7]. S'agissant du Japon, ni l'une ni l'autre de ces conditions propres à faciliter l'élaboration d'une mémoire assumée et partagée avec les victimes asiatiques du régime défunt n'ayant été remplies, il n'est peut-être pas si surprenant de constater qu'en dépit d'une abondante production, tant livresque que cinématographique, c'est l'oubli qui semble l'avoir emporté sur l'histoire. L'histoire aurait dû défendre certains consentements. Il s'est toutefois trouvé bien des accommodements avec l'histoire depuis 1945.

Qu'il s'agisse des tractations avec les Soviétiques pour qu'ils intercèdent en leur faveur auprès des États-Unis ou du refus d'obtempérer à la déclaration de Potsdam (26 juillet 1945), les dernières initiatives diplomatiques japonaises avant la capitulation trahissent toutes la même ambition : préserver le système impérial et épargner à l'empereur une mise en accusation pour son rôle dans le déclenchement et la poursuite des hostilités. En l'absence de données fiables sur lesquelles s'appuyer pour évaluer le réel degré d'attachement de la population au système impérial en 1945, il est difficile de savoir si son abolition aurait eu pour effet, comme le craignait MacArthur, d'hypothéquer l'avenir de la démocratie au Japon. Reste

---

la suite des carrières tout à fait exemplaires dans la politique, le renseignement et le crime organisé, comme l'apprend l'ouvrage de David Kaplan et Alec Dubro, *Yakuza, la mafia japonaise* (1986), Picquier, Paris, 1990.

6. La politique d'épuration des forces d'occupation a consisté principalement en deux vagues d'inégale ampleur : 200 000 personnes au titre de leur soutien au militarisme (octobre 1945-mai 1948), puis 24 000 sympathisants communistes (mai-décembre 1950). À cela, il faut ajouter les 200 000 personnes qui bénéficieront d'une amnistie au lendemain de la signature du traité de San Francisco (8 septembre 1951).

7. Voir, à ce sujet, l'ouvrage de Ian Kershaw, *Qu'est-ce que le nazisme ? Problèmes et perspectives d'interprétation*, Folio Histoire, Paris, 1992, notamment les pages consacrées à la « querelle des historiens », p. 309-347.

que l'histoire allait se charger de confirmer ce choix. Près d'un demi-siècle de sondages d'opinion au sujet de l'institution impériale enseigne à l'évidence que les convictions démocratiques des Japonais font bon ménage avec leur attachement à la famille impériale. Mais ici, on ne comprendrait rien à l'incidence du couple démocratie et monarchie sur la mémoire collective, en passant sous silence le rôle joué par l'occupant. Si ce dernier échoua là où il voulut l'« éradication à jamais des sources du nationalisme », il constitua en revanche une étape importante dans l'histoire des continuités historiques japonaises en matière de sécularisation de l'institution impériale et de démocratisation en quelque sorte involontaire[8].

La « parenthèse » militariste

Annoncée par l'effervescence parlementaire de l'hiver 1912 (« crise de Taishô »), timidement amorcée sous le régime de partis qui vit l'alternance au pouvoir (1918-1922 ; 1924-1931) de l'Amicale politique constitutionnelle (*Seiyukai*) et de l'Alliance constitutionnelle (*Kenseikai*, rebaptisé *Minseitô* en 1927) et symbolisée par l'abaissement du cens électoral (1919) et l'adoption du suffrage universel masculin (1925), la démocratisation du pays va progressivement n'être plus qu'un vœu pieux face à la crise économique (1929-1935) et à la montée du militarisme (incident de Mandchourie, septembre 1931). Après la défaite, la démocratisation est de nouveau à l'ordre du jour, mais la rédaction de la Constitution va faire l'objet d'un âpre débat entre d'une part le gouvernement japonais, successivement dirigé par Shidehara Kijûrô (9 octobre 1945-22 avril 1946) et Yoshida Shigeru (22 mai 1946-20 mai 1947), et d'autre part les Américains. Les deux parties s'entendent bien sur le principe d'une refonte des institutions, mais elles divergent quant au sens à lui donner : simple révision de l'ancienne Constitution du Grand Japon impérial de 1889 ou proclamation d'une nouvelle loi fondamentale ? Le débat, et il n'est pas négligeable, réside dans l'importance à accorder aux promesses démocratiques qu'aurait contenues la Constitution de 1889 et que se serait chargée de « révéler » la démocratie dite de *Taishô*, du nom de l'ère impériale *Taishô* (1912-1926). Laissé à la seule initiative de la commission préparatoire

---

8. Pour un exposé exhaustif sur la place du « fait impérial » dans la société japonaise, se reporter à Éric Seizelet, *Monarchie et Démocratie dans le Japon d'après-guerre*, Maisonneuve & Larose, Paris, 1990.

présidée par le ministre d'État Matsumoto Jôji, un premier projet de Constitution qui maintient l'empereur dans ses prérogatives et contrevient à la volonté de l'occupant de démilitariser le Japon est rejeté par les Américains (13 février 1946). Le même jour, le projet américain (dit « projet MacArthur »), en préparation depuis que le journal *Mainichi* avait dans son édition du 1er février 1946 dévoilé l'essentiel du « projet Matsumoto », était remis à la partie japonaise. Outre l'affirmation de la souveraineté populaire, ce texte comporte la renonciation à la guerre, l'interdiction de posséder une armée (article 9) et le cantonnement de l'empereur – « symbole de l'État et du peuple japonais » – à un rôle strictement honorifique. Tout d'abord sceptiques sur les antécédents démocratiques de l'archipel, les Américains finirent cependant par se ranger aux vues « révisionnistes » de leurs interlocuteurs. À l'origine de ce revirement, l'influence grandissante au sein du département d'État américain des « projaponais » qui s'opposaient aux « prochinois » sur l'administration qu'il convenait d'imposer au Japon et au reste de l'Extrême-Orient a dû être déterminante. Les Américains concédèrent effectivement aux parlementaires japonais tout nouvellement élus (avril 1946) diverses corrections, en particulier la reformulation, par la commission présidée par le député Ashida Hitoshi, de l'article 9 dans un sens qui allait laisser le champ libre à de multiples interprétations ultérieures. Enfin, la promulgation, le 3 novembre 1946, de la Constitution revêtait, toujours selon les souhaits exprimés par les Japonais, le caractère d'une révision de celle de 1889. L'article consacré à l'empereur restait quant à lui inchangé.

On évitera ici de trop vite se prononcer sur la « pureté des intentions » américaines et sur l'intérêt politique que pouvait revêtir à leurs yeux le maintien de la monarchie, fût-elle symbolique. D'autres choix, ceux-là moins symboliques, tels que l'oubli des culpabilités et des compromissions anciennes avec le régime impérial, le contingentement de la liberté d'expression pendant toute la période d'occupation ou la réorganisation des tout-puissants conglomérats industriels japonais (1948) inclineraient à penser que les États-Unis semblaient davantage préoccupés par l'avenir de leurs intérêts stratégiques dans la zone que par celui de la démocratie au Japon. D'autres faits, tels que la répression des militants communistes, la réactivation des services de renseignements ou encore les appels à la création d'un embryon d'armée (1950), corroboreraient cette impression. Plus sûrement, on se contentera d'observer que le choix d'accréditer l'idée selon laquelle la période de la guerre aurait été une parenthèse dans la longue histoire du Japon, alors identifiée à un mouvement ascensionnel vers la démocratie, s'est révélé infiniment déterminant dans la structuration d'une mémoire collective privée de ses repères historiques. Elle a tout d'abord permis de présenter l'occupation du Japon par les États-Unis sous un jour éminemment favorable : l'impérieuse nécessité historique du retour à la démocratie qu'une poignée de militaires aurait confisquée dans les années 1930. Née de la défaite, la démocratie d'après-guerre allait toutefois y puiser un surcroît de légitimité puisque selon ce schéma elle s'accordait avec le sens profond de l'histoire du Japon. Mais ce rejet de la période de la guerre contribua du même coup à détacher la mémoire collective de l'histoire de la guerre pour la ramener à celle supposée moins controversée de la longue durée et retrouver ainsi en la personne de l'empereur des appuis culturels et symboliques pour soutenir la conscience nationale. Dès lors que l'on supposait l'empereur garant de la continuité historique et de l'identité collective, son passé et celui du pays étaient *ipso facto* réputés intouchables.

Une mémoire tardive et incomplète

Les mémoires de la guerre n'ont pas toutes, loin s'en faut, cautionné cette tentative de liquidation du passé impérial. Le geste commémoratif mais aussi la parole, l'écrit et l'image ont bien cherché à préserver de l'oubli le souvenir des années de guerre. La prise en compte des victimes asiatiques de l'Ancien Régime a toutefois été tardive et incomplète. Tardive tout d'abord, parce que, jusqu'à la guerre du Viêt-nam, aucun événement ne favorise l'élaboration d'une mémoire assumée. Les retombées économiques de la guerre de Corée sur le Japon empêchent d'en voir les morts. De même, les trente-trois millions de signataires qui demandent en 1954 l'arrêt des essais nucléaires, à la suite des victimes japonaises dues aux expériences atomiques américaines sur l'atoll de Bikini, passent singulièrement sous silence les 80 000 non-Japonais irradiés à Hiroshima (6 août 1945) et Nagasaki (9 août 1945), pas plus qu'ils ne se préoccupent du sort des populations micronésiennes des îles Marshall, pourtant constamment exposées au risque. Le rapprochement qui est fait entre le comportement du Japon en Asie durant la première moitié du siècle et l'« escalade » américaine dans la péninsule indochinoise à partir du mois d'août 1964 a sûrement dessillé les yeux de certains, mais il n'a pas suffi à susciter une prise de conscience nationale. Incomplète donc, parce que l'exigence de vérité qui allait se faire jour après 1965, dans le cadre notamment des procès intentés à l'État par l'historien et auteur de manuels scolaires Ienaga Saburô au sujet de la censure, allait être désamorcée par les autorités.

Certaines mémoires, comme celles des quelque 860 000 prisonniers de guerre japonais détenus en Sibérie de 1945 à 1950, se sont tues plus par souci de ne pas troubler la quiétude d'un monde qui préférait oublier leurs souffrances que par la volonté d'oublier. Irrités par ce silence, Nakano Yoshio (« L'après-guerre est fini », revue *Bungei Shunjû*) et Murakami Hyôe (« Voilà ce que pense la génération de la guerre », revue *Chuôkôron*) rappelleront en 1956, dans des pages restées célèbres, la génération de la guerre à son devoir de mémoire. Féconde en expériences, cette mémoire alimentera une abondante littérature de récits de guerre. On y verra, pour parler comme les philosophes, les survivants de la guerre prendre conscience d'eux-mêmes en même temps qu'ils prenaient conscience de la guerre. Mais là encore, l'absence de l'autre, l'adversaire, pourtant si nécessaire au fait qu'il y ait eu guerre, est flagrante. D'autres mémoires ont également dû attendre les années 1960 pour être ravivées et donner naissance à des associations d'anciens combattants. Quelques-unes de ces associations se signalèrent en demandant la « nationalisation » du sanctuaire de Yasukuni, où reposaient à côté des mânes des soldats de toutes les guerres du Japon depuis 1859 ceux de leurs camarades. D'autres mémoires enfin qui mériteraient l'appellation de « mémoires sur le vif » furent inlassablement ressuscitées. C'est avec une belle constance par exemple que l'édition exhuma la correspondance laissée derrière eux par les étudiants enrôlés à la fin de la guerre (1947 et 1949), les lettres de soldats (1961), les journaux tenus par les épouses (1964) et les sœurs (1971-1972) de tous ceux que la mort allait emporter. Il n'est pas jusqu'à la voix des enfants (1959), des handicapés (1981) et des poètes (1989) qui ne nous soit ainsi parvenue. Le visage des 750 000 Coréens[9] amenés de force au Japon entre 1939 et 1945 pour y travailler dans les mines (*Récits de la déportation des Coréens*, 1955) n'émerge cependant qu'à grand-peine de ce foisonnement de papiers. La remarque vaudrait tout autant pour le cinéma qui allait rester prisonnier d'une vision par trop fataliste de l'histoire. Nombreuses en effet sont les œuvres qui aussitôt après la défaite condamnent sans appel la guerre pour son pouvoir dévastateur sur la famille (*Les Matins de la famille Osone* de Kinoshita Keisuke, 1946 ; *Guerre et Paix* de Kadoi Fumio en 1947), l'indi-

---

9. Certaines estimations font état de 2 600 000 Coréens « déportés » au Japon.

vidu (*Une jeunesse sans regret*, Kurosawa Akira, 1946) ou l'humanité (*Hiroshima*, 1953). La guerre toutefois ne reçoit pas d'explication, pas plus qu'elle ne parvient à distinguer derrière la soldatesque nippone l'ombre des 210 000 auxiliaires coréens intégrés dans l'armée régulière japonaise, les 200 000 « épouses de consolation » (femmes, pour la plupart coréennes et chinoises, contraintes par l'armée impériale de se prostituer). Qu'elle ait pour théâtre d'opérations la Birmanie (*Jusqu'à la fonte des neiges*, Yagi Miyoji, 1953) ou Okinawa (*La Pagode du bataillon Imeyuri*, Ishino Kei'ichirô, 1953), l'histoire apparaît comme un chaos tumultueux d'événements dont le sens échappe à l'entendement humain. La vision tragique d'une histoire chaotique qui poursuit sa marche triomphale, aveugle et indifférente aux malheurs des faibles (*Les Enfants de la bombe atomique*, Shindô Kaneto, 1952), n'est d'ailleurs pas incompatible avec la condamnation des militaires. La guerre, si elle incombe bien à l'armée dans *Bruits de bottes* (1954) de Yoshimoto Kimisaburô, *La Pointe du jour* (1954) de Yamamoto Satsuo et *Champs brûlés* (1959) de Ichikawa Kon, ne sème en revanche la désolation que du seul côté japonais. La question, une fois de plus, est de savoir s'il s'agit d'une volonté d'apaisement ou d'un refoulement.

Les historiens l'ont assez répété, la mémoire n'est pas l'histoire. L'histoire « ne commençant qu'au point où finit la tradition, moment où s'éteint ou se décompose la mémoire sociale[10] », il est presque inévitable qu'elle indispose la mémoire. Une clôture étanche les sépare, et il est peu prévisible que la mémoire s'inspire de l'histoire « savante » dans sa reconstitution du passé. En de rares occasions, toutefois, il lui arrive de le faire, mais c'est généralement parce que l'histoire, cette fois-ci « officielle », conforte ses inclinations premières. C'est ce qui se produisit après 1956, lorsque, à la faveur du renouveau d'une parole libérale, les thèses sur l'inéluctabilité de la guerre, l'irresponsabilité de l'empereur, le rôle civilisateur voire émancipateur d'un Japon luttant contre l'impérialisme occidental rencontrèrent un certain écho auprès du public. Restés sourds aux communistes qui, dès 1945, préconisaient l'abolition du système impérial et la traduction devant la justice de l'empereur ainsi que de 1 600 autres personnes, réputées criminels de guerre, les Japonais cédaient volontiers au relativisme historique, d'après lequel, tout étant égal à tout, rien ne serait moins utile d'en changer. La réflexion savante, initiée dès 1947 par Okima Nobuyuki et relayée par Yoshimoto Takaaki (*Les Poètes de la génération précédente*, 1955), Takei Takeo (*La Responsabilité*

---

10. Maurice Halbwachs, *La Mémoire collective* (1950), PUF, Paris, 1968, p. 68.

des hommes de lettres, 1956), Maruyama Masao (*Les Mots de la pensée*, 1956) sur la question de la responsabilité de la guerre n'impressionna pas davantage la mémoire. Les éclairages nouveaux apportés sur les mécanismes de la prise de décision en temps de guerre à l'occasion de la publication du *Journal du gardien du Sceau privé Kido Kôichi* (1965) ou des *Notes du chef de l'état-major général de l'armée Sugiyama Hajime* (1977) pas plus que les travaux historiques de Ienaga Saburô (*La Guerre du Pacifique*, 1968), Inoue Kiyoshi (*La Responsabilité de l'empereur dans la guerre*, 1975), Oe Shinobu (*Le Commandement suprême*, 1983) n'allaient complètement lever l'interdit concernant le passé. La résistance à l'histoire maintes fois constatée chez les Japonais ne repose pas à proprement parler sur la méconnaissance du passé. À vrai dire, elle est inséparable de cet assujettissement consenti au « fait impérial » si profondément ancré au cœur du Japon démocratique. C'est pourquoi la promotion d'une histoire sans histoires n'est pas l'excès de monarchie, c'est sa vérité. Hier de droit divin, aujourd'hui symbolique, la monarchie japonaise conserve la même fonction amnésique. La monarchie ne peut y renoncer sans renoncer à elle-même. Et la mémoire collective ne peut y renoncer sans renoncer à sa vocation œcuménique.

En 1945, le Japon n'en est pas, et de loin, à réécrire l'histoire, en particulier dans ses manuels scolaires. Mais à bien considérer l'identification de la nation à l'empereur à laquelle souscrivent implicitement de larges fractions de la population, nous découvrons la clé de leurs certitudes historiques jamais démentie dans la pratique : un regard partiel, partial et tronqué sur le passé impérialiste du Japon est possible parce que c'est une croyance en la spécificité japonaise qui constitue le produit recherché par la vulgate historique. De cette croyance, les conservateurs au pouvoir, sans discontinuer de 1955 à 1993, allaient faire le « liant » qui permettrait l'union harmonieuse de la théorie du consensus vantée par toute cette littérature sur les Japonais *(Nihonjin-ron)* et de la pratique de l'unanimisme social[11]. Dans ces conditions, l'amnésie apparaît bien comme le cœur d'un projet politique, qui dépasse de loin le seul domaine de l'histoire : faire de l'impossibilité à dire l'histoire du Japon la source de son essence, gratifiante, parce qu'elle échappe à la norme. La priorité accordée à la mémoire sur l'histoire a donc bien conduit de nombreux Japonais à payer leur

---

11. Les limites de cet article n'autorisant qu'une étude très sommaire des autres formes de célébration du Japon et de légitimation de l'ordre établi, on se reportera pour plus de détails à Kozakai Toshiaki, *Les Japonais sont-ils des Occidentaux ?* L'Harmattan, Paris, 1991.

soutien à la politique du parti libéral démocrate par le silence sur les pages les plus sombres de l'histoire récente du Japon. Et le sentiment d'avoir été successivement victimes avant 1945 et spectateurs après cette date, plutôt qu'acteurs de drames qui se jouaient à l'arrière-plan de leur existence, a jusqu'à présent empêché que l'histoire, cette « propédeutique de la citoyenneté[12] », ait trop d'avenir au Japon.

Christophe Sabouret

---

12. Henry Rousso, *Le Syndrome de Vichy, de 1944 à nos jours*, Le Seuil, Paris, 1990, p. 10.

Lointain goulag...

Alain Brossat

Il faudrait imaginer une situation – mais n'est-ce pas, par définition, au-delà de nos forces ? – où ni *Les Jours de notre mort*[1] ni *Si c'est un homme*[2] n'auraient pu être publiés du vivant de leurs auteurs pour des raisons politiques ; une situation où Robert Antelme aurait été contraint à l'exil et déchu de sa citoyenneté jusqu'à une période toute récente, pour avoir écrit *L'Espèce humaine*[3] ; une situation où la FINDIRP – ou d'autres associations d'anciens déportés et résistants – n'aurait pu tenir son congrès constitutif qu'en 1989 – dans un certain climat d'hostilité de la part d'une partie de la presse, de l'opinion, et surtout de l'appareil d'État ; une situation où la condition de rescapé des camps, loin d'ouvrir des droits, d'être légitimée par un statut, validée par des réparations, défendue par des associations, demeurerait encore et toujours ce handicap, cette différence suspecte, ce secret douteux dont chacun continue de porter le fardeau non seulement comme une douleur inépuisable, mais aussi comme une honte intime ou une faute inavouable...

Il faudrait imaginer une situation – mais n'est-ce pas plus inconcevable encore ? – où les bourreaux, munis de leurs titres et pensions, ne craindraient pas de défendre publiquement, dans les journaux, leur honneur et

---

1. David Rousset, *Les Jours de notre mort*, 10/18 UGE, 3 vol., Paris, 1974.
2. Primo Levi, *Si c'est un homme*, Julliard, Paris, 1987.
3. Robert Antelme, *L'Espèce humaine*, Tel, Gallimard, Paris, 1978.

leur ouvrage au service du bien public. Une situation où aucun tribunal de Nuremberg n'aurait siégé, aucun geste de reconnaissance, de portée universelle, de l'outrage imprescriptible infligé aux victimes n'aurait eu lieu, un monde sans État d'Israël, conçu ici comme État dette, État dû aux rescapés de la catastrophe et à leurs descendants, un monde sans *Nuit et Brouillard*[4] et plus encore sans *Shoah*[5], sans Mémorial du martyr juif inconnu à Paris ou son équivalent sur les lieux du ghetto de Varsovie, sans lieux de mémoire et de piété installés sur l'emplacement des anciens lieux de déportation et d'extermination nazis, sans camps-musées, à commencer par Auschwitz...

Cet inconcevable, ce radical déficit de reconnaissance du crime, des dommages irréparables subis par les victimes de la répression et du système concentrationnaire staliniens – tel est le tableau qui, pendant des décennies, a prévalu en URSS et qui, pour une part essentielle, continue à prévaloir par-delà son effondrement[6]... Bien sûr, il ne s'agit pas ici de pousser le rapprochement ou la comparaison à l'absurde, en décrivant Varlam Chalamov comme le double oriental de Primo Levi, en tentant de superposer les figures de tel chef de camp soviétique et de tel *Lagerkommandant* nazi, ou telle figure emblématique de KZler avec celle de tel *zek* soviétique. Il s'agit moins encore ici d'entrer dans une discussion académique sur la validité et la légitimité de rapprochements ou comparaisons entre les crimes nazis et les crimes staliniens, entre l'univers concentrationnaire nazi et le soviétique. D'une manière plus circonstanciée, il s'agit de mettre en évidence, dans l'horizon de la mémoire collective, les contrastes criants qui apparaissent entre les procédures de la reconnaissance des crimes, de la légitimation des victimes de l'entreprise génocidaire nazie, dans des pays comme la France, la Belgique, la Hollande, etc., et la perpétuation (la production) de la non-reconnaissance des crimes et de

---

4. *Nuit et Brouillard*, film d'Alain Resnais, 1956.
5. *Shoah*, film de Claude Lanzmann, 1985.
6. Dans un article intitulé « La mémoire du goulag, les anciens prisonniers politiques, aujourd'hui sans influence, témoignent de leurs combats et de leurs espoirs » (*Le Monde*, 7 et 8 février 1993), José-Alain Fralon écrit : « Le 30 octobre dernier, moins de deux cents personnes, frileusement groupées dans le cimetière de Vagankov, assistaient à la pose de la première pierre d'un monument à la mémoire des victimes de la répression stalinienne. [...] Une voiture luxueuse est arrivée, éclaboussant tout sur son passage. Un officiel, impeccable dans son manteau gris, en est descendu pour prononcer une vague allocution, où il fut question de "compréhension mutuelle" entre les anciens prisonniers et les anciens responsables. Il est reparti, laissant les victimes à leurs souvenirs... »

la non-légitimation des victimes de la terreur et du goulag dans le *topos* soviétique.

À la sauvette

La constitution d'un imprescriptible et son enracinement dans une mémoire collective passent par une série d'actes de reconnaissance, de nomination, par des décisions qui tous sont dotés d'une portée symbolique plus ou moins marquée : lorsque, en 1990, l'association *Memorial* installe sur un côté de la place de la Loubianka (le siège du KGB) une petite stèle dédiée à la mémoire des victimes de la répression stalinienne et aux morts des camps, modeste monument qui fait contraste avec l'imposante statue de Felix Dzerjinski, le fondateur de la Tchéka, qui trône au centre de la place, c'est toute l'ambiguïté d'une situation de reconnaissance *déficitaire* du crime et des victimes qui se trouve symboliquement inscrite dans la pierre : la crise du système est suffisamment avancée pour que les autorités ne puissent plus faire obstacle à l'installation de ce petit bloc de roche rapporté des îles Solovki, le premier des îlots de l'archipel du goulag (1924), elle ne l'est pas assez encore pour que « Felix de fer » tombe lourdement de son socle – il le fera quelques mois plus tard, après l'échec du putsch des Pieds Nickelés néostaliniens (août 1991).

La discrétion du monument installé par *Memorial* « dans un coin » de la place exprime alors en termes topographiques et symboliques à la fois une situation mémorielle dans laquelle le point de vue des victimes n'est validé que par la bande, au raccroc par la société, et bien davantage encore par « ceux d'en haut ». Dans une telle situation où la mémoire du génocide demeure errante ou flottante, inscrite en catimini et « au ras du sol » dans l'espace de la capitale, où elle n'est pas reprise par des institutions, où le crime n'est nommé qu'à demi-mot ou à mi-voix, il faut le dire tout net : l'imprescriptible *n'existe pas* vraiment.

Il me semble que dans un pays comme la France, quoi qu'en disent certains aujourd'hui, ces gestes de reconnaissance sociale du crime et de ce qui était dû aux victimes (par la société, par le « monde d'après », pas seulement par les bourreaux et leurs complices) ont largement précédé la constitution d'un récit historique (par opposition à mémoriel) du désastre et de ses circonstances : les rescapés ont été « réparés », décorés, pensionnés, organisés, sollicités pour prendre la parole au nom des morts, bien avant que l'on ne soit au clair, sur le plan historiographique, quant à, par exemple, la différence entre camp de concentration et centre d'extermination ; bien avant que l'on ait établi une image réaliste du rôle de l'État vichyste dans la mise en œuvre sur le territoire français de la solution finale.

En URSS et dans les pays satellites, au contraire, s'est mise en place, pendant toute la période de transition qui conduit du système terroriste à celui du « socialisme réellement existant » (fondé sur la combinaison de la force et du consensus), une machinerie très complexe produisant la méconnaissance du crime, faisant obstacle avec constance à la nomination et à l'institutionnalisation de l'imprescriptible. Ces mécanismes ont fonctionné avec efficacité jusqu'à la chute finale, mieux, ils continuent de fonctionner au-delà de l'effondrement du « socialisme réel ». Un simple exemple liminaire : enquêtant au cours de l'été 1992 à Sofia sur les camps en Bulgarie, sous le régime communiste, nous rencontrons à son domicile l'un des fondateurs de l'association *Istina* (Vérité), une sorte de *Memorial* bulgare.

Cet homme a passé plusieurs années dans les camps bulgares, à la fin des années 1940, au début des années 1950 ; avant que ne commence l'entretien, il ferme toutes les portes de la pièce, nous installe avec notre magnétophone aussi loin que possible des autres pièces ; après quelques minutes d'entretien, il fond en larmes lorsqu'on lui demande s'il y a eu des morts dans les camps qu'il a connus... « Ce que je vous dis là, je ne l'ai dit à personne, ni à ma femme ni à mes enfants, jamais ! »... Le monde a changé de base, le régime communiste est tombé, mais cette mémoire est demeurée muette, honteuse, en manque de reconnaissance. C'est de ce déficit de mémoire dicible que ces larmes sont le signe, bien davantage que de l'horreur de la situation évoquée.

Impossible retour

Ce n'est pas ici le lieu d'entamer une description synthétique du fonctionnement, à l'Est, de cette machine à produire la méconnaissance et la non-reconnaissance des crimes commis au fil des trois quarts de siècle d'histoire « communiste » – d'une non-mémoire de ces crimes. Arrêtons-nous plutôt sur quelques instantanés, quelques « miniatures » qui aideront à baliser le terrain. Rappelons-nous, pour commencer, *Tout passe*[7], le récit de Vassili Grossman, jamais publié de son vivant, où il évoque le retour furtif, après la mort de Staline, d'un *zek* qui a passé de longues années dans les camps à la suite d'une dénonciation : pour tous, sa famille, ses anciens amis, ses collègues et, bien sûr, le délateur, son retour est un désagrément qu'ils ne parviennent pas à dissimuler : la présence parmi eux de ce *fantôme* accuse leurs petites et grandes lâchetés, leur sécheresse de cœur, leur méchanceté ; dans ce monde qui semble avoir tout accepté, qui s'est avili pour survivre à la terreur, qui a été infecté jusqu'à la moelle par l'entreprise de déshumanisation stalinienne, celui qui revient de la maison des morts est un homme de trop ; il ne sera ni accueilli, ni réconforté, ni écouté ; on ne lui demandera pas pardon, on ne le rétablira pas dans ses droits et sa dignité ; c'est lui qui devra, en quelque sorte, s'excuser d'avoir survécu à l'enfer, et se faire un tout petit trou dans la société – à condition de se taire, de ne jamais brandir le passé en victime ou en procureur, en s'excusant, en quelque sorte, du mal qui lui a été fait... Telle est bien la vision, d'une noirceur d'encre, qu'a Grossman du retour du *zek*, homme-mémoire, parmi les vivants, les « normaux », aux temps du dégel khrouchtchévien... Que l'on mobilise ses souvenirs du récit de Marguerite Duras, *La Douleur*, autre récit d'un retour de déporté, pour mesurer l'hétérogénéité de deux champs de mémoire... Chez Grossman, le *zek* reprend ses hardes, indésirable, et s'en va tenter sa chance ailleurs, loin des « siens », loin de sa ville. L'impossibilité du « retour » du déporté signifie ici, en termes mémoriels, l'impossibilité d'une reconnaissance instituée de l'outrage qu'il a subi ; avant même d'être le fait de l'État criminel ou post-criminel (héritier du crime), le déni de reconnaissance prend racine dans la société elle-même ; tout se passe ici comme si chez nous, toutes choses égales par ailleurs, le déporté racial rescapé des camps se voyait astreint à continuer de porter son brassard, son matricule, son étoile... À ce titre, c'est bien le « message » de *Tout passe* et non pas la publication presque accidentelle et dans une version censurée d'*Une journée d'Ivan Denissovitch*[8] qui indique la ligne générale selon laquelle est produite une non-mémoire des camps et des crimes après le XXᵉ Congrès du PCUS.

Mais, objectera-t-on, ces « empêchements mémoriels » se produisent dans un paysage encore balayé par le vent glacé des années de terreur. Faisons donc un bond en avant jusqu'aux années 1990, celles de la fin de l'URSS

---

7. Vassili Grossman, *Tout passe*, Presses Pocket, Paris, 1986.
8. Alexandre Soljenitsyne, *Une journée d'Ivan Denissovitch*, 10/18 LIGE, Paris, 1981.

et de la mort de ce communisme-là, et voyons si la situation et le statut de la mémoire des crimes y ont beaucoup changé. Attachons-nous à quelques « détails », furtifs mais lumineux, empruntés à un film documentaire.

L'outrage invisible

Le Fantôme Efremov (1992), de Iossif Pasternak et Hélène Châtelain, évoque une petite ville engourdie de la Russie profonde. Une brève scène nous met en présence d'un paysan septuagénaire que nous découvrons dans une forêt, coupant du bois à l'aide d'une hache et d'une scie. Il cogne légèrement avec la hache un tronc d'arbre mort et dit : « Non, pas celui-ci, il est gelé », puis, désignant un gros sapin à la caméra, il ajoute : « Vous voyez, c'est comme ça, il fallait que j'en fasse quarante par jour... » – et il raconte son histoire : kolkhozien, il l'a toujours été, et, en 1937 ou 1938, il était même président de son kolkhoze ; un jour, il a engueulé le facteur qui se saoulait et égarait le courrier ; pour se venger, l'ivrogne a envoyé une lettre de dénonciation contre lui, et il a écopé de dix ans, en vertu du fameux « 58-3 » – « activités contre-révolutionnaires ». Il ajoute : « Mes dix ans, je les ai faits intégralement... C'est comme ça... Mais qu'importe, ce qui compte, c'est la Russie », conclut-il, exprimant son souci de la situation présente. Puis il se tait et reprend son travail.

À l'évidence, ce n'est pas une victime reconnue qui parle ici, comme un survivant des camps nazis évoquerait ses années de déportation, se sachant porteur d'une parole légitime sur le mal et le crime ; c'est un paysan qui évoque en peu de mots, fataliste, et comme en passant, un accident arrivé à son existence, comme d'autres racontaient jadis les famines, les intempéries, les épidémies et les guerres, et tous les malheurs qui en découlaient pour le moujik. Dans le temps long et dur de la vie paysanne, de ses rapports toujours difficiles avec la nature et l'autorité, l'événement historique, spécifique et impardonnable (les crimes de Staline, pour faire court), a été en quelque sorte *réabsorbé* dans une mémoire générale des infortunes et des vicissitudes. Ce sont des gestes à peine ébauchés, la présence discrète des outils qui, d'une manière tout implicite et fugace, viennent nous rappeler que cet homme est un rescapé de l'extermination par le froid, la faim et la norme ; la catastrophe de ses dix ans de mort vive, il n'a guère de mots pour la dire, et surtout ne trouve guère d'oreilles pour l'entendre. Il n'y a que son expertise à discerner au premier coup d'œil un tronc gelé d'un bois sain pour nous signaler secrètement sa condition d'outragé et de survivant ; son malheur passé s'efface devant les difficultés présentes de la Russie, cet homme ne se sent pas fondé à revendiquer quoi que ce soit, pour lui ou pour les morts, au nom de ce qu'il a subi. Spontanément, il réinscrit ses « dix ans » dans le temps continu de la vie dure, de la lutte pour la survie familier au paysan russe ; un temps qui fait contraste, résolument, avec celui de notre modernité historique dans lequel la mémoire d'Auschwitz fait brèche – un trou noir, une perte incompensable.

Coupables par position

En Occident, le temps des camps nazis, de la déportation, du travail forcé et plus encore, bien sûr, de l'extermination planifiée, est perçu et mémorisé collectivement comme temps catastrophique, aberrant, poussé comme une monstrueuse excroissance sur le temps régulier de l'ordre civilisé et de la culture démocratique. Il est cet épouvantable « déraillement » de l'histoire qui, jamais, ne doit se reproduire. À l'Est, particulièrement dans l'espace soviétique et postsoviétique, le temps des camps et de la terreur stalinienne a été spontanément réinscrit dans une durée irrégulière, scandée par les cataclysmes et les malheurs qui, de 1914 à 1953, ne cessent, sous la forme de la guerre, civile ou non, la famine, la répression… de fondre sur les populations de ce monde-là. Dans de telles conditions, la gestation ou la production d'une mémoire de la singularité et de l'imprescriptibilité de certains crimes d'État se heurte à de très grandes difficultés.

La constitution d'une mémoire des crimes d'État, *a fortiori* d'un génocide, d'une entreprise exterminationniste, ne se dissocie pas, nous l'avons vu, de la légitimation du statut des victimes, de la reconnaissance par la postérité étatique et sociale de leur condition de victimes. En URSS, dans les pays de l'Est, dans les États postcommunistes aujourd'hui, l'établissement d'un tel consensus autour de l'identification des victimes se heurte à des difficultés particulières : d'une part, l'immense majorité de ceux qui sont tombés sous les coups de la terreur, ont connu les camps, les prisons, la relégation en qualité, si l'on peut dire, de réprimés *politiques*, étaient victimes d'accusations imaginaires. « Politiques », ces morts, ces déportés, ces emprisonnés l'étaient par simple opposition à « criminels » (droit commun), mais nullement en vertu d'opinions critiques ou subversives qu'ils auraient nourries, moins encore d'actions subversives qu'ils auraient entreprises. Dans leur immense majorité, ces « coupables » l'étaient par simple *position*, parce qu'ils étaient paysans, vieux bolcheviks, Tatars, écrivains ou plus simplement encore disponibles, comme « matériau humain », pour remplir les quotas d'arrestations prescrits à certaines époques. Cette condition objective de « coupables » imaginaires, par pure décision d'en haut, différencie le statut de ces victimes de celui des opposants réprimés (anarchistes, socialistes-révolutionnaires, trotskystes…) à la fin des années 1920 et au début des années 1930 ou de celui des dissidents des années 1970-1980. Ceux-là, du moins, selon la logique de l'État Moloch, avaient « fait quelque chose ». En un sens, même, on peut dire que les pratiques de l'État totalitaire stalinien poussent encore plus loin que celles de l'État totalitaire nazi la fabrication en masse de coupables (victimes) par position : comme le remarque Hannah Arendt, le caractère totalitaire de l'entreprise nazie se dévoile entre autres à ce que le IIIᵉ Reich, décrétant « criminelle » la condition de Juif, ne laisse pas même à la victime le choix de se rallier à son « programme » et à son action ; du moins, la grande majorité de ceux que les nazis stigmatisent, discriminent puis exterminent comme Juifs le sont-ils vraiment, c'est-à-dire à leurs propres yeux (même s'ils sont aussi, et tout autant, bien d'autres choses, souvent : communistes, français ou néerlandais, écrivains, bottiers…). Du moins la monstrueuse entreprise nazie leur laisse-t-elle le choix de se défendre comme Juifs, ainsi que le font, chacun à sa manière, le combattant de la MOI, le partisan juif dans les forêts de Pologne ou d'Ukraine ou même le personnage du *Dernier des justes* qui, face aux chambres à gaz, « choisit » de mourir avec « les siens », en assumant devant la mort son appartenance à un peuple criminalisé. Ce choix-là n'est pas laissé à ces « saboteurs », « contre-révolutionnaires » et autres « espions » auxquels des enquêteurs-tortionnaires s'efforcent, des semaines durant, d'extorquer l'aveu de crimes imaginaires dans les caves de la Loubianka. Des millions de citoyens soviétiques ont ainsi passé des années voire des dizaines d'années dans les camps et les prisons pour des « raisons » qui, aux yeux de la masse des rescapés, demeurent énigmatiques. Robert Conquest met le doigt sur ce trait essentiel de la terreur stalinienne :

En fait, considérée sur le plan de la statistique, la méthode stalinienne apparaît comme un phénomène de masse et ne peut se mesurer à l'échelle individuelle. Du fait même que les victimes n'appartenaient pas à des catégories déterminées, l'épuration n'offrait pas une cible très nette à la critique. […] En 1964, Ilya Ehrenbourg se demandait encore pour quelles raisons tels individus avaient été massacrés et tels autres épargnés. Pourquoi Litvinov ne fut-il jamais sérieusement inquiété alors que tous les autres diplomates qui étaient en rapport avec lui furent supprimés ? Pourquoi Pasternak, indépendant et irréductible, a-t-il survécu, tandis que Koltsov, qui était prêt à faire tout ce qu'on exigeait de lui, fut liquidé ?[9]

Victimes-coupables

Dans ces conditions, l'immense majorité des anciens « réprimés », dans l'ex-Union soviétique, n'ont que leurs souffrances à faire valoir, un malheur qui, contrairement à celui des Juifs persécutés par les nazis, n'a été relayé après la catastrophe par aucun acte de fondation ou de réparation comparable à la création de l'État d'Israël. En 1992 s'est formée une association d'anciens résistants du goulag, c'est-à-dire de déportés qui y avaient participé à des luttes, des grèves de la faim, notamment au lendemain de la mort de Staline ; cette association est fort active, elle a organisé des rencontres et noué un dialogue fructueux avec d'anciens déportés des camps nazis – mais elle ne rassemble que quelques centaines d'anciens des camps staliniens[10].

À cela s'ajoute que, parfois, souvent, dans l'univers du soviétisme, une victime peut cacher un coupable, voire un bourreau : la spirale de la répression, dans l'URSS de Staline puis dans les démocraties populaires, a entraîné dans le gouffre nombre d'anciens dignitaires communistes, de fondateurs, de cadres, d'exécuteurs des basses œuvres. Successivement, après avoir présidé à l'extension de la terreur en masse, Iagoda, Iejov et Beria ont, à leur tour, été précipités de la roche Tarpéienne ; les procès de Moscou ont métamorphosé en victimes plus d'un complice de premier plan de l'établissement et du renforcement du pouvoir dictatorial de Staline – Boukharine étant, en quelque sorte, le prototype de cette figure de la victime-coupable[11]. Un tel phénomène, une telle ambiguïté, se retrouve à tous les échelons de la société soviétique et de celles qui s'y sont apparentées. Du coup, la perception des victimes s'en trouve, aujourd'hui encore, quelque peu brouillée. Nous en avons rencontré récemment un exemple frappant, à l'occasion d'une enquête sur les pratiques répressives du régime communiste albanais.

---

9. Robert Conquest, *La Grande Terreur*, Stock, Paris, 1970.
10. Sur cette association, *Vozvrachtchenie* (Retour), voir les articles de Germaine Tillion (*Le Monde*, 6 juin 1992) et de Jean-René Chauvin (*La Quinzaine littéraire* du 16 juin 1992).
11. Voir à ce propos les mémoires de sa veuve Anna Larina Boukharina, *Boukharine, ma passion*, Gallimard, Paris, 1989.

À l'albanaise

Dans un pays où la répression s'est poursuivie sans interruption sous une forme vendettiste de 1945 à 1991, *via* les fusillades sommaires, les emprisonnements de longue durée, les déportations en camp et la relégation de familles entières en des lieux reculés, la question de la reconnaissance du statut des victimes, de la constitution d'une mémoire sociale et politique (civique) de l'outrage qu'elles ont subi est cruciale dans la société postcommuniste[12]. Le dossier des réparations a donc été confié directement à un ministre, le président de l'Assemblée nationale est un ancien prisonnier politique, une association des victimes de la répression s'est constituée, qui tente d'obtenir qu'en dépit des difficultés innombrables traversées par le pays justice leur soit rendue. Parmi les milliers de cas de personnes dont l'existence a été brisée par les peines effroyablement longues qui constituaient l'ordinaire de la répression communiste *à l'albanaise*, un cas s'est détaché, soulevant des polémiques : il s'agit de celui de Liri Belishova, une ex-« femme de fer », combattante parmi les partisans durant la Seconde Guerre mondiale, puis cadre du régime, membre du Comité central et du Bureau politique à la fin des années 1940 et au début des années 1950 – une période pas particulièrement « libérale » du régime tyrannique d'Enver Hoxha. Lors du « dégel » khrouchtchévien, Liri Belishova s'oppose au dictateur en tentant d'infléchir le cours du régime vers une « libéralisation ». Elle perd cette bataille politique, l'Albanie se cuirasse dans son stalinisme et se tourne vers Pékin, puis s'enfonce dans un splendide isolement. Pour Belishova commence un interminable chemin de croix, parsemé de prisons, de lieux de relégation reculés, de dispersion de sa famille, d'interdiction d'exercer une activité professionnelle décente, de misère, de solitude, de maladie... Lorsqu'elle est enfin autorisée à revenir à Tirana, après la chute du régime, en 1991, elle n'a plus rien, son mari, un ancien ministre, a suivi le même parcours d'infortune qu'elle, sa fille est morte sans qu'elle ait eu la possibilité de la revoir ; quand nous la rencontrons, au cours de l'été 1993, elle vit spartiatement, dans quelques pièces exiguës, parmi des meubles démodés et quelques bibelots... soviétiques. Liri Belishova doit-elle, à l'heure des bilans et éventuellement des règlements de comptes, être rangée dans la catégorie des victimes ou dans celle des bourreaux ? Parmi les intel-

---

12. Voir, à ce propos, les livres de Jean-Paul et Élisabeth Champseix, *51, boulevard Staline* et *L'Albanie ou la Logique du désespoir*, la Découverte, Paris, 1990 et 1992. Voir aussi Besnik Mustafaj, *Entre crimes et mirages, l'Albanie*, Actes sud, Arles, 1992.

lectuels que nous avons interrogés, souvent activistes d'organisations de
défense des droits de l'homme, les avis se partagent : « Elle a été complice
des pires crimes d'Enver, elle fut un des dignitaires et profiteurs de ce pouvoir dans une de ses phases les plus féroces, elle a succombé dans un affrontement pour le pouvoir, dit l'un, un peintre auquel son goût pour l'art non
figuratif a valu neuf ans de mine de cuivre, dans les années 1970, et la destruction de plus de deux cents de ses tableaux... L'indemniser, la considérer
comme une victime au même titre que les autres, ce serait se moquer des
innocents tombés sous les coups de ce régime tyrannique, et plus encore de
ceux qui l'ont combattu ! » « Mais, objecte un autre, un juriste épargné, lui,
par le terrorisme d'État, cette femme a connu un calvaire de plus de trente
ans, sa vie a été brisée ; elle ne réclame pas des honneurs, des médailles – simplement que l'on reconnaisse son statut d'ex-persécutée... Que voulez-vous
de plus, n'a-t-elle pas assez "payé" comme ça ? »

Inversion de l'histoire

Un tel débat, dont l'équivalent se repérerait aisément dans le paysage postsoviétique, évoque bien la fragilité foncière du statut des victimes du système terroriste et exterminationniste à l'Est. Lors du
« tournant », pourtant, au début des années 1990, le souvenir de la répression massive qui a sévi dans la première phase des démocraties populaires
(de 1945 à la mort de Staline dans la plupart des pays) a été fortement ins-
trumentalisé par les nouvelles élites politiques soucieuses de légitimer leur
pouvoir fragile en délégitimant le système failli dans ses fondements historiques. Un tel renversement – au fil duquel se trouvaient « remobilisés »
les morts des purges et des camps de ces années-là, était produite une
mémoire victimiste et sans nuances des crimes du régime communiste –
déboucha parfois sur de purs processus d'inversion : les morts des combats
antifascistes pendant la Seconde Guerre mondiale, les victimes des
régimes autoritaires d'Europe centrale et orientale, sanctifiés par les livres
d'histoire et les « leçons de mémoire » des régimes communistes devenaient invisibles au fil de douteuses « transactions » où il leur fallait céder
la place aux assassinés et aux réprimés naguère invisibles des dictatures
communistes. Un tel processus, adoptant parfois des formes rituelles mar-
quées, a été, par exemple, particulièrement sensible lors de la bataille
opposant « rouges » et « bleus » en Bulgarie, en 1991, et dont le pouvoir

constituait l'enjeu – au point qu'un observateur autochtone a pu parler
« d'échange des morts [13] ».

Pourtant, aussi frénétique et véhémente qu'ait pu être, dans certains
cas, la mise en perspective pragmatique des crimes staliniens dans ces
années de bouleversements, le sol sur lequel s'appuie leur mémoire collective et s'établit la condition des victimes demeure instable. Pjeter Arbnori,
ex-président du Parlement albanais, a passé une trentaine d'années en prison pour avoir commis, au début des années 1960, un « crime » d'une
audace insensée : avoir réclamé au dictateur le droit de créer un parti indépendant... Condamné à mort, Arbnori vit sa peine commuée en détention
à perpétuité ; en prison, il écrivit de nombreux romans et nouvelles sur des
feuilles de papier à cigarettes, apprit les langues étrangères ; ses très émou-
vantes *Lettres de prison* sont publiées chez un éditeur français ; il est, si les
mots ont un sens, un héros du combat contre la tyrannie – n'oublions
jamais que la chute de la dictature d'Hoxha et consorts, pas davantage que
l'effondrement général du système communiste à l'Est, n'était la variante
la plus probable à l'horizon du troisième millénaire pour la plupart de nos
contemporains, jusqu'à la fin des années 1980... Or, depuis qu'Arbnori était
devenu un personnage important de l'État albanais, il était régulièrement
en butte à des attaques, surgies souvent du camp des « démocrates » eux-
mêmes, visant à jeter la suspicion sur l'intégrité de son parcours de prisonnier, évoquant ses prétendus « liens » avec la Sigurimi, la police politique
albanaise... Tout se passe à l'Est comme si la constitution d'une mémoire
postcommuniste de la terreur, des camps et de l'extermination ne parvenait
pas à déboucher sur la formation de ces « territoires sacrés » qui sont, en
Occident, indissociables du souvenir de la Résistance, de crimes inexpiables
comme Oradour ou Lidice et, bien sûr, du judéocide. On objectera, naturellement, qu'il est bien tôt pour en juger, qu'il a fallu plusieurs décennies en
France pour que s'institutionnalise vraiment une mémoire pieuse et irrévocable du génocide, et que, dans le climat de déréliction de la culture communiste, de confusion idéologique entraînée par la chute du soviétisme, il
devient chez nous loisible à tel journaliste pressé et peu scrupuleux de jeter
le soupçon sur Jean Moulin, de le soupçonner de crypto-communisme [14].
Sans doute, mais de telles tentatives suscitent, tout comme les palinodies
négationnistes, de promptes ripostes qui indiquent distinctement les

---

13. Voir, à ce propos, l'article de Deyan Deyanov « La guerre des interprétations symboliques »,
Communications, n° 55, « l'Est : les mythes et les restes ».
14. Thierry Wolton, *Le Grand Recrutement*, Grasset, Paris, 1993.

limites du tolérable en termes mémoriels et de l'admissible en termes historiques (savants, « scientifiques »[15]).

Passé criminel et présent démocratique

Il nous apparaît de plus en plus nettement, au fur et à mesure que se déploie la « carte » de la mémoire historique contemporaine, que le souvenir institué des crimes nazis, tout particulièrement ce qui se nomme emblématiquement « Auschwitz », occupe une place privilégiée au cœur des dispositifs de légitimation des démocraties occidentales, et tout particulièrement de la nôtre, en France. Pour le sens commun et les nouveaux stratèges du « mémoriel », une telle mémoire est nécessairement vertueuse, elle actualise des valeurs, est résolument tournée vers le bien : elle « présentifie » le passé barbare pour en exorciser le spectre et lui interdire de faire retour dans le présent. Mais quand bien même on se garderait de jeter sur d'aussi paradoxales fiançailles de la mémoire et de la morale (la vertu) le moindre soupçon nietzschéen, il n'en reste pas moins qu'une telle mémoire vient prendre place *aussi* dans des dispositifs politiques – tournés vers l'efficacité, la fonctionnalité[16]. L'entretien d'une mémoire vive du barbare, focalisée sur une scène paroxystique mais singulière et révolue a pour effet *aussi* de définir notre présent démocratique comme l'antagonique même de ce moment criminel imprescriptible. Toute une série de procédures de réassertion de ce que nous sommes, comme « civilisés » et non-totalitaires, rencontrent et optimisent la mémoire d'Auschwitz. Que sont les éphémères fêtes sauvages, pannes et lapsus de civilisés (le massacre technologique des fantassins de Saddam dans le désert irakien, les ratés de l'aide humanitaire en Somalie, la solidarité sans faille avec les démocrates à contre-emploi qui président aux destinées de l'Algérie ou de la Russie...) auprès de ces bûchers de naguère dont le souvenir nous tient si solidement ? Sans oublier cette asymétrie toujours croissante entre la mémoire en expansion du génocide et la conscience atrophiée de la dimension barbare des temps présents incarnée par la postérité d'Hiroshima, les milliers d'ogives nucléaires encore et toujours suspendues au-dessus de nos têtes[17]...

---

15. Pierre Vidal-Naquet, *Le Trait empoisonné*, La Découverte, Paris, 1993.
16. Rappelons notamment que, selon Pierre Nota, l'une des caractéristiques de la mémoire collective est son « particularisme » qui, lié à son caractère essentiellement affectif, ne l'oriente pas vers la morale et son universalisme obligé.
17. Voir, à ce propos, les réflexions fondamentales de Günther Anders : « Thesen zur Atomzeitalter », *Das Günther Anders Lesebuch*, Diogenes, Munich, 1984.

Pour tout un faisceau de raisons, il est bien peu vraisemblable que la mémoire de la terreur, des camps et de l'extermination staliniens vienne occuper une place aussi stratégique dans les systèmes de représentation de l'Europe de l'Est posttotalitaire que la mémoire d'Auschwitz dans nos paysages démocratiques. À l'Est, la mémoire du goulag et des crimes « communistes » est indissociable d'un sentiment plus ou moins vif ou endémique de culpabilité collective. Tout se passe comme si, entre les tonalités ultra-victimistes (« voyez ce que les communistes ont fait de nous ! ») et les accents de l'autoflagellation et du repentir (tradition orthodoxe ?), la mémoire collective des crimes et des infortunes ne parvenait pas à se fixer et à trouver son régime. D'autre part, tout rappel ou toute fixation mémorielle ou autre de la dimension criminelle de l'histoire soviétique, de la « page » du soviétisme écrite par tous ces pays, se présente aux yeux des habitants du postsocialisme réel aspirant à l'occidentalisation comme un rappel de tout ce qui distingue leur histoire et leur culture de la « norme » démocratique occidentale : un rappel d'une *différence* « orientale », slave, balkanique, « asiatique », etc. que l'on porte comme un stigmate et que l'on voue tous ses efforts à effacer.

Le proche et le lointain

Par ailleurs, si, dans les années 1970 et 1980, a prospéré en Occident un « imaginaire » du goulag conçu comme « concentré » de la société totalitaire soviétique et fondé sur des images obsolètes empruntées aux années 1950, nous découvrons aujourd'hui, après la chute de la Carthage soviétique et des puissances dont la dotait cet imaginaire occidental, à quel point la Kolyma, cette « icône » du système du goulag et de la terreur stalinienne, nous est lointaine. Autant, à l'heure de la « glaciation » brejnévienne, de l'« effet » Soljenitsyne et de l'agitation des nouveaux philosophes, l'idéologisation à outrance et l'emblématisation forcenée du goulag produisaient sous nos latitudes des bénéfices idéologiques et politiques immédiats, autant la Kolyma de Chalamov demeure pour nous une hétérotopie mémorielle, le lieu indéterminé du malheur des autres[18]. Autant Auschwitz semble être d'une manière croissante *notre* histoire, notre héritage et notre patrimoine mémoriel, autant son souvenir se rapproche de nous

---

18. Je me permets de renvoyer ici à mon essai *Le Stalinisme entre histoire et mémoire*, Éditions de l'Aube, La Tour-d'Aigues, 1991 et à mon article « La fin d'un empire », in *Communications*, *op. cit. supra.*

sans relâche, autant la Kolyma nous devient lointaine, après que se sont dissipés les enjeux idéologiques liés à l'utilisation antitotalitaire du goulag. Un symptôme éloquent de ce contraste entre l'intériorisation croissante du souvenir d'Auschwitz et l'extériorisation grandissante de celui de la Kolyma dans nos systèmes de représentation de la catastrophe et des génocides est la vive réticence rencontrée dans certains milieux cultivés, en France, à admettre la légitimité de quelque rapprochement que ce soit entre les deux crimes absolus du XXᵉ siècle, celui que nous nommons symboliquement « Auschwitz » et celui que nous nommons « la Kolyma [19] ». Ceux-là mêmes pour qui le rapprochement entre les figures adverses et complémentaires des tyrans totalitaires, Hitler et Staline, va de soi se cabrent devant toute approche comparative, tout croisement mémoriel entre le souvenir du désastre nommé « solution finale » et celui du cataclysme intitulé « goulag ». La « singularité », l'« unicité » du judéocide leur est une religion, comme si tout crime de cette échelle, avec la complexité de ses « causes » et de ses effets, de sa configuration, ne présentait pas ce caractère d'irrévocable singularité. En vérité, ce qui s'avère dans cette intégration d'Auschwitz à notre topographie mémorielle (à notre subjectivité historique) et ce rejet de la Kolyma hors de ses frontières, dans cette constitution d'un malheur proche et d'un lointain, c'est le caractère limité de la faculté des hommes d'aujourd'hui, intégrés à des configurations mémorielles particulières, à s'approprier des cataclysmes historiques récents comme *leur* malheur, *leur* « problème ». Comme « malheur slave », « malheur oriental », le goulag demeure attaché, dans nos systèmes de représentation et nos mémoires, à un espace d'altérité, antagonique encore, en dépit de la chute de l'Empire soviétique. Comme groupe d'intégration (ouest-européen, « démocratique »), nous ne pouvons « cultiver » notre mémoire « régionale » du génocide qu'en le problématisant sur la pente du particularisme.

Signes et symboles

Nous sommes bien loin encore d'une reterritorialisation de la mémoire des génocides dans une perspective universaliste. « Derrière » la Kolyma, que nous sommes spontanément portés à banaliser en comparaison du cataclysme dont nous avons à porter le fardeau mémoriel, dont les rescapés et leurs enfants vivent parmi nous, derrière la Kolyma dont n'existent plus que

---

19. Varlam Chalamov, *Récits de la Kolyma*, La Découverte-Fayard, 1986.

les traces lointaines se profile l'ombre du goulag chinois, bien « vivant », lui, et dont le livre de Jean-Luc Domenach nous dessine l'archipel aussi précis que terrifiant[20]. Mais tout se passe, comme dans la caverne de Platon, comme si nous ne pouvions percevoir les images barbares de notre temps que comme autant d'ombres portées, maintenues à distance – par l'entremise de la mémoire. L'éclat luciférien est trop vif, aveuglant, douloureux, qui jaillit des camps, des entreprises exterminationnistes d'aujourd'hui, quand bien même l'alibi du lointain (Timor oriental) tendrait à nous être retiré (la Bosnie). Les aspects de plus en plus nettement cultuels, rituels, liturgiques et psalmodiques de notre mémoire du génocide manifestent clairement cette tétanie face à l'endurance de la part barbare de notre histoire, se traduisant par une fuite dans une mémoire illusoirement portée à circonscrire le barbare dans le passé. Nous arpentons, en pratique comme en imagination, un univers des camps nazis désormais muséifié.

Quel formidable contraste avec ce que révèle une approche topographique du goulag et des camps, telle que nous l'avons pratiquée en Sibérie, en Bulgarie et en Albanie ! Ce ne sont pas des visites, mais des *expéditions* qu'il faut entreprendre sur ces sites désertés, reculés, désolés – un « état des lieux » qui renvoie parfaitement l'écho d'une mémoire flottante, errante[21]. L'enquête sur ces lieux s'apparente à un travail archéologique qui nous met en présence de traces éparses (ici des ossements, là un casque de mineur, les ruines d'un dortoir avec ses châlits, un cahier où sont consignées les « normes »...) qui balisent l'énigme de ce monde concentrationnaire. De purs et simples *signes* de notre impuissance à reconstituer le désastre dont nous arpentons les lieux, par opposition à tous ces *symboles* dont est tissée la mémoire institutionnelle des camps nazis. Ces lieux en déshérence, dépourvus bien souvent de toute marque mémoriale (plaques, inscriptions rappelant la singularité du lieu et exhortant à se souvenir), nous confrontent brutalement à tout ce qui résiste à la production d'une connaissance synthétique du monde des camps à l'Est : les paysans des environs, avares de mots et respectueux de toutes les autorités, les « témoins » trop empressés à plaire à l'étranger de passage, les anciens gardiens reconvertis en tranquilles retraités, les « Appellplatz » redevenues clairières verdoyantes incitant au

---

20. Jean-Luc Domenach, *Chine : l'archipel oublié*, Fayard, Paris, 1992.
21. Enquête réalisée dans le cadre du groupe de recherche « Mémoire grise à l'Est » (Paris X-Nanterre), avec Sonia Combe et Ivaylo Ditchev. À propos de la partie sibérienne de cette enquête, voir *Ozerlag 1937-1964 – Le système du goulag : traces perdues, mémoires réveillées d'un camp sibérien*, Autrement, Paris, 1991.

camping sauvage, les ruines énigmatiques, les baraques de bois si banales et exiguës que l'on échoue à en faire coïncider la vue avec les souvenirs littéraires des Jours de notre mort de l'autre univers concentrationnaire... C'est, envers et contre tout, dans la confrontation avec cette topographie du désastre enfoui et lointain, trop lointain, pour la majorité d'entre nous, que prend corps le dessein de transformer la perplexité en connaissance.

Alain Brossat

4. Remémoration.
La mémoire savante à l'œuvre

La morale de l'histoire

Table ronde avec François Bédarida, Alfred Grosser et Pierre Vidal-Naquet

Peut-on considérer l'occultation des crimes dans la mémoire collective comme un phénomène révélateur d'une spécificité française ? Sans nier, bien sûr, qu'une logique similaire puisse être à l'œuvre dans d'autres pays, est-ce que la nature du régime républicain, de l'identité nationale française, permet d'éclairer cette particularité ?

Alfred Grosser. – Je n'aime pas beaucoup le terme de « mémoire collective », parce que, en fait, il ne s'agit pas d'une mémoire mais d'un transmis familial, scolaire, médiatique aujourd'hui ; le mot « mémoire » est très ambigu : peut-on dire qu'« on se souvient » lorsqu'en fait nos « souvenirs » ont été conditionnés par l'éducation, l'information ou la famille ? Par conséquent la mémoire est transmise, elle ne se fonde pas spontanément. Quand on dit par exemple : « Il faut maintenir la mémoire de... », c'est faux : « Il faut transmettre la mémoire de... à... ». On fait toujours comme si une collectivité pouvait se souvenir, et, dans ce sens-là, je crois que le mot « mémoire » n'est pas tellement à sa place.

D'autre part, il existe des variations de mémoire. Par exemple la mémoire historienne de la Révolution française ne cesse de se transformer, surtout ces dernières années. On ne saura jamais si Robespierre était un grand homme parce qu'il était le précurseur de Lénine, ou si Lénine était un grand homme parce qu'il était le successeur de Robespierre. En tout cas, la chute de Lénine a entraîné celle de Robespierre. Et aujourd'hui, l'historiographie de la Révolution française – on n'a qu'à voir ce qui s'est passé pour le bicentenaire – met en avant Condorcet ou Sieyès qui, il y a trente ou quarante ans, n'auraient pas été considérés par les historiens comme personnages centraux ; en partie parce que la société française, historiens compris, ne croit plus à la nécessité du crime pour accomplir de grandes choses. Un très grand changement est intervenu là. Marcel Aymé dans *Travelingue*, roman ironique et satirique peu tendre pour le Front populaire, faisait dire à un de ses personnages, en 1936 : « Tant que nous n'aurons pas eu 300 000 ou 400 000 morts, nous n'aurons pas mesuré la grandeur de l'œuvre accomplie... » Pour toute une tradition, les crimes allaient de pair avec les grandes œuvres, et le discours à la mode sur les mérites comparés de la Chine et de l'Inde laissait transparaître une réelle fascination pour la répression, condition du changement d'un côté, et un désintérêt pour l'expérience de la démocratie pluraliste de l'autre. Ce n'est pas spécifiquement français, on trouve le même phénomène en Angleterre et aux États-Unis. Les intellectuels français ont commencé à changer de mentalité, sans pour autant que l'historien adopte une position neutre à l'égard de la société dans laquelle s'exerce ce qu'on a appelé par convention la mémoire collective. De profondes transformations sont intervenues dans la façon de concevoir la violence passée : on appellera beaucoup plus « crime » ce qu'on appelait « nécessité » antérieurement. À l'intérieur de l'Église catholique, par exemple, presque plus personne ne justifie la violence exercée au nom de la pureté de la foi. Or, cette transformation n'a pas encore eu lieu en Yougoslavie : le clergé catholique en Croatie comme le clergé orthodoxe en Serbie n'ont pas pris fortement position pour qu'on prenne en compte les souffrances passées de l'autre camp ou les crimes infligés par sa propre collectivité. Si on ne comprend pas la souffrance passée de l'autre groupe, la coopération est impossible. Nous, par contre, avons compris cela, et dans ce sens il me semble qu'il y a eu une évolution très positive, pas parce que l'on parle de la guerre d'Algérie, mais parce que l'utilisation de la violence dans un but politique a été très largement déconsidérée, notamment depuis l'effondrement du marxisme-léninisme. La description du passé fait aussi partie de la construction intellectuelle de l'avenir.

Pierre Vidal-Naquet. – Sans être en désaccord sérieux avec Alfred Grosser, je prendrais les choses un peu autrement. Au point de départ, la Révolution française est bien le phénomène marquant, suivi d'ailleurs par les premières grandes amnisties de l'histoire occidentale. Voyez le roman de Balzac, *Les Chouans*, qui se termine sur cette image du personnage de « Marche-à-terre », en 1827, en train de vendre tranquillement ses bœufs au marché « quoiqu'il eût tué plus de cent personnes ». La Révolution française est en effet à l'origine de ce que j'appellerai le « paradoxe français », qui est au centre de la question posée. Le paradoxe français n'est pas d'avoir commis plus de crimes que les autres – on en a commis moins que les Allemands, moins que les Russes, certainement plus que les Italiens ; quant aux Anglais, qui ont largement leur part, ils attachaient par exemple les cipayes, au moment de la révolte de 1857, à des boulets de canon... Nous avons tous notre contingent de crimes, à commencer chez nous par la Terreur et la Vendée (qui n'est pas un génocide et qui fut atroce des deux côtés), les répressions sociales du XIXe siècle (celle, épouvantable, de la Commune), ou les répressions coloniales... Mais en France, ce qui est frappant, c'est qu'on veut être aussi le pays des droits de l'homme et que, depuis 1789, cette spécificité universaliste s'est imposée à l'histoire de France. Lorsque, dans *Billy Budd*, Melville veut opposer un bateau à un autre, celui qui est dans le camp adverse s'appelle évidemment *Rights of men*, symbole de 1789 pour l'auteur américain. Nous sommes donc le pays des droits de l'homme, et cette particularité implique de glisser sur les choses : le pays des droits de l'homme ne peut pas torturer en Algérie !

Alfted Grosser. – Dans le préambule de la Constitution de 1946, il est dit que la République française « n'emploiera jamais ses forces contre la liberté d'aucun peuple », engagement qui est resté théoriquement valable pendant toute la durée de la guerre d'Indochine et de la guerre d'Algérie.

Pierre Vidal-Naquet. – Voilà, c'est un excellent exemple. Par conséquent, c'est là que se situe le paradoxe, dans ces volontés d'oublier, qui se traduisent par des amnisties. L'amnistie est une pratique grecque, inaugurée par celle de Thrasybule en 403 avant Jésus-Christ, lorsque, après le retour des démocrates à Athènes, on décréta ce que Nicole Loraux a appelé « l'oubli dans la cité », c'est-à-dire le fait que personne, mis à part les trente tyrans et leurs acolytes du Pirée, ne pouvait être poursuivi pour ce qu'il avait fait ; quiconque rappelait l'événement pouvait même être condamné à mort. Ce fut la première amnistie de l'histoire qu'il ne faut pas confondre avec les pardons, dont tous les pouvoirs royaux ont usé. L'histoire contemporaine de la France égrène donc toute une série d'amnisties, en 1814 évidemment, sous la IIIe République, ou encore, en ce qui concerne l'Algérie, celle qui au lendemain même du cessez-le-feu a permis d'éviter de poursuivre les militaires tortionnaires...

Alfred Grosser. – ... mais permettait de continuer à poursuivre ceux qui avaient refusé de servir en Algérie...

Pierre Vidal-Naquet. – (Dans le cas de ceux qui avaient soutenu le combat des Algériens, l'amnistie intervint plus tard, mais souvent après qu'eurent été effectuées de longues peines de prison.) Ce paradoxe se traduit ainsi par une certaine tendance à l'oubli. Voyez les musées, par exemple le musée de la Révolution à Carnavalet. J'imagine qu'en Vendée il doit y avoir des musées entretenant le souvenir de la répression contre les chouans, mais en dehors de ce cas, le seul exemple que je connaisse d'un musée évoquant une répression est le musée du Désert, sur la persécution contre les protestants. Je ne connais par exemple aucun musée qui évoque la guerre d'Algérie, si ce n'est à Alger. Sur la Commune, il y a des choses au musée historique de Montreuil qui charrie la mémoire communiste, mais il n'y a pas de véritables musées nationaux évoquant ces grandes insurrections et leur répression. La tendance française est de gommer, d'affaiblir, comme on le voit bien à travers ce que Henry Rousso a appelé « le syndrome de Vichy[1] », ou à travers la guerre d'Algérie, bien qu'il y ait eu, ces dernières années, quelques percées limitées dans les livres scolaires. Le dernier manuel que j'ai regardé, celui de Berstein et de Milza (Hatier), dit que « certains militaires » ont employé la torture pendant la bataille d'Alger. Il aurait été bon de préciser que c'était avec l'aval et même sur l'ordre de Paris.

François Bédarida. – Tout de même, sur ce plan, le travail souterrain de la mémoire au sein de la famille ou de l'école a abouti à faire admettre l'existence de la torture généralisée en Algérie. Ce qui était tabou jadis est aujourd'hui communément admis. Autrement dit, on ne nie plus les faits comme par le passé. Si quelques-uns s'ingénient encore à tenter de les justifier, l'immense majorité considère la torture comme la négation même de l'homme et de ses droits les plus fondamentaux.

Alfred Grosser. – C'est vrai, mais je viens de regarder un manuel d'enseignement supérieur sorti cette semaine, où, en trois lignes, on parle bien de la torture ; or celle-ci n'a été qu'un accessoire au milieu de toute une série d'exactions commises en Algérie dont on ne parle pas : les destructions systématiques, les fusillades, les « corvées de bois »... et si, au moment où

---

1. *Le Syndrome de Vichy, de 1944 à nos jours*, Le Seuil, Paris, 2e édition, 1990.

Pierre Vidal-Naquet écrivait *L'Affaire Audin*[2], l'existence de la torture n'était pas reconnue, celle-ci de toute façon ne remettait pas en cause les représentations de la répression comme condition du maintien de l'Algérie française. Pour revenir à l'amnistie, les Français sont scandalisés lorsque en Allemagne il est vaguement question d'abolir la prescription pour crime. Mais la prescription signifie qu'on ne met pas en accusation, alors que l'amnistie est une interdiction de la mémoire. Cette interdiction est en France constamment présente, à l'exception de la mesure unilatérale qui, après la guerre, a permis d'amnistier complètement les résistants mais pas l'autre bord...

Pierre Vidal-Naquet. – Il s'est quand même trouvé un tribunal à Lyon pour exclure les faits de torture de l'amnistie – ce qui ne manque pas d'un certain humour quand on pense à la suite.

François Bédarida. – Je voudrais revenir sur ce que disaient tant Pierre Vidal-Naquet qu'Alfred Grosser à propos du « paradoxe français ».

D'abord, bien que je m'élève sans cesse contre la séparation étanche que certains voudraient établir entre histoire et éthique, il y a lieu de ne céder ni à la tentation de jouer les procureurs ni à l'anachronisme, car il faut replacer soigneusement les événements dans leur contexte, d'Alger 1956 à Sarajevo 1993, sans oublier le racisme rampant et la xénophobie ordinaire que véhicule la vie quotidienne dans notre douce France. Premier paradoxe : sur Vichy, les travaux historiques, les livres savants d'une part, les productions médiatiques d'autre part se succèdent à un rythme aussi soutenu que les affirmations rituelles sur le tabou qui entourerait Vichy dans la conscience nationale et sur l'occultation systématique de cette période honteuse par les Français... Souvenons-nous du numéro spécial publié par la revue *Esprit* l'année dernière et intitulé : *Que faire de Vichy ?* De toutes parts nous sommes assaillis par l'impératif de mémoire et par le mot d'ordre : halte à l'amnésie.

Deuxième paradoxe : comment expliquer que la récente évolution du rapport des Français à leur histoire dont on vient de parler joue pour le passé proche, mais accentue en échange le refoulement du passé lointain ? Il est assez remarquable que tous les efforts se portent sur le contemporain et

---

2. *L'Affaire Audin*, Éditions de Minuit, Paris, 1958, réédition complétée, 1989 ; voir aussi *La Torture dans la République*, Éditions de Minuit, Paris, 1972 ; *Face à la raison d'État. Un historien dans la guerre d'Algérie*, La Découverte, Paris, 1989.

que des événements comme les guerres de religions ou les croisades soient rejetés dans un grand oubli. Le primat de cette histoire proche, dont les gens se sentent redevables, permet d'accentuer la distance avec des périodes plus lointaines, comme la guerre de Vendée. Ce phénomène correspond aussi à une inflation de la mémoire dans une relation tout à fait nouvelle entre passé, présent et avenir. Tant qu'il y avait le sentiment d'une continuité nationale, la vision d'une nation porteuse d'un avenir et liée aux droits de l'homme, figure de la légitimité du nationalisme français, la cohérence de l'histoire était assurée. Aujourd'hui, les incertitudes, les craintes sur l'avenir expliquent ce repli sur le mémoriel en même temps que la polarisation sur les événements récents. Le mémoriel l'emporte, le passé n'est plus le garant de l'avenir comme c'était le cas dans une communauté nationale aux repères bien établis.

Mais ce phénomène n'est pas spécifique à la France. On pourrait en dire autant de l'Angleterre qui se trouve dans une même situation de décalage entre sa grandeur passée et son état présent, affectée par un même changement de statut tant sur le plan international que sur le plan social et moral. Les Anglais sont pourtant moins portés sur une vision historique des choses – ce qui convient d'ailleurs assez bien à un peuple conquérant – et cherchent surtout à gommer la tache majeure qu'est le problème de l'Irlande et de sa division.

Alfred Grosser. – Quelques points complémentaires. Le premier, qui sort de ce que nous avons dit jusqu'à maintenant, est la mémoire des crimes sociaux. Or, de ce point de vue, il n'existe pas de spécificité française, et, lorsque je lis dans un hebdomadaire un reportage sur le travail des enfants en Asie du Sud-Est, je me souviens que chez nous le rapport Villermé n'a qu'un siècle et demi ! Dieu sait que je suis anticommuniste, mais s'il y a une chose que je regrette dans l'effondrement du parti communiste, c'est la rhétorique sur la souffrance ouvrière à laquelle se sont substitués un oubli général, une occultation de ce qu'a été le prix du développement économique. La bonne conscience avec laquelle on perçoit les souffrances des enfants ou des femmes dans les pays en voie de développement fait complètement l'impasse sur ce qui s'est passé il n'y a pas tellement longtemps dans un pays comme la France. *Germinal* a certainement fait faire des découvertes à nombre de ses spectateurs, encore qu'il faille, en sens inverse, se méfier des abus dans l'actualisation de la mémoire. Dans ses déclarations sur le film dont il est le héros, Renaud a voulu faire croire que la société française d'aujourd'hui était encore celle de Zola !

Le second point concerne la Seconde Guerre mondiale. La spécificité française tient ici au malaise d'avoir été battue en 1940 et à la façon dont il faut effacer cette défaite par l'évocation d'une grandeur incarnée dans la Résistance et le général de Gaulle. Il y a là une des causes de ce qui est pour moi inacceptable, c'est-à-dire la position Mitterrand-Badinter sur Vichy, conçu comme une parenthèse sans entraîner la responsabilité de la République puisque « ça n'était pas la République » – pourquoi alors ne pas affirmer que Hitler n'était qu'une parenthèse entre la République de Weimar et celle de Bonn ! ? À cet égard, il est tout à fait caractéristique que l'on gomme constamment l'article 19 de la convention d'armistice [qui prévoyait de remettre aux autorités allemandes les opposants au régime nazi internés dans les camps français après la déclaration de guerre]. Par exemple à Aix-en-Provence, au camp des Milles, on met en place une mémoire fausse du camp afin de ne pas reconnaître qu'il a été établi avant la défaite pour y interner des gens victimes non pas de Vichy mais de la législation française sur les « étrangers ennemis », par la suite livrés en application de l'article 19 de l'armistice[3].

Contre l'idée d'une parenthèse dans l'histoire de France, il suffit d'ouvrir le livre de Serge Klarsfeld, *Les Juifs en France*[4], au chapitre consacré à la rafle du Vél' d'Hiv' pour voir de quelle manière toute l'administration française, toute la police française se mettent sans aucune difficulté au service de la politique antijuive de Vichy. Ce ne sont pas quelques collaborateurs, mais tout un appareil de gestion administratif qui en France, à quelques exceptions près, a parfaitement obéi. Klarsfeld, dans son remarquable livre *Vichy-Auschwitz*[5], montre très bien comment la police française arrêtait lorsque les Allemands lui demandaient d'arrêter et n'arrêtait pas lorsque les Italiens lui interdisaient d'arrêter. Cette réalité est donc largement gommée, même si on assiste aujourd'hui à une certaine évolution. J'ai beaucoup fait de formation permanente auprès des officiers de police : quand il y a vingt ans je disais que je trouvais choquante la fourragère rouge donnée à la police parisienne à la Libération parce que cette même police avait

---

3. Sur le camp des Milles, voir André Fontaine, *Un camp de concentration en Provence ? Le camp d'étrangers des Milles, 1939-1943*, Édisud, Aix-en-Provence, 1989 ; Jacques Grandjonc et Theresia Grundtner (sous la direction de), *Zone d'ombres, 1939-1943, Exil et internement d'Allemands et d'Autrichiens dans le sud-est de la France*, Alinea, Aix-en-Provence, 1990. Plus généralement, voir Anne Grynberg, *Les Camps de la honte. Les internés juifs des camps français, 1939-1944*, La Découverte, Paris, 1991, et lire son article publié dans ce même ouvrage.

4. Serge Klarsfeld, *1941, les Juifs en France. Préludes à la solution finale*, FFDJF, Paris, 1991.

5. *Vichy-Auschwitz. Le rôle de Vichy dans la solution finale de la question juive en France*, Fayard, Paris, 1983.

été juste auparavant un instrument docile pour la rafle du Vél' d'Hiv', je provoquais l'indignation ; l'autre jour, à l'école des agents de police de Saint-Malo, le directeur de l'école m'a remercié d'avoir fait comprendre à ces jeunes gens ce qu'avait été la réalité de leur corps sous l'Occupation. Dans le même sens, l'École nationale de la magistrature a organisé, le 25 novembre 1993, un colloque public sur le rôle fort négatif des magistrats appliquant sans états d'âme les mesures antijuives de Vichy. Malgré ce changement qui s'explique peut-être par l'éloignement dans le temps, il me semble que, plus qu'ailleurs, il existe chez nous un refus de se passer d'un bouc émissaire. Dans ce sens-là, le gouvernement de Vichy fait parfaitement fonction de bouc émissaire et permet de limiter les coupables à quelques individus. Or, il y a eu une continuité française forte en 1940 et 1944.

Pierre Vidal-Naquet. – Grosser a tout à fait raison en ce qui concerne la continuité française : l'administration a fonctionné en 1942 comme elle fonctionnait en 1939 ou en 1940 – et on ne répétera jamais assez qu'avec l'article 19 la France non seulement promettait de livrer les opposants nazis mais qu'elle l'a fait, alors même qu'elle avait l'opportunité de laisser partir un Rudolf Hilferding (ancien ministre des Finances de la République de Weimar) ou un Rudolf Breitscheid (président du groupe social-démocrate au Reichstag). Sur les camps de la zone sud, créés en 1939, il faut relativiser la continuité. Anne Grynberg montre bien dans son livre que, malgré tout, la défaite de juin 1940, le passage de la République à Vichy, a marqué une aggravation de nature et pas seulement de degré. Il se trouve que j'ai rencontré cet été quelqu'un qui en 1940 était une jeune protestante de la CIMADE et fut alors chargée d'un travail d'assistante sociale aux camps de Noé et de Nexon. Si le camp de Noé est relativement connu à cause de la lettre de Mgr Saliège, le camp de Nexon, un des lieux de regroupement avant Drancy et Auschwitz, est à peu près inconnu. Or, on y trouve une inscription présentant ce camp comme ayant abrité les victimes des nazis, alors qu'il s'agissait bien de victimes de la police et de l'administration françaises.

Pour revenir à ce qu'Alfred Grosser a appelé la position Mitterrand-Badinter, celle-ci correspond en réalité à la position gaulliste. Il faut rappeler le dialogue célèbre à l'Hôtel de Ville entre Georges Bidault, alors président du Conseil national de la Résistance, et de Gaulle : « Mon général, proclamez la République ! – La République n'a jamais cessé d'exister ! », puisque la France libre avait incarné tout au long la continuité de l'État. On est là, et Rousso l'a très bien montré, à la racine de l'ambiguïté qui n'a cessé de se manifester depuis, et qui fait qu'on a pu s'en tirer avec quelques boucs émissaires, les ministres de Vichy (pas tous), Pétain et Laval, puis Touvier ou Barbie, tellement plus faciles à juger que Bousquet ou Papon que l'on s'est enfin décidé à juger. Tout le monde a déploré un peu hypocritement l'assassinat de Bousquet par un illuminé ; mais n'était-ce pas un paradoxe énorme de maintenir en liberté un homme inculpé de crimes contre l'humanité ?

François Bédarida. – Dans le cas de Bousquet, contrairement à celui de Touvier, on se trouvait au cœur de l'État vichyssois, de la décision et de la machine administratives, et un des paradoxes dans le parcours de Bousquet était précisément le glissement parfait de la condition de préfet de la IIIᵉ République à celle d'organisateur de la déportation des Juifs en 1942...

Pierre Vidal-Naquet. – ... avant d'incarner ensuite le notable modèle de la IVᵉ puis de la Vᵉ République. Et que dire de Maurice Papon, livreur de Juifs à la préfecture de Bordeaux, tueur d'Algériens à la Préfecture de police en 1961, puis ministre, en dernier lieu, de M. Giscard d'Estaing ?

François Bédarida. – Attention ! le vrai problème n'est pas de savoir si Vichy a constitué ou non une parenthèse – le diagnostic des historiens aujourd'hui sur cette question est très nuancé –, mais de déterminer quelle a été la responsabilité de la France – ou des Français – dans la politique de collaboration et de participation à la solution finale, politique indiscutablement exécutée par l'administration et la police françaises. Étant donné la charge émotionnelle de l'événement, on comprend que la polémique ait fait rage. D'autant qu'au même moment s'est élevé un vif et pénible débat au sujet d'un fichier qu'on a cru – à tort – être le fichier du recensement imposé aux Juifs à l'automne 1940.

Personnellement je ne suis pas d'accord avec la thèse selon laquelle de tout ce qui s'est fait alors au nom de la France, l'État français en est aujourd'hui comptable. C'est vrai que la plus grande partie de l'appareil d'État a continué de fonctionner sans trop d'états d'âme. Mais en sens inverse on doit se garder du glissement qui aboutit à identifier le régime vichyssois à la France. N'est-ce pas alors renier de Gaulle et répudier la Résistance ? Pour ma part, je maintiens que l'État français, ce n'était pas la République. C'est pourquoi il faudrait s'attacher à bien clarifier la relation entre les notions de responsabilité et de culpabilité. En somme, le problème est celui, posé à l'instant par Pierre Vidal-Naquet, de la légitimation des actes. Par ailleurs, quand on parle de « spécificité française », il faut quand même dire, à propos des internements de réfugiés antinazis, que les Anglais ont fait exactement la même chose, et leurs camps n'avaient rien à envier aux nôtres. Évidemment, la démocratie britannique a fini par réagir à l'automne 1940 et elle n'avait de toute façon pas à se poser la question de la livraison de ses réfugiés allemands.

Quant à la vision gaulliste, chacun s'accorde à reconnaître qu'elle relève d'abord de l'ordre mythique. Est-elle pour autant à rejeter en bloc dans son intégralité ? Mieux vaut à mon sens en faire une critique serrée en en montrant toutes les transgressions par rapport à la réalité historique, mais aussi comment elle s'insère dans la trame de l'histoire dont elle constitue une composante. Le problème reste celui du rapport des Français à leur histoire, mais de toute leur histoire, honteuse ou glorieuse – et en fait le plus souvent partagée et ambivalente.

Alfred Grosser. – À propos de la phrase de De Gaulle en 1944, il faut aussi rappeler que le gouvernement provisoire de la République avait situé la rupture à la fin 1942 et décidé que l'épuration ne concernerait que les fonctionnaires qui ne seraient pas passés à la Résistance au 1er janvier 1943. Donc il n'y a pas non plus une parfaite clarté. Il suffit de lire la notice biographique que M. Couve de Murville a fournie au *Who's Who 1993* : « Directeur-adjoint au Trésor en 1938, directeur des finances extérieures et des changes en septembre 1940, révoqué par le gouvernement de Vichy en 1943, secrétaire général du commandement en chef à Alger puis membre du Comité français de la Libération » – en 1943 également ! Et on trouve des centaines de cas similaires. Beaucoup de choses sont encore occultées, et lorsque, en France, on diffuse le film autrichien *Welcome in Vienna* (1986) d'Axel Corti, qui critique le nazisme autrichien persistant d'après-guerre, on oublie de dire qu'il ne s'agit que du troisième volet d'une trilogie, et que le premier, *Dieu nous a-t-il abandonnés ?*, non diffusé en circuit français, montre comment la France a livré ses réfugiés. Cet exemple me paraît caractéristique de la volonté d'oublier.

Quant à la distinction entre responsabilité et culpabilité dont parlait François Bédarida, je voudrais faire remarquer qu'il manque un mot dans la langue française, le mot anglais *liability* ou le mot allemand *Haftung*, qu'on pourrait traduire par « responsabilité civile ». La France est responsable en tant qu'entité politique de ce qui a été commis par Vichy. En d'autres termes, les victimes de Vichy ont droit à la sollicitude matérielle de la France de la IVe et de la Ve République. Quelle qu'ait été la nature du régime précédent, il existe une collectivité politique « France » qui assume une responsabilité collective, non pas dans le sens d'une culpabilité, mais dans le sens d'une charge qui incombe aux successeurs. J'aimerais maintenant parler de deux autres types de mémoire. La première, spécificité française tout à fait positive, est la mémoire catholique. Et, à cet égard, il y a depuis quelque temps en France, de *La Croix* au cardinal Decourtray, une volonté de parler franchement par exemple de l'antisémitisme catholique passé, volonté que je ne trouve assurément pas à ce point en Allemagne, ni chez Jean-Paul II. À cet égard, le mot « réconciliation » me paraît particulièrement malvenu, car il présuppose une réciprocité des offenses.

L'autre mémoire, qui me semble poser plus de problèmes en France qu'ailleurs, concerne les crimes communistes, la manière pour le moins indulgente avec laquelle aujourd'hui on traite les négateurs passés, les professeurs qui ont nié ce qu'ils savaient être vrai, à un moment où les crimes continuaient. Si aujourd'hui Notin est interdit d'Université à Lyon pour avoir soutenu des thèses négationnistes en dehors de l'université, que faudrait-il penser de nos collègues historiens qui, au cours des décennies d'après-guerre, niaient en chaire l'existence du crime soviétique et traitaient d'abominables fascistes ceux qui en parlaient ?

Pierre Vidal-Naquet. – C'est un réel problème : dans quelle mesure le savaient-ils ? François Furet faisait remarquer que, lorsque jean Bruhat, dans son *Histoire de l'URSS*, comparait l'élimination des compagnons de Lénine à celle des factions de la Révolution française, il montrait de cette façon qu'il savait qu'on n'avait pas affaire à des espions. L'épisode le plus terrible que je connaisse dans ce domaine est celui d'Émile Tersen, un brave historien communiste, professeur de khâgne à Louis-le-Grand, auteur d'une *Histoire de la Hongrie* qui a eu le malheur de paraître le jour de la réhabilitation de Rajk en 1956. Tersen a passé la nuit à couper avec une lame de rasoir, dans tous les exemplaires de son *Que sais-je ?*, la page où il était question du procès Rajk ! J'ai été l'élève de certains de ces professeurs, comme par exemple le géographe Pierre George, qui publiait tous les ans un petit *Que sais-je ?* dans lequel il démontrait que le paradis communiste était presque réalisé. À l'époque aussi, le géographe Jean Tricart, professeur à l'université de Strasbourg, affirmait, quelques jours avant le rapport Khrouchtchev sur les agrovilles, que l'URSS avait supprimé la contradiction entre la ville et la campagne, et même Jean Dresch, un grand savant, expliquait que la Chine n'avait pas de problèmes de surpopulation. Eh bien, si on gomme du phénomène communiste sa dimension religieuse, on est condamné à ne pas comprendre, et je ne crois pas qu'on puisse dire, comme Alfred Grosser : « Ils savaient ! » Précisément, ils étaient atteints d'un blocage mental qui les empêchait très souvent de « savoir ».

Alfred Grosser. – Les intellectuels sont coresponsables, ont formé des générations d'étudiants, ont constitué, dans leur soutien sans faille à l'URSS, un des éléments politiques du maintien du système soviétique, dont le procès Kravtchenko (1948) est une très bonne illustration. La manière dont, pendant le procès, *Les Lettres françaises* ont effrontément menti et ont mis dans la tête de milliers de jeunes Français l'idée que seule la France était coupable dans les colonies mais qu'il n'y avait pas de culpabilité soviétique, correspond à un acte politique, à une responsabilité morale. Un personnage comme Me Nordmann, qu'on voit aujourd'hui prêt à défendre les nobles causes, a injurié en connaissance de cause les témoins rescapés des camps soviétiques pour les disqualifier. Nier l'existence de ces camps ne correspond pas à un simple « pas savoir » ou « pas vouloir savoir », mais à une culpabilité politique.

Pierre Vidal-Naquet. – Le même Nordmann, que j'ai moi-même vu vociférer au procès Kravtchenko, a ensuite essayé, en 1957, de sauver la tête d'Iveton, un pied-noir communiste, torturé et condamné à mort pour avoir, dans une usine de gaz, installé une bombe qui n'a pu exploser et ne pouvait, à ce qui a été dit, faire grand mal. Il était à cette époque assez solitaire.

Alfred Grosser. – Et alors, je ne vois pas le rapport. Quand on me demande pourquoi il aurait fallu condamner Honecker alors qu'il était antinazi avant 1945, je réponds qu'il y a des officiers français qui, après avoir été torturés par la Gestapo, ont torturé à leur tour en Algérie : ils n'en ont pas moins été coupables.

François Bédarida. – Il ne faudrait pas confondre les acteurs et les propagateurs. Prenez Louis Althusser : comment faire la part entre l'affirmation philosophique, le choix politique, la croyance personnelle… ? C'est un cas religieux exemplaire.

Alfred Grosser. – Oui, mais vous n'appliquerez jamais ces raisonnements aux Allemands ! Depuis quarante-cinq ans, un grand nombre d'Allemands sont accusés pour avoir été religieusement nazis, pour n'avoir pas voulu savoir… Il faut une certaine cohérence dans le jugement !

Les représentations collectives, les mythologies, ne nous permettent pas de réduire le débat à une question d'information. Le mythe hitlérien, reflet du système totalitaire nazi en place, n'offrait-il pas aux masses une image de lui-même beaucoup plus univoque que l'imaginaire communiste dans la France d'après-guerre qui, au-delà de la rhétorique et des pratiques staliniennes, jouait un rôle structurant pour la classe ouvrière et l'opposition radicale ? Et pour revenir au présent, n'est-ce pas au niveau de ces représentations, du sens commun, que quelque chose a définitivement bougé ? Le résultat ne correspond pas pour autant à une simple transparence retrouvée. Par exemple, à travers l'affaire Boudarel, n'avons-nous pas assisté à une tentative de réhabilitation du passé colonial de la France ?

Alfred Grosser. – En lisant *Le Figaro*, on avait en effet l'impression que la guerre d'Indochine avait été une guerre épouvantable d'agression menée par le Viêt-minh contre une France innocente ; le décor posé, le traître apparaissait d'autant plus coupable. L'occultation de ce que fut la guerre d'Indochine se retrouve dans le choix de la date officielle du déclenchement de la guerre, que l'on retrouve dans tous les manuels ; le 19 décembre, offensive des troupes viêt-minh sur Hanoi, au lieu du 28 novembre, bombardement du port de Haiphong par la marine française.

Pierre Vidal-Naquet. – Sur l'affaire Boudarel, je voudrais dire deux choses. Mes choix personnels n'ont pas été et n'auraient guère pu être les choix de Georges Boudarel, même si j'ai été un adversaire déterminé de la guerre d'Indochine. Cela dit, lorsqu'on parle à son sujet de « crime contre l'humanité », je ne vois pas qu'on ait apporté la moindre preuve. Si l'on ouvre le dossier de cette guerre, qu'on l'ouvre dans son entier, on risque d'avoir des surprises désagréables qui n'enrichiront pas notre mémoire de beaucoup de fleurs.

François Bédarida. – Pour ne pas tomber dans l'anathème ou l'autocritique à bon compte, il est nécessaire de pratiquer une histoire « dure », précise et minutieuse qui nous mettrait à l'abri du poids des mythes et des représentations. Je plaide donc pour la mémoire savante contre la mémoire spontanée. Ce qui suppose aussi qu'on ait toujours le souci de comprendre le passé en fonction de ce que nous construisons pour l'avenir, afin que, comme le dit très bien Jacques Rancière, « faire de l'histoire n'empêche pas de faire l'histoire ». La vigilance, la militance de l'historien continuent d'être nécessaires face à des tentatives de réhabilitation, ouvertes et abjectes comme le négationnisme, mais qui s'expriment aussi sous des formes plus insidieuses, en prenant l'aspect de ce qu'on pourrait appeler un révisionnisme « mou », comme l'illustre par exemple l'affaire Jean Moulin[6]. Seule une bonne recherche historique peut faire justice de certaines assertions aberrantes, et le livre sans réplique de Pressac[7] sur les crématoires d'Auschwitz en est une très bonne illustration.

Pierre Vidal-Naquet. – Rien ne peut arrêter les tentatives de dénaturation de la vérité historique[8]. Lorsqu'on veut nier l'existence de Napoléon ou des chambres à gaz, on trouve toujours un moyen de le faire, comme l'a très bien montré Jean-Claude Milner[9]. Mais plus généralement, pour continuer les réflexions de François Bédarida sur le rapport passé/présent/futur, je voudrais m'inscrire en faux contre la vision de l'histoire aujourd'hui dominante, très bien illustrée par un article de Pierre Nora dans le dernier tome des *Lieux de mémoire*, sur « Mémoire gaulliste et mémoire communiste », qui aboutit au « rêve centriste » d'un monde sans drame, sans rupture – idée qu'avait déjà développée le livre de François Furet, Jacques Julliard et Pierre Rosanvallon, *La République du centre*, ou bien sûr Fukuyama[10]. Je continue à penser ce que Raymond Aron disait de Valéry Giscard d'Estaing : « Ce jeune homme ne sait pas que l'histoire est tragique. » Baechler[11] s'imagine que la parenthèse ouverte en 1914 est désormais fermée ; à cela je m'oppose de façon radicale et absolue. Ni la fin du communisme ou du gaullo-communisme ni la prétendue victoire de la démocratie libérale ne mettent un terme à cette espèce de permanence tragique qu'est l'histoire.

François Bédarida. – Le conflit en ex-Yousgoslavie nous le rappelle tous les jours. L'idée que le consensus aurait remplacé le conflit est d'une grande absurdité, nous sommes tous d'accord là-dessus ! Il y a un siècle, au temps de l'idéologie du progrès et de la science, on a partagé la même illusion

---

6. Voir Pierre Vidal-Naquet, *Le Trait empoisonné. Réflexions sur l'affaire Jean Moulin*, La Découverte, Paris, 1993.
7. Jean-Claude Pressac, *Les Crématoires d'Auschwitz. La machinerie du meurtre de masse*, CNRS Éditions, Paris, 1993.
8. Voir malgré tout Pierre Vidal-Naquet, *Les Assassins de la mémoire*, La Découverte, Paris, 1987.
9. Jean-Claude Milner, *Ordres et Raisons de langue*, Le Seuil, Paris, 1982.
10. François Furet, Jacques Julliard, Pierre Rosanvallon, *La République du centre. La fin de l'exception française*, Calmann-Lévy, Paris, 1988 ; Francis Fukuyama, *La Fin de l'Histoire et le dernier homme*, Flammarion, Paris, 1992.
11. Jean Baechler, *La Grande Parenthèse (1914-1991). Essai sur un accident de l'histoire*, Calmann-Lévy, Paris, 1993.

d'une histoire étale qui progressivement gagnerait l'ensemble de la planète. La Première Guerre mondiale et ses suites ont rapidement mis fin à cette croyance.

À propos de ce climat intellectuel qui voit triompher une certaine idéologie postmoderne – selon laquelle nous devrions abandonner l'idée d'une rupture possible avec le passé (la modernité) et prendre conscience que la démocratie constitue le point d'aboutissement de l'humanité –, je voudrais souligner à quel point cette situation modifie complètement les conditions de toute réflexion sur le rapport passé/présent. Car si le postmodernisme a contribué à ce que nous nous débarrassions de la vision téléologique de l'histoire qui prédominait jusque-là, notamment dans les courants « progressistes » issus du XIXe siècle ou dans les « socialismes », cette idéologie n'est pas moins déterministe que les précédentes et permet de faire passer bien plus insidieusement un certain nombre de choses, dans la mesure où on ne s'avance plus sous le couvert d'une idéologie transparente qui se présenterait comme telle. D'où la nécessité d'une vigilance redoublée de la part des intellectuels non dupes, notamment des historiens, qui font face à une demande croissante d'informations. Sous couvert d'un positivisme de bon aloi, certains historiens n'ont-ils pas tendance à recréer un discours consensuel autour de certaines pages de notre histoire (Vichy…), marquant ainsi les limites à ne pas dépasser ? Que penser des travaux pionniers de Pierre Nora sur la mémoire « institutionnalisée » ? Plus généralement, comment utiliser le témoignage lorsqu'il est à la fois un document historique et la trace d'une mémoire sélective qui est elle-même objet d'histoire (la mémoire comme outil ou comme représentation) ?

Alfred Grosser. – Je n'ai jamais compris ce que signifie « moderne » et « postmoderne ». Karl Marx voulait la rupture avec le passé et avait une vision téléologique de l'histoire. Les deux en même temps. En ce moment, nous nous référons en principe tous à une morale des droits de l'homme, donc de l'égale dignité de tous les hommes, et jamais il n'y a eu autant d'aspirations à des autodéfinitions identitaires aboutissant à des égoïsmes collectifs et même à des autoghettoïsations ! Et en quoi les historiens seraient-ils par essence des « intellectuels non dupes » ? Ils ont à effectuer, plus encore que leurs lecteurs futurs, un constant effort d'ascèse identitaire : pourquoi est-ce que j'étudie ce que j'étudie ? Pourquoi mes jugements sont-ils tels que je les porte ? De quelles influences ma réflexion est-elle tributaire jusque dans mes hypothèses de recherche ? Que dois-je à l'« air du temps » ?

Pour ma part, j'avoue que j'ai eu la chance de toujours pouvoir faire coïncider mon effort intellectuel et mon effort moral, puisque l'établissement des faits contribuait à diminuer des incompréhensions et même des haines à l'égard d'autres appartenances. Faire comprendre la mémoire directe ou transmise d'autres collectivités est une tâche essentielle à la fois intellectuelle et morale. D'où mon extrême prudence à l'égard de toute commémoration officielle. Pour donner un exemple : le bulletin d'information de la Mission du cinquantenaire vient de donner une chronologie pour 1943 et 1944 en évoquant la conférence de Brazzaville sans parler de la déposition du bey de Tunis et, pour 1945, donne le 8 mai comme « fin de la guerre en Europe » sans dire que, le même jour, des milliers d'Algériens musulmans mouraient à Sétif sous des balles françaises.

Et je reconnais une certaine perplexité à la fois devant la fixation sur Vichy de certains de mes collègues et sur la conception que Pierre Nora a de la mémoire. Dans son très beau recueil *Les Lieux de mémoire*, je n'arrive pas très bien à comprendre qui est porteur de cette mémoire républicaine, officielle que présente Pierre Nora. Est-ce que ce n'est pas une mémoire plus dans l'« intelligentsia » que dans la population française ? Ensuite il y a le problème de la spécificité : est-ce pareil qu'ailleurs ou non ? L'absence de toute causalité transnationale est particulièrement frappante dans les manuels scolaires français.

Cela dit, la fonction de la mémoire transmise est aussi de cimenter une collectivité, d'y introduire de nouveaux membres comme égaux. Je serai toujours profondément reconnaissant à l'école primaire qui m'a fait français, notamment par une présentation fort chauvine de l'histoire de France. Je raconte toujours comment je me suis surpris à dire, pendant un cours, « nos troupes, en 1914… », parlant tout évidemment de l'armée française, alors que mon père a été, de 1914 à 1918, officier-médecin allemand face à la France. Je me suis dit alors : « Assimilation parfaitement réussie. Jeanne d'Arc est bien mon arrière-grand-mère, Napoléon mon grand-père et Goethe un grand écrivain étranger ! » Oui, la formule « nos ancêtres les Gaulois » est absurde dès qu'on songe aux origines réelles de la population française. Mais il ne faut pas sous-estimer le rôle positif de la mémoire fausse ! À condition qu'elle ne débouche pas sur le rejet d'autrui, sur l'autoglorification d'un groupe sur base de passé commun artificiel.

Pierre Vidal-Naquet. – Ce qui me gêne un peu dans cet ouvrage d'une prodigieuse richesse, c'est l'idée que l'on tire un trait sur le passé. Ces *Lieux de mémoire* sont une sorte de grand tombeau qu'on élève à ce que furent la

République, la nation, la patrie... comme si ces entités avaient disparu ; on retrouve là encore le thème de « la fin de l'histoire ».

François Bédarida. – C'est un livre maïeutique qui nous interpelle constamment, nous amène à repenser beaucoup de choses. Mais je vois deux problèmes. D'une part, cette histoire a beau être passionnante, elle n'est guère porteuse d'avenir. Il y a peu d'ouvertures sur une suite : or il y aura une suite à l'image de la Bastille, du Panthéon, des monuments aux morts... éventuellement on les démolira. D'autre part, la polarisation sur l'histoire nationale fait perdre de vue un certain nombre d'autres grands phénomènes – tels que ceux dont on a parlé, le stalinisme, le capitalisme, la démocratie... Nous ne sommes plus confrontés au problème classique du développement national mais à celui, plus général, de la démocratie. Or, sans même parler de l'Europe, la démocratie, par définition, transgresse les frontières. Nous savions répondre aux questions qui concernaient le « roman national », mais nous sommes désormais démunis devant les nouvelles questions qui se posent à nous. Par exemple, le développement national était très lié à des épisodes armés : la guerre comme point de repère est aujourd'hui chez nous en voie de disparition. D'où, plus généralement, nos incertitudes, voire notre désenchantement...

Table ronde animée par Dimitri Nicolaïdis

Cicatriser l'Algérie
Entretien avec Benjamin Stora

Dans votre livre[1], vous montrez bien comment le phénomène d'occultation de la guerre d'Algérie, ou de certains de ses aspects, se déploie aussi bien au travers d'une politique délibérée de la part de l'État qu'au travers des représentations collectives de la société française. À quoi ces représentations renvoient-elles ? De quelle manière le passé colonial a-t-il conditionné les représentations contemporaines de la guerre d'Algérie ? Quelle est l'image induite de soi, comme de l'autre, dans une société coloniale qui tient un discours d'émancipation et d'assimilation tout en maintenant la masse des musulmans dans une position d'infériorité, économiquement aussi bien que politiquement ?

Benjamin Stora. – Comment un pays pouvait-il se faire la guerre à lui-même – puisque l'Algérie c'était la France ? Le problème originel de l'Algérie, c'est à la fois d'abriter une société coloniale et de ne pas être une colonie. Ce n'est pas une colonie parce que ce sont des départements français au même titre que la Corrèze ou la Savoie, et c'est en même temps une société coloniale comme on en trouve au Maroc, en Indochine et au Sénégal, c'est-à-dire une société hiérarchisée sur une base communautaire et non pas une société organisée sur des principes républicains. On se détermine par son appartenance ethnique et religieuse, et non par sa qualité d'individu et de citoyen. Voilà ce qu'est la société coloniale. Celle-ci est hiérarchisée : au sommet les Européens de France, puis les Européens fraîchement naturalisés (Espagnols, Maltais...) ; ensuite les Juifs indigènes qui

---

1. Benjamin Stora, *La Gangrène et l'Oubli. La mémoire de la guerre d'Algérie*, La Découverte, Paris, 1991.

ont été naturalisés par le décret Crémieux du 24 septembre 1870 ; enfin, les musulmans qui composent la majorité de la population et qui sont privés des droits républicains pratiquement jusqu'en 1958. Le problème algérien dans la société française est d'autant plus difficile à comprendre qu'il touche aux principes de la République (il s'agit de trois départements échappant à l'organisation républicaine de la société tout en étant partie prenante de cette organisation) et en même temps offre l'image d'une société du Sud sous domination. Telle est la contradiction principale, et l'indépendance va apparaître comme la seule façon de dénouer cette contradiction.

À partir de là, comment, en France, l'Algérie peut-elle être intégrée dans un patrimoine de mémoire ? Elle est perçue comme partie prenante du territoire français, donc de l'histoire de la nation et de la République française, et en même temps elle n'est pas intégrée parce qu'elle est différente des principes d'organisation qui régissent la nation et la République. D'un côté, une stratégie assimilationniste est avancée, une stratégie qui vise à faire en sorte que tous les individus se ressemblent, débarrassés des particularismes, en conformité avec les lois et principes proclamés de l'égalité républicaine et citoyenne. Mais, d'un autre côté, est mise en œuvre une stratégie différentialiste et ségrégationniste, fondée sur l'idée qu'il existe des hommes et des femmes différents. En fait, l'Algérie n'a jamais été française. L'« Algérie française » fut un slogan, pas une réalité, un mot d'ordre idéologique proclamé par la minorité européenne d'Algérie ou par des gouvernements français. Concrètement, le vrai débat consiste à se demander lequel, de l'assimilationnisme ou du différentialisme, l'a emporté en Algérie ? Quand on voit que pour s'intégrer à la culture française il fallait renoncer à ce que l'on appelait à l'époque le statut personnel, parce que l'islam était perçu comme trop éloigné de la civilisation occidentale, on mesure le décalage entre discours et réalité. Le différentialisme l'a emporté parce que les cultures étaient perçues comme radicalement inconciliables. Quant à l'assimilationnisme, il correspondait en fait à une volonté proclamée visant non pas à assimiler mais à dépersonnaliser. En Algérie, les principes de la République ne sont pas assimilés ; on finit par devoir se perdre soi-même pour pouvoir exister.

Ce discours mystificateur va perdurer jusqu'à la fin de la guerre d'Algérie, et le thème de la fraternité sera d'autant plus exploité qu'on approchera du terme.

C'est la guerre, donc l'indépendance, qui va dénouer la contradiction. Et pourtant, dans la société française d'aujourd'hui, ne retrouve-t-on pas exactement de la même manière cette ambivalence entre l'assimilation-nisme proclamé et le différentialisme appliqué ? On proclame que tout le monde doit être intégré, donc assimilé, parce que le mot assimilation est identifié à la tradition française. Donc on proclame l'assimilation et l'inté-gration en droit, et dans les faits c'est le différentialisme qui est mis en œuvre, parce que les Arabes, les musulmans en général, sont trop diffé-rents pour pouvoir être intégrés. On assiste à un transfert de la probléma-tique algérienne sur le territoire métropolitain. Ce qui existait sur le territoire algérien au temps des colonies se retrouve posé un siècle ou cin-quante ans plus tard à l'intérieur de l'Hexagone, ici en France. L'extrême force du discours assimilationniste des tenants purs et durs de la Répu-blique ne vise qu'à une chose, à marquer la distance infinie qu'il reste à parcourir aux musulmans pour se fondre totalement dans la société fran-çaise. En d'autres termes, ceux qui proclament l'assimilationnisme pur et dur mettent la barre si haut (dans leurs discours) qu'ils veulent prouver par là que l'intégration est impossible ; on retrouve la stratégie du différentia-lisme mise en œuvre en Algérie qui consistait, puisque la différence était irréductible, à créer des espaces réservés.

Se pose ici la question fondamentale de la définition de la communauté. Qu'est-ce qu'être français ? Le choix des critères de définition de l'identité nationale per-met de relier guerre d'Algérie et « problème de l'immigration ».

Tout à fait. Pour moi, les principes d'assimilation posés à la fin du XIXe siècle et la façon dont la République s'est organisée visaient avant tout à homo-généiser le corps national juridique : manuels scolaires et hussards noirs, lutte contre l'Église et recul du cléricalisme, fin des dialectes et des patois locaux, tous ces éléments y ont contribué... L'exportation des valeurs uni-verselles, des principes républicains de 1789, doit donc être comprise comme une phase d'expansion du nationalisme français. Au début du XXIe siècle, le nationalisme français continue à s'abriter sous le masque de l'universalisme républicain, de l'assimilation. Or, précisément, les luttes de décolonisation dans les années 1950-1960 ont déchiré ce masque et ont fait apparaître cet universel comme nationalisme. On assiste alors au choc entre deux nationalismes, le nationalisme de type universel et un nationa-lisme de type communautaire, le nationalisme algérien. Mais ce discours spécifiquement français n'est plus opérant, dans la mesure où la France, comme la Grande-Bretagne, n'est plus au centre du monde. Les choses se déchirent, se dévoilent, dans la mesure où ceux qui tiennent des discours sur l'universel républicain se révèlent n'être que de simples reproducteurs du nationalisme français du xixe siècle. Au nom de l'universel, au nom de la République, ils fabriquent du national.

Alors, comment se sont cristallisées les contradictions de l'Algérie française ?

La grande particularité de l'Algérie française fut d'être une colonie de peuplement d'un million de personnes. Il y avait sur le territoire algérien neuf millions d'Algériens musulmans et un million de pieds-noirs qui étaient là depuis quatre ou cinq générations – et pour les Juifs depuis des siècles. La guerre d'Algérie est comparable au conflit israélo-palestinien ou à l'Afrique du Sud, où les Afrikaners présents depuis cinq cents ans considèrent que cette terre est la leur. Elle a aussi quelque chose à voir avec la guerre de Sécession américaine : il y a une forme de mentalité « sudiste » chez les pieds-noirs, le sentiment d'apporter les lumières, la civilisation et en échange d'avoir le droit de faire travailler pour rien des populations dépourvues de droits. Il existe même une sorte de littérature « sudiste » : par exemple les romans de Camus où l'indigène reste absent. Cette singularité-là, les Français de métropole ne l'ont pas du tout saisie. Pour ces derniers, à gauche comme à droite, les pieds-noirs étaient tous des colons dans un pays qui ne leur appartenait pas ; il était donc normal qu'ils s'en aillent. Pourtant, il y avait aussi en Algérie des mairies socialistes, communistes, et la CGT a organisé de grandes manifestations en 1936. La société pied-noir était très variée, et tous avaient le sentiment de vivre dans leur pays. Personne n'imaginait devoir le quitter ; en même temps, les pieds-noirs étaient totalement aveuglés, comme des « sudistes », et ne voyaient pas qu'ils étaient une minorité à l'intérieur d'un ensemble beaucoup plus vaste.

Mais pour un paysan des Aurès, lorsqu'on a un siècle et demi de présence française, l'armée est un facteur de promotion normal : le père a fait la guerre de 1939, le grand-père celle de 1914, il est normal qu'on lui donne un fusil, qu'il devienne harki. La pénétration française, la dépersonnalisation, culturelle, politique, idéologique, a contraint les nationalistes algériens à se battre contre des gens qui n'avaient plus de conscience d'appartenance nationale. La guerre civile algéro-algérienne a donc représenté un passage obligé pour la création de la nation algérienne. Les pères du nationalisme ont été dans un premier temps à contre-courant de leur propre société, minoritaires à l'intérieur de leur famille ; ces jeunes de vingt-trente ans ont dû se dresser contre les notables musulmans, villageois, contre leur famille. Car les Algériens musulmans avaient conscience de la réalité coloniale, mais pas de la réalité nationale. Il a fallu créer une tradition politique nationaliste. De Messali Hadj à Mohamed Boudiaf, une avant-garde a créé la nation algérienne en termes politiques, par le haut ; la guerre a ensuite parachevé cette création.

En France, la césure est tout aussi forte entre les Républicains purs et durs qui refusent l'idée de quitter l'Algérie, qui disent « la République est une et indivisible », comme Robert Lacoste et Guy Mollet, mais aussi Mendès France et Mitterrand, et ceux qui vont émerger pendant la guerre, qu'on va bientôt appeler la « deuxième gauche », qui disent que la République suppose la séparation, la reconnaissance d'un autre socialisme. C'est un véritable affrontement franco-français, à gauche, mais aussi à droite.

Certains ont critiqué cette manière de présenter les choses. On vous reproche d'avoir dissimulé le vrai conflit (franco-algérien) derrière les conflits secondaires que sont les luttes franco-françaises d'une part, algéro-algériennes d'autre part. Sans contester cette dimension de guerre civile que vous décrivez, on peut discuter du sens que vous lui donnez et de la nature de la guerre.

Pour que la nation algérienne existe, des hommes et des organisations ont été nécessaires. À la fin des années 1930, celles-ci, principalement le Parti du peuple algérien (PPA) de Messali Hadj, se dégagent du système d'organisation coloniale, de la pression familiale traditionnelle, mais restent encore minoritaires après 1945, après les massacres de Sétif[2]. Cette histoire du dégagement nationaliste algérien est décisive, elle est constitutive de la nation. À moins d'accepter l'histoire héroïque de l'Algérie officielle pour laquelle la nation algérienne a toujours existé, en état d'insurrection permanente contre la France. En réalité, que s'est-il passé ? Entre 1830 et 1871, la France s'est vu opposer une résistance régionale, villageoise, religieuse ; des massacres épouvantables (très bien décrits par François Maspero) ont été perpétrés ; la conquête coloniale française a commis des génocides, n'ayons pas peur des mots, notamment vers 1840-1845, avec Bugeaud. Après, la société musulmane est militairement écrasée. Il faut attendre les années 1940 (quatre-vingts ans) pour que resurgisse non pas une résistance sur un mode tribal ou religieux, mais sur un mode politique, nationaliste, qui se dégage de la francisation.

---

2. À la suite d'une insurrection déclenchée le 8 mai 1945 dans le Constantinois, qui fit 104 victimes européennes, la répression systématique aboutit au massacre de milliers d'Algériens.

Complémentaire de votre livre, le documentaire de quatre heures que vous avez réalisé, Les Années algériennes [3], *a suscité de nombreuses réactions malgré des diffusions tardives à la télévision. À un moment où la société française s'autorise à regarder en arrière, où la guerre d'Algérie cesse partiellement d'être un sujet tabou, comment l'historien que vous êtes conçoit-il son passage de l'écrit à l'image, la possibilité qui lui est offerte d'accéder aux médias ?*

Parmi toutes les critiques que j'ai pu lire ici ou là, jamais on ne m'a critiqué sur la véracité des faits ; la critique principale a porté en fait sur le montage, c'est-à-dire la manière dont les images se succèdent, dont la chose est contée.

Les témoignages qui composent l'essentiel du documentaire ont été surtout recueillis auprès d'Européens, pieds-noirs ou appelés ; les Algériens sont relativement absents.

Un titre a généralement pour fonction de délimiter le propos d'une œuvre, et en ce sens son choix n'est rien moins qu'indifférent. Notre film ne fait pas exception à la règle. *Les Années algériennes* ne sont pas *La Guerre d'Algérie*. En effet, l'expression retenue indique, jusque dans son indétermination, de quel côté ces *années* ont été vécues. Les années de la guerre d'Algérie ne sont les années *algériennes* que vues du côté français, ce qui revient à dire qu'elles ne sont *algériennes* que pour qui n'est pas ou n'est plus algérien, un peu, *mutatis mutandis*, comme les années de la domination coloniale française auraient pu être vécues du côté algérien comme les *années françaises*. L'expression *Les années algériennes* présente donc tout à la fois l'avantage d'être suffisamment déterminée pour exclure qu'il puisse s'agir d'autre chose que de la manière dont la guerre d'Algérie a été vécue du côté français, et celui d'être suffisamment indéterminée pour recouvrir la pluralité des vécus de cette guerre de ce même côté français. Qu'il s'agisse de reprocher à la série de ne pas traiter de l'histoire de la guerre d'Algérie du point de vue de ses origines et de ses causes profondes, ou qu'il s'agisse de lui reprocher de ne pas faire la part égale aux témoins algériens et aux témoins français, la critique a consisté quelquefois à juger le film en fonction d'un objet qui n'est pas son objet. *Les Années algériennes* n'ont pas pour objet la guerre d'Algérie, mais bien les mémoires françaises de la guerre d'Algérie.

---

3. Philippe Alfonsi, Bernard Favre, Patrick Pesnot et Benjamin Stora, *Les Années algériennes*, A2, 1992.

L'idée était de rompre avec le mythe du pied-noir foncièrement méchant, du soldat éternel tortionnaire, de l'Algérien bon par nature, de déconstruire les stéréotypes pour donner à voir la réalité et, en même temps, de faire circuler la mémoire entre chacun des groupes qui ne se connaissent pas et qui ne veulent pas se parler. Mon idée de base correspondait donc à un travail historique traditionnel, tout simplement la restitution de mémoires, la confrontation et la circulation des différentes mémoires. Un exemple : une femme pied-noir dit : « Moi, je suis rentrée à l'OAS parce que j'étais communiste, je lisais Aragon, Éluard, etc. », le mythe résistantialiste appliqué aux Européens d'Algérie, avec de Gaulle à la place de Pétain. Les exemples sont innombrables, comme ce soldat qui déclare, face à la caméra : « Moi, j'étais un appelé, j'ai torturé. » On voit bien dans le film qu'il n'appartenait pas à une de ces unités spéciales de la torture ; pas du tout, c'était un bidasse du contingent ordinaire. Ainsi je déconstruis, je montre que la torture n'était pas simplement utilisée par des unités spécialisées, mais qu'une grande partie de l'armée française était gangrenée.

Parenthèse : quand le film de Marcel Ophüls, *Le Chagrin et la Pitié*, est sorti en 1971, qui s'est d'abord montré en désaccord ? Une certaine gauche française. Relisez le chapitre d'Henry Rousso dans *Le Syndrome de Vichy*. « À propos du *Chagrin et la Pitié* », où il cite toutes les prises de position, celles des associations, des déportés, du PCF, des amicales d'anciens combattants, etc. Tous disent que ce film est un scandale, une horreur. Pourquoi ? Parce qu'Ophüls laisse parler des collabos. Aujourd'hui on s'extasie sur ce film, mais on a oublié les réactions qu'il a suscitées pendant deux ans. Au fond, Ophüls a dit : Je vais vous donner à voir la réalité historique, faite aussi de ces gens qui ont été collaborateurs, par conviction ou par lâcheté, par conformisme ou par commodité... et la France de 1942 n'est tout simplement pas la France résistante de 1944 !

Qu'est-ce que j'ai voulu faire dans *Les Années algériennes* ? Il fallait bien sûr éviter le parti pris idéologique qui consiste à prendre l'indépendance algérienne comme un fait inéluctable et se contenter ensuite d'expliquer comment les choses se sont passées. J'ai refusé de montrer cela, de tomber dans le didactisme à la soviétique. Je voulais voir comment des hommes et des femmes ont été pris dans des histoires et comment ils ont vécu ces histoires ; je m'intéressais d'abord aux bifurcations possibles, aux affrontements, aux déchirements intérieurs. L'idée était donc de restituer ce qu'avait été la réalité au niveau des mémoires et du vécu, et non pas de faire le cours traditionnel à partir d'archives, avec des images de ratissages, du soulèvement algérien, du peuple uni...

Nous le savons, la mémoire n'est pas l'histoire. Mais si la mémoire n'est pas l'histoire, du moins la mémoire est-elle l'un des objets possibles de l'histoire. On peut même parler – sans avoir pour cela à rougir de honte – d'une histoire *de* la mémoire ou *des* mémoires, et ce en un double sens : au sens du génitif subjectif, la mémoire a une histoire en ce qu'elle s'altère et se transforme ; et au sens du génitif objectif, la mémoire constitue l'objet d'étude sur lequel porte la réflexion historique. Continuons. Si rien n'interdit *a priori* d'élire la mémoire comme objet de l'histoire, encore faut-il préciser qu'elle ne se donne pas immédiatement pour tel : il s'agit par conséquent d'instituer la mémoire comme objet de l'histoire. Comment construire l'objet « mémoire » ? Un tel travail exige en premier lieu (même si cette condition n'est pas suffisante) de rendre la mémoire à elle-même en la dégageant de toutes les sédimentations qui l'ont ensevelie au point de la rendre méconnaissable, un peu à l'image de la statue du dieu marin Glaucos au livre X de *La République*. L'institution est donc d'abord restitution. Ce qui veut dire, entre autres choses, que le geste de l'historien instituant la mémoire comme objet accomplit déjà en lui-même la critique de toutes les tentatives de recouvrement, d'ensevelissement de la mémoire réelle par les récits officiels ou, plus subtilement encore, par des « mémoires de substitution » qui ne vivent que de l'occultation de l'essentiel.

La critique historiquement la plus féconde de la mémoire est celle qui en dévoile l'alchimie et parvient à montrer que la manière même dont la guerre d'Algérie a été vécue du côté français a permis aux mémoires françaises d'être produites comme mémoires et de continuer à vivre d'une vie souterraine, longtemps après que la guerre elle-même eut pris fin. C'est à cette condition seulement que la critique se fait proprement « généalogique ». À préférer à cette démarche exigeante une dénonciation abstraite du colonialisme, on s'interdit de comprendre l'essentiel, à savoir le sens ou plutôt les sens nécessairement différents prêtés à leur propre expérience par les différents porteurs de la mémoire. On est alors conduit à enfermer chaque acteur de l'histoire dans un destin tracé d'avance où la question du sens n'a plus aucune place. Le sens est pluriel et non univoque, l'histoire est faite de « choses qui pouvaient être autrement » *(endechomena allôs echein)*. La critique historique qui reste sourde à ces virtualités se disqualifie d'elle-même et n'a d'historique que le nom.

En méconnaissant cette dimension, on se condamne, au mieux, à reprendre indéfiniment à son compte ce que Michel Foucault appelle « l'hypothèse répressive » : les pouvoirs coloniaux auraient, autoritairement et artificiellement, par la voie de la seule censure extérieure, provoqué le refoulement de la vérité. Que la « passion du bien-être », pour reprendre une expression tocquevillienne, ait pu rencontrer cette censure extérieure pour produire elle aussi des effets d'occultation est tout à fait décisif. L'enjeu est de taille : seule une réappropriation consciente des mémoires permet de reconnaître le passé comme passé, c'est-à-dire de ne plus le vivre comme présent. En ce sens, je confesse volontiers que mon travail n'est pas exempt d'une certaine visée cathartique.

Dans Les Années algériennes, *vous avez parfaitement réussi ce travail de restitution des mémoires, en témoignent les nombreuses réactions que le film a suscitées. Mais du point de vue de la forme, lorsqu'on passe de l'écrit à l'image, n'y a-t-il pas un risque à livrer ainsi des témoignages bruts sans traduction ? Par exemple, si on est capable de sourire aux propos du maire d'El-Affroun lorsqu'il compare ses administrés algériens à des enfants, que doit-on penser lorsqu'il affirme que la majorité de la population du village était profrançaise, et que les nationalistes n'avaient aucune audience ? Que faire d'un tel matériau brut, évidemment précieux pour des historiens, mais destiné ici à un public beaucoup plus large que celui de* La Gangrène et l'Oubli *?*

C'est toute la difficulté. Soit on est didactique, pesant, lourd, académique, on explique, on interrompt et on fait des arrêts sur image en décortiquant chacune des phrases, soit on fait de la télévision. Est-ce dire que l'image puisse par elle-même s'acquitter de la tâche ainsi impartie à la critique historique ? Nous ne l'avons jamais prétendu. Pas un seul instant, nous n'avons cédé au fétichisme de l'autosuffisance de l'image : l'image ne saurait tout dire, son incomplétude est irréductible, sa principale vertu est d'évocation. C'est justement pourquoi, contrairement à ce que pensent certains, il n'y a pas, il ne peut y avoir, d'« écriture de l'histoire en images ». En revanche, il y a place, plus modestement, pour une contribution de l'image à l'écriture de l'histoire. C'est en cela que réside le projet du film : contribuer à l'histoire de cette part d'oubli qui fonde la mémoire des hommes, contribuer à cette histoire et non s'y substituer. Et, dès lors qu'il s'agit de la mémoire, il est de droit que la subjectivité (par laquelle les émotions personnelles se mêlent en une trame subtile et serrée aux événements culturels, politiques ou économiques) soit sollicitée de façon privilégiée. Passer à l'image, ou plutôt passer par l'image, c'est en effet tenter de saisir, dans le face-à-face avec tant de visages inconnus, l'extraordinaire puissance d'humanité qui jaillit du récit même des acteurs, le désir, longtemps comprimé, de transmettre quelque chose d'un passé que l'on sait désormais révolu, c'est s'efforcer de surprendre l'affleurement du sens dans un silence gêné ou dans une réserve pudique comme dans un discours d'autojustification, dans un regard habité de nostalgie comme dans l'aveu d'une culpabilité, bref, c'est donner à entendre au spectateur la pluralité des vécus et, par là, la pluralité des sens. Voilà tout ce que l'on peut légitimement attendre de l'image – et qui est déjà beaucoup.

Un film obéit à sa propre logique et possède ses propres règles. Pourquoi faudrait-il lui demander d'assumer une fonction qui n'est pas la sienne ? Au-delà de l'évocation du sens par le vécu, reste en effet l'explication des mécanismes de fabrication de la mémoire, explication qu'aucun traitement de l'image, si didactique ou si ingénieux soit-il, ne saurait délivrer. Faudrait-il s'en plaindre ? Faudrait-il croire que le spectateur est si mineur qu'il ne puisse dépasser par sa propre réflexion l'immédiateté de l'image ? Pour notre part, nous avons fait le pari inverse. Sans doute les risques encourus sont-ils grands. Mais le vrai problème est ailleurs. Il n'est pas de confier à l'image le soin d'accomplir une critique historique. Il est de savoir ce que l'image, à l'intérieur des limites qui sont les siennes, est chargée de signifier. Là est l'essentiel : ni substitut miraculeux de l'histoire ni annulation intrinsèquement perverse de toute distance, l'image avant tout signifie et, faut-il ajouter, elle ne vaut que par ce qu'elle signifie. De ce point de vue, l'alternative est assez simple. Ou bien l'image est chargée de signifier le caractère pluriel du sens, et sa contribution à l'histoire de la mémoire est irremplaçable. Ou bien l'image est censée nourrir l'illusion rétrospective d'un sens univoque, et sa contribution à l'histoire tout court est à peu près nulle. Alléguer là contre que l'historien doit « dire vrai » n'est guère pertinent. Car entreprendre de dire la vérité sur les mémoires, ce n'est assurément pas admettre que les mémoires disent la vérité, mais c'est à tout le moins postuler que les mémoires sont porteuses de sens, jusque dans la sélection et la déformation qui font d'elles des mémoires.

On a l'impression que la manière dont vous avez construit votre film reproduit le mouvement même de la mémoire. La mémoire est d'abord un récit refabriqué, si possible chronologique mais forcément fragmentaire. Vous nous offrez finalement l'image d'une mémoire fragmentaire, mais une mémoire plurielle, celle de X ou de Y...

On a commencé par mettre par écrit les quelque cent cinquante heures de rushes dont nous disposions. J'ai cherché alors à suivre le récit chronologique et en même temps à faire en sorte que chaque parole vienne compléter la précédente, s'y articuler ou s'y accrocher. Tel fut le principe de construction du film : les différentes mémoires s'accrochent les unes aux autres comme des espèces de wagons, qui permettent ainsi de faire avancer le train sur les rails chronologiques. En choisissant ce parti pris, il m'était impossible d'analyser les propos, de présenter les personnages, c'était matériellement impossible. Donc il fallait s'en tenir à ce parti pris et faire en sorte que le film soit le plus lisible et le plus cohérent possible ; mais aussi le plus plaisant possible, car la télévision n'est pas le cinéma, et il ne faut pas que l'attention du téléspectateur se disperse. Il faut que le récit rebondisse, que les paroles se répondent entre elles, tissent des histoires individuelles qui en même temps intéressent le plus grand nombre. C'est un pari très audacieux, très difficile, qui n'a pas toujours été gagnant ; il y a des passages trop longs, d'autres qui mériteraient d'être explicités, encadrés par des commentaires. Pour Melouza[4], il est vrai que je n'aurais pas dû laisser le commentaire d'époque (de 1957), discours de propagande français que j'aurais dû remplacer par un commentaire expliquant les luttes internes de la révolution algérienne... Mais quand on est pris dans cette espèce de va-et-vient entre mémoire et histoire, entre la mémoire individuelle et la mémoire collective que représente la propagande de l'époque, on est séduit par ce rythme-là, on est pris par la force de séduction de l'image... et puis on fait confiance à l'intelligence du spectateur.

Vous ne pensez pas que cette manière de procéder oblige le téléspectateur à se faire historien ?

C'est très juste, absolument, aller chercher des livres, l'intéresser à ce qui s'est passé. Surtout les jeunes de quinze-dix-huit ans à qui leurs professeurs avaient demandé de regarder et qui n'ont pas toujours tout compris. Ils voyaient leurs aînés, ceux entre trente-cinq et soixante-dix ans, rivés à leur écran de télé qui disaient à quel point c'était important pour eux, et ils ne comprenaient pas cet intérêt porté par leurs parents, ni même le récit chronologique et ses articulations. À partir de là, ils ont fait la démarche d'acheter des livres, de fouiller, de chercher à comprendre. En d'autres termes, il est vrai que *Les Années algériennes* n'a pas été conçu comme une série pédagogique scolaire, comme le documentaire de Baty ou de Courrière, inévitablement manichéen.

---

4. À Melouza, l'ALN massacra la plus grande partie des habitants de ce village « messaliste ».

Mais est-il vraiment impossible de concevoir une pédagogie sans manichéisme ? Est-ce qu'on ne peut pas apporter à la fois le matériau et son interprétation ?

Cette question est très difficile. Je crois malheureusement que la force de l'image ne permet pas d'écrire l'histoire autrement que sous sa version didactique et simplifiée. Dès qu'on entre dans la complexité, dans des histoires tragiques, à hauteur d'homme, des histoires de remords, de culpabilité ou d'absence de culpabilité, tout devient très compliqué, et les gens ne marchent pas. D'un point de vue didactique, ils ont besoin de vérités rassurantes, et l'histoire, dans un monde en crise, apparaît comme un des rares territoires balisés, avec les bons et les méchants, les dates, les faits et les personnages. Dès lors qu'on commence à déconstruire, à dire qu'il y avait une guerre dans la guerre, une révolution dans la révolution, des traîtres dans la Résistance, ça ne marche plus. Ce qu'on demande à l'historien, c'est d'offrir des repères dans un monde qui a tendance à les perdre, donc de simplifier... Alors que le travail de l'historien consiste précisément à prendre de la distance, mettre en perspective, peut-être déconstruire... revisiter en permanence l'histoire en fonction de nouvelles sources, de nouvelles approches, de nouveaux objets.

Mon objectif ici était d'ouvrir des chantiers sur la mémoire de la guerre, sur des groupes de mémoire comme les harkis, les pieds-noirs, les pères fondateurs du nationalisme algérien, sur les origines de la nation algérienne, ses conditions d'émergence, le rôle des hommes. S'il est évident que les contradictions se seraient dénouées tôt ou tard dans la guerre, l'affrontement ou la négociation, ce postulat une fois posé, reste encore à tout restituer, à tout remettre en mémoire, en circulation : le travail sur la guerre d'Algérie n'en est qu'à ses balbutiements. Un historien est aussi un citoyen qui s'inscrit dans la bataille pour plus de rationalité, plus de liberté, pour en finir avec des contradictions absurdes, comme celle de l'histoire de l'Algérie coloniale entre républicanisme et ségrégation. Pour moi, il y a un sens de l'histoire vers plus de maîtrise et de rationalité. Il y a eu des crimes de guerre qu'il faut restituer dans leur complexité, dont il faut faire émerger le sens.

Justement, quel est aujourd'hui l'enjeu de mémoire par rapport à la guerre d'Algérie ?

Mais l'enjeu est énorme ! À la différence de Vichy, il n'existe absolument aucune reconnaissance d'une quelconque culpabilité, parce qu'il est impensable de reconnaître que la France ait conduit une guerre contre une fraction d'elle-même, puisque l'Algérie était la France ! Tout en *connaissant* la torture, elle ne la *reconnaît* pas officiellement. Il faut faire la distinction entre connaissance et reconnaissance. Dans l'espace public commémoratif, il n'y a rien : le 17 octobre 1961 n'est pas la rafle du Vél' d'Hiv'.

Et dans les manuels scolaires ?

Depuis quelques années, on en parle. Mais les problèmes restent énormes. Par exemple, les harkis n'ont toujours pas été réellement indemnisés. Ne pas vouloir reconnaître la complexité de cette guerre, sa dureté et les retombées à plus ou moins long terme pour la France fait que ce conflit de mémoire traverse encore la société française d'aujourd'hui. Pourquoi ? Parce qu'on préfère le manichéisme simplifié : les Algériens ont voulu leur indépendance, ils l'ont eue, maintenant, on ne veut plus en entendre parler. La réforme en cours du Code de la nationalité qui modifie l'article 23 en est une très bonne illustration. L'argument est le suivant : maintenant, c'est fini, les Algériens doivent être comme les autres ; maintenant que la guerre est finie, il n'y a plus de double droit du sol... Et pourtant non ! les Algériens ne sont pas comme tout le monde, ils ont été colonisés pendant cent trente-deux ans, et l'Algérie formait trois départements français. Il y a une singularité algérienne dans l'histoire coloniale, et la modification de l'article 23 est encore une façon d'en effacer la trace. On ne peut pas effacer comme ça une dette de cent trente-deux ans, nier tout un pan de notre histoire.

Qu'en est-il de l'évolution de l'historiographie coloniale ?

Elle est très faible, et l'absence de « relais », après Charles-Robert Ageron et quelques autres, fait partie de tout un ensemble d'occultations et de refoulements. Il faut attendre, car la recherche n'en est qu'à ses débuts sur un grand nombre de thèmes. Les premiers mémoires de maîtrises, les premières thèses ou monographies sur l'OAS, les pieds-noirs, les harkis, les villages, les régions voient le jour et comblent les trous, permettent cet effort de précision : par exemple, à l'est, en Kabylie, la guerre fut terrible, pas comme dans l'Oranais. Ou encore l'histoire des pieds-noirs dans les villes n'est pas la même que celle dans les villages, les colons étaient paternalistes, mais ils étaient plus proches des Algériens et parlaient l'arabe tandis que les pieds-noirs des villes qui avaient une bonne ne connaissaient pas un mot d'arabe, véhiculaient un racisme de type colonial... Donc il faut faire de l'histoire, restituer les choses, aller dans le détail...
Mais pour que la recherche démarre, il faut que cette histoire ait un intérêt

dans le champ historiographique, et que la société en éprouve le besoin. Or les groupes qui ont besoin de cette mémoire, de cette histoire, sont des groupes minoritaires. Je pense que le renouvellement de l'historiographie française de l'Algérie, de sa problématique et de ses objets, viendra en grande partie des « beurs », des enfants issus de l'immigration algérienne. Avec les enfants de harkis et ceux des pieds-noirs, ce sont les trois principaux groupes de la tranche d'âge vingt-vingt-cinq ans qui veulent savoir ce qui s'est passé à partir de leur itinéraire propre, de leur trajectoire familiale. Tout comme les Juifs de France ont bousculé l'historiographie officielle, traditionnelle de Vichy, l'ont attaquée par les flancs dans les années 1970. L'histoire avance ainsi à la marge, grâce à des gens qui ne sont pas au cœur de la société française. Il faut des francs-tireurs qui dérangent et permettent ensuite un repositionnement général.

Quelle devrait être la position des autorités et, au-delà, des intermédiaires culturels dont le rôle pédagogique est essentiel pour mettre au jour les mythifications et les manichéismes ?

Restituer. Restituer les mémoires, restituer la complexité d'une société coloniale qui ne cessait de contredire, de par son organisation, les principes républicains. C'est essentiel pour comprendre comment le racisme colonial fut le corollaire d'une telle organisation communautaire, comment ce racisme spécifique a traversé la Méditerranée, s'est installé en France. Le racisme ici est un racisme colonial, mais qu'on ne veut pas nommer comme tel. On dit les jeunes, le racisme, la banlieue… En fait, on stigmatise une population minoritaire, les musulmans de France, sauf qu'on ne le dit pas, on ne le nomme toujours pas. On ne nommait pas la guerre d'Algérie, et on continue à ne pas nommer les choses !

Il y a donc un devoir de l'historien, comme par exemple d'offrir des repères identitaires à la communauté nationale. Qu'est-ce que, sur la guerre d'Algérie, l'historien peut apporter à la société française ?

Il faut accepter « l'homme du Sud », pour reprendre cette expression de Camus. Tandis que les Algériens doivent sortir de la guerre, la société française, elle, si elle veut regarder en face la guerre d'Algérie, se doit maintenant d'entrer dans cette histoire, l'assumer, elle doit reconnaître, accepter l'homme du Sud, qui est partie prenante de son histoire. La grande leçon de tout ça, c'est que les Algériens sont les gens les plus proches de nous, ont vécu la même histoire – et quand je dis les Algériens, à la limite c'est aussi moi comme homme du Sud et comme Algérien « français ». Le problème est de les accepter. L'histoire de l'Algérie nous montre que la diversité culturelle ne remet pas en question l'unité du pouvoir politique, qu'au contraire l'affrontement culturel permet de renforcer l'unité politique d'un pays. Voilà le problème qui se pose à la société française d'aujourd'hui : nous avons besoin, et c'est la grande leçon des années algériennes, d'une nouvelle République, une République qui ne dépersonnalise pas, qui accepte la diversité, le pluralisme, la différence.

Le drame de l'histoire algérienne réside dans cette tentative à la fois de dépersonnaliser et de rejeter. Il faut en tirer les leçons, on ne dépersonnalise pas, on ne rejette pas, on n'exclut pas, et, si on a proposé un faux modèle de la République à l'Algérie, prenons garde à ne pas reproposer un faux modèle républicain en France aujourd'hui. Quant à l'Algérie contemporaine, elle rejette ce faux modèle républicain qui se présentait pour le vrai, et une partie de la société trouve refuge dans l'islamisme politique. Si l'on veut se débarrasser du racisme colonial, il est urgent que les Français nomment la guerre d'Algérie, c'est-à-dire qu'ils disent ce qui se passe dans leur société aujourd'hui, pourquoi une partie des nationaux sont stigmatisés, rejetés, exclus... Sans quoi la guerre d'Algérie ne sera jamais finie. Il faudra bien qu'un jour on tourne la page, qu'on accepte l'autre, cet Algérien qui a d'abord voulu son indépendance parce que tel était le sens de l'histoire, et qui, trente ans après, veut devenir français : où est le problème ?

Propos recueillis par Dimitri Nicolaïdis

À qui profite le crime ?

Miguel Benasayag

La question des « crimes et de la mémoire » implique celle de l'écriture de l'histoire, c'est-à-dire ce qui du passé « fait histoire » et par là fonde le présent.

La mémoire d'une nation compose un récit formé de « morceaux choisis » qui, en principe, ne sont pas fruits du hasard ni de l'arbitraire mais sont structurés et interprétés de telle sorte qu'ils dessinent les grandes lignes d'une singularité nationale. Ces grandes lignes déterminent, sans toutefois devenir un « Être » (national), l'existence des différentes idiosyncrasies de chaque peuple.

Le travail de la mémoire, collective ou individuelle (comme dans la psychanalyse), ne consiste pas à fouiller dans une vieille malle pour trouver des choses oubliées qui attendaient qu'un bon explorateur du temps passé les découvre. L'histoire est une réalité présente et actuelle que tissent les différents éléments de la situation de chaque aujourd'hui. C'est pourquoi il nous semble important, pour notre sujet, d'énoncer ce qui, dans la conception même de l'histoire, a radicalement changé.

Nous traversons aujourd'hui une crise des fondements de nos cultures, ces cultures qui se structuraient autour du mythe du progrès et donc d'un sens dans l'histoire. Pendant plusieurs siècles, la pensée de l'histoire fut accompagnée par des concepts tels que déterminisme, téléologie, sujet de l'histoire, étape évolutive, raison dans l'histoire..., et, au-delà de l'apparence catastrophique des événements, se cachaient toujours les rouages contradictoires du devenir dialectique de l'histoire. Un des premiers à avoir analysé l'histoire comme un processus ayant ses propres lois et déterminations fut le révolutionnaire Thomas Muntzer. Pour lui, les hommes pouvaient, à travers la connaissance des lois de l'histoire, accélérer celle-ci, et devenir ainsi les sujets de ce processus qui visait un objectif final : le paradis sur terre.

La rupture de ce mythe du progrès qui structurait la vie des hommes et des femmes, dans leurs différentes pratiques, a des conséquences dont on n'a pas toujours conscience. Nous devons tenir compte de ce changement important, car un corollaire possible de cette rupture pourrait être que s'il n'y a plus de sujet de l'histoire, il y a possibilité d'une remise en cause du concept d'un sujet de liberté, voire de la liberté dans le passé, présent et futur.

Les tenants de cette position peuvent être classés comme « réalistes pessimistes ». Ils énoncent que tout ce qui existe se réduit nécessairement à la réalité présente, et que les hommes ne peuvent guère la changer. L'histoire serait ainsi arrivée à un point final de son développement, horizon indépassable. Ce réalisme, de nos jours dominant, tente de supprimer, par le biais de l'élimination du sujet, la notion même de responsabilité. Dans son pessimisme nihiliste, il soutient que toute idée d'un homme libre, responsable de ses actes, capable de promouvoir et d'orienter des changements n'est qu'une chimère dangereuse. Dans notre monde « figé sur image » où personne n'est plus responsable de ce qui existe, c'est du coup le concept même de changement qui se trouve sans fondement. Les conséquences d'une telle position théorique sont facilement repérables dans toutes les révisions de l'histoire qui interprètent dans leur élan totalisant le passé comme également déserté par la notion de responsabilité. Autrement dit, la déresponsabilisation du présent, sous-tendue par les théories issues du réalisme philosophique (postmodernité, nouvelle philosophie), a besoin, pour exister, d'une histoire qui dévitalise aussi le passé.

C'est à partir de ces énoncés critiques de l'idéologie dominante que je vais tenter de développer quelques points relatifs à la question « des crimes et de la mémoire ».

La notion de crime

Cette notion pose problème. Sa difficulté réside dans la nomination d'un acte en tant qu'acte criminel, celle-ci relevant d'une sanction symbolique qui ne va pas de soi ni ne correspond au caractère spectaculaire de la chose jugée. La notion de crime n'est pensable que si on la rattache à une pensée du mal. La définition du concept du mal a souvent pris, dans l'histoire de la philosophie, la forme d'une aporie. Pour les philosophes idéalistes, par exemple, l'origine du mal questionnait les fondements mêmes de toute pensée de la genèse du monde : pourquoi le dieu ou les divinités, essences mêmes de la bonté, se seraient-ils amusés à créer le mal ? En règle générale la responsabilité du mal incombait aux hommes et à la liberté qui fut identifiée sinon à la cause du moins à la possibilité du mal. Il était inutile d'attendre des matérialistes une réponse à une question qui, par excellence, est assez étrangère aux théories qui affirment l'existence d'un monde immanent et pour lesquelles toute notion du bien ou du mal renvoie systématiquement à une transcendance peu souhaitable.

Il semble difficile, compte tenu des divisions et des antagonismes qui règnent entre les hommes, de donner un statut définitif à la notion du mal et à ce qui serait un de ses modes d'existence : le crime.

Cette notion semble souffrir d'une « faiblesse ontologique » ; déterminer d'une façon solide et durable que tel acte *est* un crime ne va pas de soi. Cette faiblesse ontologique, loin de nous plonger dans une impossibilité énonciative, va nous permettre d'avancer une interprétation différente.

En effet, il s'agit de prendre un chemin inverse, de partir de l'affirmation selon laquelle « un crime n'existe pas en soi » et de voir depuis quel lieu, à quelles conditions, un acte devient un crime. Prenons l'exemple caricatural d'un groupe d'une vingtaine de personnes qui regardent un homme en maltraiter un autre. Après tout, ceci arrive souvent dans le quotidien sans provoquer de réactions importantes car cette « maltraitance » rentre dans les grilles de normalité d'une situation donnée. Ainsi, si cela se passe dans une société esclavagiste, les gens penseront que la vie est dure pour l'esclave mais que c'est « normal ». Plus près de nous, la même chose arrive quand nous voyons des ouvriers descendre à la mine, des voleurs de pommes maltraités ou des étrangers se faire expulser. Toutes ces situations sont des situations qui existent et sont tolérées au nom d'une norme acceptée par tous les participants, y compris par les victimes. Et quand les situations deviennent trop violentes et provoquent une certaine « gêne » parmi les membres du groupe, ceux-ci auront recours à ces petites phrases magiques qui ont le pouvoir de remettre de l'ordre et d'endormir les consciences. Ainsi, dans toutes les langues du monde, on entend dire face à ce type de spectacle : « Cela doit être pour quelque chose... »

Jusque-là, définir où commence et finit l'acte criminel est impossible car même ceux qui l'exécutent obéissent à des ordres, ces ordres obéissant eux-mêmes à un ordre consensuel et « naturel ». Poursuivons notre exemple. À un moment donné un homme ou une femme du groupe va se révolter contre l'ordre dominant et va nommer ce qui était perçu comme « normal » comme criminel et insupportable. Cette nomination, cet acte libre, « ontologiquement fort », vient casser et réordonner la situation antérieure : les autres membres du groupe deviennent de ce fait des coupables, les uns de crimes, les autres, par leur silence, de complicité.

L'irruption événementielle qui subvertit l'ordre jusque-là régnant procède ainsi par la nomination d'une « injustice », le crime étant une injustice au regard de l'acte libre de sa nomination, injuste non pas en soi, ou d'après une harmonie universelle quelconque. Nous voyons ici cette identité entre justice et liberté. L'acte libre naît avec le pari que ce qui était comme ça ne doit pas forcément l'être, qu'une praxis libre est possible : la liberté *est*.

Si le mal n'*est* pas, si seule la liberté *est*, nous voyons comment l'inscription de certains actes, sous la sanction des crimes dans l'histoire, ne relève pas d'une trace passive, mais existe sous condition d'une lutte et d'une liberté agissantes. C'est pourquoi toute mise en cause des crimes du passé est dangereuse, car elle tente d'éliminer la liberté dans la situation présente. Cette lutte entre la mémoire et l'effacement obéit à différents mécanismes, en voici quelques-uns.

Oubli ou refoulement

Si on gardait l'image d'un passé où les événements resteraient enfouis, on pourrait adhérer à l'idée selon laquelle l'oubli, des crimes ou autres, pourrait relever d'un mécanisme passif dans lequel ce qui fut, les traces de ce qui fut s'estomperaient petit à petit. Or, la mémoire collective ou individuelle ne fonctionne pas de la sorte. Nous ne pourrons comprendre ce mécanisme que si nous abandonnons cette vision de passivité. Ainsi, à l'image de l'oubli où les traces s'estomperaient, nous opposons une compréhension dynamique où l'oubli relève plutôt d'un travail nommé refoulement.

Ce changement d'optique nous permet de dire que le refoulement implique une force qui tend à effacer ce qui existe. Mais cette force, contrairement à l'oubli passif, ne va pas sans une opposition qui laissera le témoignage de cette lutte : le symptôme.

Si dans l'oubli passif il y avait érosion, dans le refoulement il y a inévitablement retour du refoulé.

Il s'agit maintenant de déterminer ce qui est refoulé dans la question « des crimes dans l'histoire ». Car, peut-être, contrairement à ce qu'on

pourrait penser dans un premier temps, ce ne sont ni les crimes ni la barbarie qui sont refoulés mais l'acte libre, l'acte désirant. Cet acte résistant
qui nomma telle ou telle situation comme criminelle et barbare.

Le refoulement se construit autour d'un discours restaurateur qui va
tenter de rétablir l'harmonie passée, cassée par l'acte libre. Ce discours,
véritable symptôme du retour du refoulé, déclare que comme il n'y a
jamais eu de liberté, il n'y en aura jamais. Le retour du refoulé ne veut pas
dire que l'objet du refoulement (l'acte libre) revient sur la scène ; au
contraire, le retour du refoulé prend toujours la forme d'un symptôme, qui
énonce non pas que la liberté n'est pas possible – car justement c'est ce qui
est refoulé –, mais que les crimes et les barbaries n'ont jamais existé. Si la
condition d'existence d'un crime réside dans sa nomination, le refoulement de sa nomination implique l'effacement du crime ; tel est le souhait
des révisionnistes de tout poil.

Savoir et « effet de vérité »

Face à la vague croissante des révisionnismes visant à banaliser les
crimes dans l'histoire, une partie de nos contemporains pensent qu'il faut
multiplier les informations sur ce que fut la barbarie. D'une façon très
XIXe siècle, on va parier sur le savoir contre l'ignorance, « cause de tous les
mots ». Il suffirait donc de simplement expliquer comment des millions
d'Indiens ont été massacrés par les conquistadores, comment, d'une façon
très aryenne, on a gazé les Juifs et les Tziganes, ou encore comment l'État
français trouva un chaleureux consensus dans son entreprise de collaboration, et enfin comment, plus tard, sous la République, on tortura et massacra les patriotes algériens. On parie sur l'information et l'argument
majeur pour continuer à le faire est de dire que beaucoup de jeunes de différents pays méconnaissent l'existence et l'histoire de ces crimes. Or, dans
la presque totalité des cas, ces jeunes ont eu, à un moment donné, accès à
ces informations, mais elles n'ont pas provoqué chez eux un « effet de
vérité ». La preuve a été maintes fois faite : le savoir sur une situation est
nécessaire mais n'est pas suffisant pour réagir et pour décider.

Plus l'homme moderne dispose de moyens de communication,
moins il semble être en mesure de décider à partir de l'information reçue,
comme si le développement de ces moyens dévitalisait jusqu'à l'étouffe-
ment tout ce qu'il y a à communiquer. En effet, tout se passe comme si les
gens « savaient » mais n'étaient pas « au clair » quant à la signification de
ces informations. Et les médias, loin d'éclaircir le doute autour du « sens »

des informations données, renforcent la confusion par la banalisation des faits. Donc, *stricto sensu*, les gens « savent », mais pourquoi ce savoir ne fait-il pas « effet de vérité » mérite une explication.

Nous nommons effet de vérité la décision selon laquelle un élément jusque-là enfoui dans le savoir de l'encyclopédie devient central au point de se constituer en véritable grille d'analyse à travers laquelle nous allons juger différemment la situation et notre vie. Pour qu'un élément ne relève plus d'un savoir encyclopédique mais qu'il provoque cet effet de vérité, l'information quantitative n'est donc pas suffisante. Qu'on ne se trompe pas, nous ne disons pas qu'il ne faut pas d'information, nous pensons réellement que l'information est fondamentale, car les différentes enquêtes sur la réalité configurent la situation présente, et aucune décision ne peut être prise sans s'appuyer sur une situation concrète. Mais nous disons que la décision n'est pas déductible des éléments de la situation.

Si la décision qui donne un effet de vérité à un savoir historique concret n'est pas déductible des éléments de la situation, c'est bel et bien parce que, pour pouvoir lutter contre l'effacement des crimes dans la mémoire, il est nécessaire qu'une dialectique passé-présent s'établisse. Cette dialectique se fonde dans la fidélité active envers l'acte libre, dans une actualisation permanente de cette liberté.

Autrement dit, si la sanction d'un acte en tant que crime nécessitait au moment concret la lumière d'un acte libre, le non-refoulement de cet acte libre dépend de l'existence, dans la situation présente, d'hommes et de femmes capables d'assumer aujourd'hui cette même liberté.

S'il n'y a pas d'oubli passif d'un acte, parallèlement il n'y aura pas non plus souvenir passif (universitaire) des événements de l'histoire comme garant suffisant contre l'effacement de la mémoire et le retour de la barbarie.

Du héros au traître

Tout se passe comme si le dictionnaire était devenu fou, comme si un malin génie s'amusait à déconstruire à l'infini tout rapport logique de sens et de signification. Le nouveau mot d'ordre est arrivé : « Il n'y a plus de sens », « toutes les interprétations s'équivalent ». La fin de la croyance en un sens téléologique dans l'histoire est utilisée pour légitimer tous les révisionnismes, et toutes les remises en cause sont possibles.

L'histoire n'arrête pas d'être révisée et déconstruite. Ainsi celui qui était mort en héros se transformera petit à petit en un sympathique illuminé, puis en quelqu'un qui avait certainement eu de bonnes intentions mais qui s'était trompé pour, finalement, accéder au même niveau que le traître. À l'inverse, on essaiera de comprendre celui qui fut un traître ou un « collabo » jusqu'à ce qu'il devienne dans son drame cornélien le héros auquel on s'identifie. Désordre ? Polysémie impossible à contrôler ? On pourrait le croire dans un premier temps, mais, hélas, le mouvement général de révision de l'histoire, lorsqu'on l'étudie de plus près, perd son caractère « polysémique ». Il montre à qui veut bien le savoir qu'au nom de la liberté et contre les dogmes s'installe à la place dominante de toute lecture de l'histoire un discours plutôt cohérent, déterministe et réducteur. Ce discours vise par étapes successives le même objectif :

– la mise en cause des grands principes autour desquels les décisions furent prises dans la situation étudiée (« après tout les résistants étaient des voyous » ou bien « où commence et où finit la collaboration », « le mal était des deux côtés »...) ;

– la relativisation, la banalisation et la négation de la barbarie qui estompent les différences entre les camps (négationnistes...) et ouvrent le champ à une sérieuse mise en cause du héros d'hier.

Notre dictionnaire fou est maintenant prêt pour nous expliquer que la seule et radicale différence entre le mot héros et le mot traître réside dans leur orthographe.

Déconstruire ce discours faussement libre et consensuel et démontrer qu'en situation, dans la situation, il y a toujours une ligne qui partage les eaux des champs et les héros des traîtres est la seule réponse qui pourrait faire barrage à cette entreprise de déconstruction de l'histoire. Pour cela il faut être capable d'avancer dans une compréhension de la situation qui nous montre que la seule « unité » de l'histoire, sa seule « continuité » est donnée par sa radicale discontinuité, ce qui nous oblige à aborder les situations du passé avec une certaine humilité due à notre exil et à notre distance. Si l'histoire « globale », comme la rêvait Michelet, s'est révélée être une chimère, c'est bien parce qu'elle ne relève pas d'une situation universelle où toutes les situations particulières s'enchaîneraient. Au contraire, chaque situation se définit dans sa singularité par le nouveau défi qu'elle propose aux hommes et aux femmes libres qui la composent. C'est pourquoi, considérer le temps présent comme un aboutissement de l'histoire, considérer notre société comme un horizon indépassable est une position liberticide qui se fonde sur une nécessaire mise en cause des actes libres du passé.

Loi, mémoire et société

Quelles sont, pour une société, les conséquences d'un tel exercice d'effacement du sens des actes du passé ? La conséquence la plus radicale est que cette société qui déconstruit toutes les valeurs fondamentales liées aux carrefours les plus critiques de son passé est une société qui s'exile de la Loi.

En effet, tous les grands carrefours historiques sont des moments où les individus, en renonçant à la « non-loi du plus fort », ont choisi la défense de la Loi (ontologique). Ne pas choisir la loi, celle du code (ensemble de règles), permet à la société de se fonder sur un rapport de non-force et de non-barbarie. Au moment du choix, il y a toujours un mouvement de résistance plutôt que de collaboration, de révolte plutôt que de compromission : c'est la réactualisation du geste libertaire d'une Antigone, sorte de pari sans garantie. Sans garantie non pas parce qu'on sait ce qui doit être mais parce que nous refusons, du fond de nous-mêmes, ce qui est.

La Loi, dans son sens ontologique, contrairement à ce que l'on croit, n'est pas là pour protéger les faibles face aux forts. Cela impliquerait que nous restions dans une société de maîtres brutaux qui, par caprice, accepteraient (momentanément) de ne pas écraser les faibles. Ou, comme le dit Shakespeare : « Les véritables maîtres de l'univers sont ceux qui, en pouvant le détruire, ne le font pas... » Un État de Loi est une société dans laquelle nous avons abandonné ces considérations. Le monde ne se divise plus en forts et faibles. Un État de Loi est un État dans lequel toute violence du « fort » contre le faible constitue un attentat, non pas contre le faible en question, mais contre l'État.

C'est pourquoi, dans un véritable État de Loi, il n'est pas possible de « terroriser les terroristes » car, bien entendu, c'est toujours le terrorisme qui gagne. Dit autrement, dans un État de Loi, nous ne pouvons pas, pour en finir avec l'anthropophagie, manger les anthropophages.

Cela met en évidence la fragilité d'un État de Loi. D'une part, parce que la Loi est à son tour un champ de bataille où le nouveau provoque sans cesse le passé. D'autre part, parce que l'État de Loi ne peut exister que fondé en continuité et en fidélité avec les actes libres qui dans le passé lui ont permis d'exister.

Ainsi, nous pouvons prendre en tant que contre-exemple ce qui se passe aujourd'hui en Argentine où, malgré quelques procès intentés aux militaires coupables de génocides, les crimes affreux de l'époque de la dictature restent impunis et leurs responsables amnistiés. En France, il pourrait arriver la même chose, – c'est d'ailleurs le cas pour la guerre d'Algérie. La méthode argentine consiste à évoquer la « théorie des deux démons » selon laquelle les militants populaires, les résistants d'une part et les militaires, les bandes fascistes d'autre part constituent les deux démons qui se sont affrontés pendant quelques années sous le regard ahuri et paniqué du brave petit peuple qui, évidemment, n'était pour rien dans ce combat.

Les 30 000 disparus, les tortures, les massacres et les exactions seraient le corollaire gênant certes, mais inévitable d'une telle « folie historique ». La forclusion du caractère criminel de ces actes barbares vise clairement à rayer de l'histoire ce moment terrible où une très grande partie du peuple argentin, en harmonie avec d'autres peuples de l'Amérique latine, tenta l'aventure de construire une société plus juste.

« Crime et mémoire » n'est donc pas un sujet académique qui ferait l'objet d'un chapitre de l'enseignement de l'histoire, mais constitue un pilier fondamental sur lequel une société peut exister.

Avant d'abandonner l'exemple argentin, nous pouvons constater avec tristesse que l'accroissement des injustices, le devenir mafieux de la société argentine, le royaume de la corruption impunie, parmi d'autres caractéristiques de ce pays, sont, dans une bonne mesure, les symptômes actualisés d'un tel refoulement. Le pire de ce symptôme nous semble être l'actuelle incapacité de réaction face à la situation, car toute réaction radicale pourrait réactiver la scène mythique des deux démons en lutte.

Histoire et « être national »

Finalement, nous pouvons conclure qu'il n'y a de l'Être qu'en devenir et, contrairement à l'idéal de fixité éternelle de la pierre qui pourrait ramener la question de l'Être à une identité immuable, il n'est question de l'Être que là où il est question de projet et d'utopie.

Alors, si l'Être national n'est pensable à son tour qu'en termes d'un devenir, celui-ci ne peut nullement se fonder sur un refoulement, car le refoulement, au lieu de nous éloigner de l'acte refoulé, rend celui-ci éternellement actuel. Un souvenir sans cesse actualisé condamne une société à la répétition, surtout à celle de la barbarie.

La tentation est grande, car concevoir l'Être sous la figure du devenir ne va pas sans provoquer une forte dose d'angoisse, le devenir évoquant l'indiscernable où chaque projet, chaque pensée émet un coup de dés qui ne saura pas abolir le hasard. C'est l'« altitude peut-être » (figure de l'inconsistance chez Mallarmé) qui, en posant la question de l'Être du côté de l'indécidable, nous laisse sans garantie. C'est pourquoi le mécanisme de répétition est toujours si « attrayant » pour des consciences qui ne demandent qu'à être anesthésiées.

Si, dans l'histoire récente de la France il y a eu deux grands moments où le racisme, la xénophobie et la barbarie ont fait irruption (la collaboration et la guerre sale en Algérie), le discours révisionniste qui apparaît aujourd'hui ne peut pas être tenu pour innocent et naïf. De même, la thèse selon laquelle le racisme et la xénophobie seraient des effets indésirables de la crise économique n'est pas innocente. Ces réponses apportent aux gens angoissés par la rupture historique, difficile à définir, la certitude dont ils manquent. Certitude, peu importe laquelle, mais qui sera toujours plus douce qu'affronter l'indiscernable.

Aujourd'hui comme hier, la question de construire un barrage contre la barbarie passe par la possibilité, « une fois encore » d'assumer la liberté d'élaborer un projet qui ne voie pas dans l'« altitude peut-être » l'image même du mal ; c'est seulement ainsi que nous pourrons faire aussi de l'histoire en assumant notre histoire. De nos jours, seul l'hypocrite peut prétendre qu'il existe une différence entre les pratiques révisionnistes en histoire et la banalisation et la diffusion des discours racistes et xénophobes. On se ferme sur soi-même, notamment en diabolisant l'islam, et on crée de toutes pièces une société aux traits paranoïaques où les gens se sentent entourés et mis en danger par une masse de barbares, miséreux qui en veulent à leurs biens. Les discours, les accents et les consonances ont bien entendu un clair goût de « déjà vu ». Mais il faut savoir que résister à la barbarie a toujours relevé de ce pari sans garantie où l'on s'engage sans connaître la fin du film.

Miguel Benasayag

À l'heure du consensus
Alain Brossat

En l'espace de quelque trois décennies, la mémoire collective a fait en France une sorte de tour complet sur elle-même. Surgi dans l'après-1968, l'« objet » mémoire collective se rattache pour une part à cet éclatement de l'histoire, cette « accélération », cet arrachement au socle de la tradition dont la problématisation par Pierre Nora a fait le succès des *Lieux de mémoire*[1]. Mais également, on l'oublie trop souvent, la promotion de la mémoire collective dans les pratiques discursives des intellectuels au fil des années 1970 la connote fortement du côté des « voix d'en bas », des cris et chuchotements du peuple si constamment couverts et refoulés par les versions de l'histoire des puissants.

L'« invention » de la mémoire collective, dans ces années-là[2], prend spontanément une tournure protestataire, populiste, antiétatique, agonique. Et, puisqu'il nous faut parler ici de la mémoire des crimes collectifs, des crimes d'État notamment, il est assez dépaysant de relire aujourd'hui telle table ronde suscitée par la revue *Positif* en 1977 et rassemblant, autour du thème « Histoire et cinéma » – et, singulièrement, du film de René Allio *Les Camisards* –, les historiens Marc Ferro, Emmanuel Le Roy Ladurie et Philippe Joutard[3]. Ayant évoqué les succès inauguraux (de cette posture

---

1. Pierre Nora (sous la direction de), *Les Lieux de mémoire*, 7 vol., Gallimard, Paris, 1984-1993.
2. Je parle ici, bien sûr, de la prise en compte par les milieux intellectuels du concept de mémoire collective, sans oublier les travaux pionniers, mais largement ignorés en leur temps, de Maurice Halbwachs (notamment : *La Mémoire collective*, PUF, Paris, 1950).
3. *Positif*, janvier 1977, « Cinéma et histoire ». Le film très « soixante-huitard » de René Allio date de 1970.

post-soixante-huitarde de la mémoire collective) que constituent *Montaillou* et *Le Cheval d'orgueil* ou encore *Moi, Pierre Rivière*[4], ces voix d'en bas resurgies au cœur d'une modernité troublée par le souvenir de l'émeute printanière, les historiens emboîtent le pas à René Allio qui lance, dans le style de l'époque :

> René Allio. – Ma préoccupation dans mes films a été de recentrer un personnage toujours évacué, toujours marginal, qui est le personnage populaire, l'homme du commun ; non pas l'*homo qualunque*, mais l'homme et la femme du peuple. Tous mes films, sauf un, racontent les grands moments historiques de ces vies obscures et a-historiques [...] Dans le cas de Pierre Rivière, il s'agit d'un document où, pour une fois, c'est le peuple qui parle.

> E. Le Roy Ladurie. – Je crois en effet que dans les documents comme *Montaillou* ou *Pierre Rivière*, le peuple parle vraiment. Et cela donne quelque chose d'assez différent de ce qu'on lui faisait dire par exemple dans Balzac ou Maupassant, où il fait figure de gorille. [...] Trop d'historiens ont fui le peuple...

> Marc Ferro. – On retrouve la même chose en URSS : la légitimité que s'octroient les partis socialistes s'appuie sur la classe ouvrière, qui n'est pas la paysannerie, précisément. Donc les paysans doivent être des sauvages. Sans compter qu'il y a toujours quelqu'un qui fait profession de parler pour le peuple...

> Philippe Joutard. – Je suis de plus en plus frappé de constater, chez les jeunes notamment, à quel point on est en train de retrouver la nécessité de ce monde collectif et populaire, et c'est ce qui explique en grande partie [...] le succès des œuvres de Pierre Jakez Hélias et de Le Roy Ladurie...

Le peuple obscène

À la même époque, Michel Foucault, relayé d'ailleurs par le film de René Allio, évoqué ci-dessus par le cinéaste, radicalise en quelque sorte *ad absurdum* ce couplage de la mémoire collective et du peuple dans un livre étrange et provocateur : *Moi, Pierre Rivière...*

Avec cet éloge à peine voilé du petit paysan parricide normand, au temps de la monarchie de Juillet, le philosophe semble bien nous dire, au prix du scandale : il n'est pas de réhabilitation ou d'encensement du peuple par les intellectuels qui tienne, qui ne prenne en compte ce statut de « classe dangereuse » et potentiellement criminelle qu'il a acquis dans les pratiques discursives de « ceux d'en haut » depuis le XIXe siècle ; il n'est pas

---

4. Emmanuel Le Roy Ladurie, *Montaillou, village occitan de 1294 à 1324*, Gallimard, Paris, 1975 ; Pierre Jakez Hélias, *Le Cheval d'orgueil*, Plon, Terre humaine, Paris, 1975 ; Michel Foucault (sous la direction de), *Moi, Pierre Rivière, ayant égorgé ma mère, ma sœur et mon frère...*, « Archives », Gallimard, Paris, 1973.

de « mémoire » du peuple qui vaille, qui ne valide tout ce qui, dans ses actes et ses discours, ses transgressions et ses débordements, dévoile l'incompatibilité de son être même avec les nouvelles figures de l'ordre – de la société de surveillance et de discipline ; le crime inouï de Pierre Rivière qui massacre « pour rien » sa mère, son frère et sa sœur est le lieu où s'expose en pleine lumière le système des incompatibilités entre les nouvelles règles du jeu et un monde (paysan) qui, déjà, s'en va ; penchés sur l'énormité du cas du jeune parricide, les maîtres des nouveaux discours normatifs (juges, médecins, journalistes, autorités civiles...) échouent à réduire l'absolu du différend avec la modernité naissante qu'incarne son acte ; Pierre Rivière demeure campé dans son mystère, son irréconciliation avec le monde bourgeois en gestation, et c'est bien ce qui fascine tant Foucault[5] : inlassablement, la mémoire de son crime rappelle que la violence (celle qui, par exemple, vient de jeter tant d'hommes dans le moulin à viande des campagnes napoléoniennes) est présente au baptême de cette modernité-là, tout autant que la science guidée par la raison.

Dans la version extrême du Foucault des années 1970, mémoire du peuple et mémoire de son existence criminelle sont indissociables. Ce qu'il dit là, en philosophe et historien, à propos du petit paysan assassin et de ses juges, il le redit alors, en militant, à propos des prisons, « fabriques de criminels », et des asiles. Dans l'ambiance résolument « radicale », anti-conformiste, partiellement libertaire et antibourgeoise des années 1970, le couplage « positif » de la mémoire et du crime opéré par Foucault était parfaitement admissible, et son livre fut salué. Dans les années 1990, une telle perspective devint scabreuse, inacceptable pour la plupart : il y a une dizaine d'années, quelques spécialistes revenus sur ce texte dans une honorable revue, en dénonçaient, avec des accents de vertueuse indignation, l'irresponsabilité nietzschéenne et l'immoralisme foncier[6]... Que s'est-il donc passé, en vingt ans ? Qu'est-il arrivé au crime et à la mémoire ?

N'oubliez pas...

Une révolution, c'est-à-dire un tour complet : en deux décennies, la mémoire collective s'est découplée des « voix d'en bas » et de leurs mes-

---

5. « Tout est parti de notre stupéfaction [...]. Par une sorte de vénération et de terreur aussi peut-être pour un texte qui devait emporter avec lui quatre morts, nous ne voulions pas surimposer notre texte au mémoire de Rivière. Nous avons été subjugués par le parricide aux yeux roux. » (Michel Foucault)
6. *Le Débat*, n° 66, septembre-octobre 1991 ; voir en particulier l'article de Philippe Lejeune.

sages protestataires, elle s'est attiédie, « rangée », patrimonisée, étatisée, redéployée du côté du pouvoir, du moins de la « gestion » de l'ordre des choses, elle est désormais une pièce maîtresse dans les nouveaux dispositifs de l'ordre. Son sens revendicatif et protestataire s'est estompé au profit de fonctions conciliatrices, consensuelles, rassembleuses : si vous avez rendez-vous au juste milieu, empruntez, désormais, le chemin de la « mémoire », de ses « devoirs » et de ses « exercices », c'est le plus sûr de tous, le plus court et le mieux balisé. Il fut un temps, récent encore, où la mémoire collective des crimes – crimes commis par l'État au nom de la nation et, généralement avec, ne l'oublions pas, la participation et la complicité d'une part variable des citoyens ou des sujets – était par excellence, en France, le lieu même du différend, des empoignades « partidaires », des batailles de mémoire, dixit Gérard Namer[7] : on se battait, parti contre parti, culture contre culture, classe contre classe, journal contre journal, à propos du passé STO de Georges Marchais, du Pacte germano-soviétique, des mutineries de 1917, des cendres de Pétain, des mânes de Jeanne d'Arc, du « génocide » vendéen, de l'épuration de 1944-1945, de l'existence (ou non) des camps de concentration soviétiques... Aujourd'hui, et d'une manière sans cesse croissante, le « dissensus » fait place, dans la mémoire des crimes, à la recherche de l'unanimité commémorative ou de la piété muséale, à la gestion pondérée par ceux d'en haut, mais aussi par tous ceux qui ont part aux réseaux toujours plus complexes du pouvoir-savoir, d'une mémoire en quête d'utilité et de vertus pédagogiques.

Sur ce plan, la place toujours plus importante qu'occupe la mémoire du génocide nazi (et de ses extensions) dans les représentations générales du moderne et du contemporain a beaucoup contribué à accentuer, pour le meilleur comme pour le pire, ces effets consensuels du souvenir des crimes ; depuis le procès Barbie, tout événement, commémoration, décision politique, etc. ramenant dans le champ de l'actualité la mémoire du judéocide et des crimes nazis tend à produire des effets consensuels dont on ne mesure pas bien encore toutes les conséquences : pas une dissonance qui vaille d'être relevée dans la classe politique « respectable » lorsque l'Élysée décide de faire de l'anniversaire de la rafle du Vél' d'Hiv' un jour commémoré, pas davantage lorsqu'il s'agit pour la presse et les hommes politiques de mimer le regret lors de l'expédition anticipée de René Bousquet *ad patres*, et moins que jamais lorsqu'il est

---

7. Gérard Namer, *Batailles pour la mémoire, la commémoration en France de 1945 à nos jours*, Papyrus, Montreuil, 1983.

question, une nouvelle fois, de trouver admirable *Au revoir les enfants* à la télévision[8]...

Les musées, toujours plus nombreux, consacrés à l'histoire de la Seconde Guerre mondiale, singulièrement à la Résistance et à la déportation, tendent à devenir des temples où se célèbre, non pas le culte abusif de l'holocauste comme le prétendent dans leur sinistre inanité les négationnistes, mais bien une sorte de religion civile de la mémoire et de ses prescriptions : « Ceux qui ne se souviennent pas du passé sont condamnés à le revivre » ; « Dans la haine nazie, il n'y a rien de rationnel. Nous ne pouvons pas la comprendre, mais nous devons comprendre d'où elle est issue et nous tenir sur nos gardes. Si la comprendre est impossible, la connaître est nécessaire parce que ce qui est arrivé peut recommencer » ; « N'oubliez pas que cela fut, non, ne l'oubliez pas : gravez ces mots dans votre cœur. Pensez-y chez vous, dans la rue, en vous couchant, en vous levant, répétez-le à vos enfants. Ou que votre maison s'écroule, que la maladie vous accable, que vos enfants se détournent de vous[9]. » Une telle mémoire prescriptive, inscrite et produite en des lieux, sous des formes et par des canaux toujours plus variés, est portée par une philosophie de l'histoire d'époque – comme l'était le populisme mémoriel des années 1970 – qu'aucune piété ni aucun souci de l'imprescriptible ne nous interdisent d'examiner d'un œil critique. Elle évoque irrésistiblement la gestion de la mémoire de la lutte antifasciste, érigée en « religion d'État » par la défunte RDA et dont les traces dans la conscience historique de la population est-allemande sont pour le moins contradictoires et controversées. Cette philosophie est notamment marquée par une notion statique de la catastrophe (du moment barbare figé et absolutisé sous la forme de ce dont Auschwitz constitue le symbole durci) qui l'entraîne à percevoir les dangers pesant sur la civilisation en termes de répétition et non de continuation, de dynamique, d'enchaînements ; qu'Auschwitz, indissociable à ce titre, on l'oublie trop souvent, d'Hiroshima, se soit poursuivi sans relâche dans la

---

8. L'institution d'une journée nationale commémorative des persécutions racistes et antisémites commises sous Vichy de 1940 à 1944 a fait l'objet d'un décret signé par François Mitterrand en février 1993. La première cérémonie officielle organisée en vertu de ce décret, le 16 juillet 1993, a été marquée par un discours du Premier ministre, Édouard Balladur : « De ce drame épouvantable, la France demeure inconsolable », a-t-il déclaré à cette occasion.
9. La première de ces citations figure sur le billet d'entrée au Centre de la Résistance et de la Déportation de Lyon ; la deuxième, extraite d'un livre de Primo Levi, est distribuée sous forme de tract en ce même lieu ; la troisième, également une citation de Primo Levi, figure en exergue à la brochure de présentation du Mémorial du martyr juif inconnu et du Centre de documentation juive contemporaine de Paris.

reproduction et l'innovation ininterrompues du barbare (ne serait-ce qu'à travers la perpétuation endémique du monde des camps) depuis 1945, c'est ce qu'ignore une telle perspective ; à trop focaliser les appels à la vigilance sur le risque que « ça recommence », cette mémoire prescriptive tend à produire certaines formes d'impuissance ou d'indifférence face à ce qui « continue » : les persécutions raciales, les pratiques exterminationnistes, les mythologies ethnistes. Ce n'est pas tout à fait par hasard si une telle mémoire du crime, qui se fixe entièrement sur le spectre de la « répétition », tend à se figer dans des formes rituelles où les bénéfices formels (l'établissement du consensus) masquent mal l'échec quant au fond – l'incapacité pour une telle mémoire du juste milieu, sous surveillance, de supporter efficacement les combats contre l'asservissement des hommes, de nourrir une conscience civique, de raffermir la culture démocratique.

Les agités du ressentiment

Les crimes, tout particulièrement les crimes collectifs, les crimes d'État, sont de formidables intensificateurs de mémoire – on le sait depuis Caïn au moins ! Que ce soit sous la forme de leur élision par l'organisation de l'oubli (17 octobre 1961) ou sous celle de leur transfiguration en épopée (la conquête de l'Algérie), la mémoire des crimes dessine à traits épais et accentués les particularités d'une configuration mémorielle : que la mémoire historique se soit spectaculairement reterritorialisée en France, ces dernières années, du côté de l'administration du consensus, c'est-à-dire de la production d'une nouvelle figure du politique et du social tournant autour du « dépassement » du conflit et de la promotion de l'Un-seul[10], c'est ce que montrent bien des exemples : la façon dont le souvenir naguère si générateur de discordes et de partages tel que la torture en Algérie, les ratonnades policières en métropole, la raclée de Diên Biên Phu et l'« œuvre » colonisatrice française en Indochine a pu, ces derniers temps, être repris, réélaboré dans des discours et des objets tournés vers la « concorde », les réconciliations hâtives et les amnisties bâclées (*La Guerre sans nom* de Bertrand Tavernier, *Diên Biên Phu* de Pierre Schoendoerffer, *Indochine* de Régis Wargniez) ; même la « redécouverte » du massacre des Algériens à Paris en octobre 1961 a donné lieu, à l'automne 1991, à une émouvante manifestation d'unanimité politico-médiatique : tout se passant

---

10. Voir, à propos de cette nouvelle figure du politique, conçu comme sphère postconflictuelle, le livre de Jacques Rancière, *Aux bords du politique*, Osiris, Paris, 1990.

comme si, au coup de sifflet, l'embargo mémoriel sur une denrée douteuse se trouvait levé, par la faveur d'une puissance innommée mais néanmoins aisément identifiable...

Tout ceci nous incite à nous interroger sur l'idée selon laquelle la mémoire des crimes collectifs, des crimes d'État, serait nécessairement associée au tabou, à la dissension, à l'oubli organisé, etc. Ce fut longtemps le cas, ce ne l'est pas nécessairement de toute éternité : le moins que l'on puisse dire est que l'année 1993 s'est achevée sans que le bicentenaire du déclenchement de la Terreur ait donné lieu aux farouches empoignades idéologico-politiques auxquelles on aurait pu s'attendre ; il y eut bien, à propos du passé colonial de la France (une plaie toujours susceptible de s'envenimer), l'affaire Boudarel et les pauvres petits calculs des agités du ressentiment remobilisés par l'agitation xénophobe qui la suscitèrent, mais une telle tempête dans un verre d'eau nous paraît peser d'un poids infime auprès du fait que le testament mémoriel d'un cinéaste et ex-guerrier aussi engagé que Schoendoerffer ait pu susciter l'éloge à gauche, au centre autant qu'à droite, ou qu'une liquidation pour tous comptes, dans l'esthétisme, des litiges attachés à la colonisation par la France de l'Indochine ait pu se produire (à peine vingt ans après la fin de la guerre du Viêt-nam) *via* le charme inaltérable de Catherine Deneuve... De la même façon, l'agitation par Philippe de Villiers de son hochet vendéen ne change rien à l'essentiel : la « bataille » à propos du « génocide » vendéen ne met plus tant en présence aujourd'hui des partis, des cultures, des traditions figés que des historiens en désaccord sur l'interprétation globale du phénomène[11].

Un système d'obligations

Contrairement à ce qu'imagine la nouvelle République des hommes politiques et des professeurs, auto-institués gérants de la mémoire d'Auschwitz et des crimes nazis, l'institutionnalisation de celle-ci, sous la forme d'« exercices de mémoire » rendus obligatoires pour les enfants d'âge scolaire et, dixit François Bayrou, de « cours d'éducation civique et morale », n'est pas une bonne action qui va de soi. L'enfer étant assurément pavé de bonnes intentions, les enfants des écoles, des collèges et des lycées que l'on convoie, si j'ose dire, par autobus et trains entiers vers les sites de l'extermination sont les cobayes d'une scolarisation et d'une « touristification »

---

11. Voir à ce propos l'essai de Jean-Clément Martin sur le génocide vendéen in *Les Lieux de mémoire*, Gallimard, Paris, vol. I « La Vendée, région mémoire, Bleus et Blancs ».

du souvenir de l'inconcevable et de l'imprescriptible[12]. Un récent article, relatant une de ces visites, solidement encadrée, cornaquée et médiatisée (Bayrou, Lanzmann, Jean Kahn – encore et toujours le consensus...) en indique non sans embarras le symptôme : en toute visite organisée, comme en toute « sortie scolaire », dût-elle conduire à Auschwitz, les potaches se débondent : « Mais à dix-sept ans comme à tout âge, comment penser Auschwitz ? Comment imaginer l'inimaginable ? Adolescent, qu'importe le lieu, on bouge, on rigole, voire on chahute. À ces lieux inhumains, l'humain impose le silence[13]... » Le résultat d'une certaine politique d'institutionnalisation (scolaire, mais pas seulement) est, aux antipodes même de ce que l'on prétend atteindre, non pas l'éveil de la vigilance, mais la banalisation *via* la ritualisation de la mémoire et son inculcation par la didactique, la répétition, la création d'un système d'obligations. Penser que l'on puisse instituer une piété sincère, une sensibilité vraie, c'est-à-dire nécessairement individualisées, aux enjeux historiques, politiques, culturels et moraux du génocide par des méthodes d'inculcation scolaires ou médiatiques est une aberration ; ceux qui citent Primo Levi à tout bout de champ et en ont fait l'étendard de leurs travaux d'établissement d'une mémoire officielle du génocide feraient bien de le relire : c'est toujours à une conversion individuelle, fondée sur le recueillement, la méditation et un mouvement purement volontaire qu'il fait appel. À une telle conversion sied le silence, sied la patience et l'engagement d'une conscience individuelle – et non pas le tohu-bohu d'un voyage organisé, ou l'acquiescement docile à une « leçon de mémoire ».

L'enseignement détaillé et informé – comme il devrait aller de soi – de l'histoire des crimes nazis et singulièrement des centres d'extermination, notamment dans les dernières classes du lycée, d'une part et de l'autre, la fabrication à des fins qui généralement s'ignorent, dans la plus parfaite des bonnes consciences, d'une *mémoire institutionnelle du génocide* par les politiques, les professeurs et les journalistes sont deux choses absolument différentes. Pour l'essentiel, cette mémoire institutionnelle, *under control*, doit être appelée par son nom – un pouvoir-savoir. Elle produit

---

12. Dans ce registre, voir par exemple tel article du supplément touristique du *Monde* (*Le Monde voyages*, 18 novembre 1993) consacré au Mémorial de l'Holocauste de Washington, parmi d'autres consacrés à des séjours de ski, des excursions à Bali, dans le désert australien... et recommandant l'hôtel « prestigieux » « situé à deux pas de la Maison-Blanche » susceptible d'agrémenter cette sortie mémorielle. L'article, bien sûr, est intitulé « Washington : le devoir de mémoire ».
13. Jean-Michel Dumay, « Des lycéens en journée d'études à Auschwitz et à Birkenau – L'éducation et la mémoire » in *Le Monde*, 6 décembre 1993.

avec la force de l'évidence que lui donne sa « légitimité » des énoncés non ouverts à la discussion, mais pas moins résistibles pour autant : lorsqu'un professeur d'histoire participant au voyage organisé à Auschwitz déclare « Survivre ici, c'était déjà un acte de résistance [14] », il en rajoute certes, dans le ton d'une certaine dévotion, mais il profère une formule qui, pour être superlative, n'en est pas moins confusionniste : car c'était, dans ce monde-là, deux choses tout à fait différentes, si les mots ont un sens, que résister à la tyrannie d'une part, et être victime des persécutions raciales de l'autre ; car ensuite il suffit de lire Primo Levi pour savoir que survivre, dans cet enfer, c'était, autant que « résister », prendre la place d'un autre – ce qui expose les donneurs de leçons d'instruction civique à de bien plus redoutables mystères que la pieuse ritournelle du professeur plié aux injonctions du « devoir de mémoire » d'époque.

Via les génocides, donc, et la kyrielle des crimes qui lui fait cortège, voici revenir l'« éducation civique et morale », comme le réclame, avec l'esprit de lourdeur qui habite parfois ces gens-là, un agrégé d'histoire devenu ministre. Mais nous savons bien, depuis les fameux manuels d'histoire et d'instruction civique de la IIIᵉ République, que cette dernière, étayée par la morale, est avant tout de la politique et de l'idéologie qui s'avancent masquées. Encore faudrait-il qu'elles soient bonnes, c'est-à-dire tournées vers le bien – vers l'accroissement de la conscience civique, le renforcement de la culture démocratique. Entendons par là tout simplement qu'il n'y a aucune raison pour que la politique de la mémoire de ceux qui président aujourd'hui à l'institutionnalisation mémorielle du génocide se déploie selon d'autres paradigmes que leur politique *tout court*. Allons plus loin : la politique de la mémoire devenant aujourd'hui une dimension toujours plus importante de la politique *tout court*, la mémoire du Crime (le génocide), telle qu'elle tend activement à s'officialiser aujourd'hui sous des formes « autorisées », ne prend son sens que dans son rapport à d'autres pratiques discursives, d'autres « productions » et d'autres « objets » identifiables dans la topographie politique actuelle. Lorsque ce sont les mêmes qui exhortent à cultiver la mémoire d'Auschwitz pour faire pièce « aux idéologies fondées sur l'exclusion, l'intolérance et le rejet [15] » et qui, comme le rappelait il y a quelques années un quotidien d'extrême centre, recherchent systématiquement la popularité en flattant les fièvres et passions xénophobes et sécuritaires surgies des tréfonds de la « crise [16] », il y a

---

14. *Ibidem.*
15. *Ibidem.*
16. Voir l'article de Patrick Jarreau « La cible islamiste de Charles Pasqua : tout en désignant un

de la palinodie et du sarcasme dans l'air ; lorsque ce sont les mêmes qui *de facto* valident autour des tapis verts la politique terroriste voire extermina-tionniste de purification ethnique pratiquée dans l'ex-Yougoslavie, il y a de l'obscénité dans l'air ; et lorsque enfin ce sont les mêmes qui pétrifient la mémoire d'Auschwitz dans des formes religieuses, des formules litur-giques et qui demeurent convaincus que les Palestiniens ont encore beau-coup à se faire pardonner de la part des Israéliens et du « monde civilisé » avant de se voir reconnaître des droits humains, il y a de la cécité et de la manipulation dans l'air [17]...

Lumières et double langage

Il est un usage (qui passe par la mémoire, ce *nouveau visage de la* *doxa* de jadis et naguère) du génocide et de ses aspects connexes qui tend à en profaner le souvenir à force de l'entrelacer, de manière concertée ou non, avec les enjeux du présent ; un usage tendant notamment, en abso-lutisant le souvenir inégalable, incomparable et intangible du Crime imprescriptible, à banaliser les traits barbares et les crimes du présent. En voici un seul exemple : dans un article rendant compte d'un colloque consa-cré aux magistrats sous Vichy et à leur soumission d'ensemble à la règle du jeu vichyste, une journaliste évoque l'intervention d'une universitaire rap-prochant les persécutions judiciaires et policières subies par les Juifs et les étrangers sous Vichy avec certaines pratiques des plus actuelles. La journa-liste écrit : « Sans comparer, bien sûr, les lois antisémites de Vichy aux dis-positions qui restreignent depuis quelques années les droits des étrangers, Danièle Lochak rappelait que ces questions peuvent se poser à un bien moindre niveau dans un État de droit. "Les juges ont un devoir particulier de vigilance", concluait-elle [18]. »

Nul doute qu'en retenant ce propos de l'universitaire, la journaliste du *Monde* est convaincue de faire œuvre utile et éclairée en jetant sans avoir l'air d'y toucher une petite pierre dans le jardin de Charles Pasqua et autres chasseurs à courre de « clandestins ». Pour la conscience « démocra-tique » (ou son synonyme approximatif, « de gauche ») d'aujourd'hui, un tel rapprochement, entouré d'une foule de restrictions et de précautions

---

danger réel, le ministre de l'Intérieur flatte la xénophobie ambiante » (*Le Monde*, 24 novembre 1993).

17. À propos de l'instrumentalisation de la mémoire du génocide par l'État d'Israël, voir le livre de Tom Segev, *Le Septième Million*, Liana Levi, Paris, 1993.

18. Anne Chemin, « Les juges sous Vichy », in *Le Monde* du 3 décembre 1993.

oratoires, entre le souvenir des persécutions connexes au génocide et des « restrictions (!) » frappant aujourd'hui certaines catégories d'étrangers fait figure d'acte de courage et de civisme. Mais cet énoncé « éclairé » comporte une autre « évidence », non moins impérieuse que celle qui nous rappelle à mi-voix que Pasqua a « exagéré » : à savoir que ce qui s'est passé il y a quelques années, les rafles dans les quartiers d'immigrés, les fourgons de clandestins refoulés menottes aux poignets, les lieux de non-droit immondes où on les parque, la livraison de réfugiés, politiques ou non, aux autorités de leurs pays d'origine au péril, parfois, de leur vie, les éructations xénophobes d'activistes comptant beaucoup d'amis actuellement aux affaires, etc. – rien de tout ceci ne saurait « se comparer », c'est-à-dire être *rapproché* des persécutions raciales sous Vichy.

Mais à quel titre cultiver la mémoire des crimes si c'est pour disposer autour d'elle tout un système d'interdictions visant à la muséifier, la figer dans son caractère absolu ? Derrière le « comparons ce qui est comparable » relevant d'un apparent bon sens (gardons-nous de banaliser le crime en le rapprochant sans précaution de phénomènes d'actualité) se profile la ritournelle de l'apathie, des tiédeurs, des démissions civiques et des replis actuels : après tout, comparé à ce que vient chaque jour nous rappeler la mémoire d'Auschwitz et de ce qui s'y rattache, les « excès » de ces dernières années font bien pâle et banale figure ; nous voilà bien loin encore du retour de la « bête immonde » ; sachons reconnaître les signes annonciateurs d'un éventuel retour du même barbare (l'antisémitisme, le négationnisme…), mais surtout n'allons pas confondre le souvenir de cet extrême avec les excès de zèle de quelques « exagérés » du conservatisme. Un tel postulat trahit l'orientation de plus en plus accentuée de la mémoire sous surveillance d'aujourd'hui vers une productivité conservatrice et non heuristique ou émancipatrice. Derrière la tautologie selon laquelle les chambres à gaz de Birkenau et les sous-sols répugnants du palais de justice ne se comparent pas se dissimule un système d'interdictions parfaitement révocable : les dévots de la mémoire du crime auront beau disposer leurs sens interdits et leurs feux rouges, ils n'empêcheront pas plus d'un discours, d'une disposition et d'une trogne xénophobes et sécuritaires d'aujourd'hui d'éveiller en nous un « écho » et un sentiment très net de « déjà vu ». C'est ainsi, par exemple, que, d'un point de vue morphologique (cette part du fantasme n'étant guère inventive), la distinction inlassablement véhiculée aujourd'hui par les discours d'exclusion entre « bons » immigrés que « nous » respectons et protégeons et « clandestins » responsables de tous les maux ressemble à s'y méprendre à des partages, opérés en d'autres temps, entre « nos » Juifs de vieille souche, voués par les bonnes gens des « Affaires juives » à des formes de discrimination courtoisement meurtrières et le « rebut » étranger fraîchement débarqué du Yiddishland et voué à des méthodes plus directes.

Il n'y a pas mille façons de pratiquer la chasse au faciès et de lui donner un tour légal, d'organiser des rafles, de légitimer la police dans son rôle d'îlotage des étrangers, de produire massivement des discours et représentations dans lesquels l'étranger se trouve élu au poste de bouc émissaire et voué à une persécution cathartique. Seules changent les conséquences – la France d'aujourd'hui n'étant ni occupée par des nazis affairés à préparer une solution finale ni assommée par le traumatisme d'une défaite-éclair... Mais pour le reste, oui, ce ne sont pas les occasions de « comparer » qui nous manquent, pour comprendre à quel point la « catastrophe », dans une certaine mesure, est bien déjà là et non pas, hypothétiquement, devant nous – mais qui croit vraiment au retour d'Auschwitz ? Il est donc un usage « intimidant » et absolutisant de la mémoire du génocide qui a au fond pour effet d'acquitter un présent perçu sur un mode fataliste comme médiocre et grisâtre de ses traits de barbarie réelle – en insistant rituellement sur le gouffre qui sépare les horreurs de la solution finale des petites vilenies d'aujourd'hui. Mais il est vrai que, pour la plupart, les agents actifs de la production de ce type de représentations et de pratiques (politiques, professeurs, journalistes...) ne manquent pas de raisons de s'accommoder de ce présent « médiocre » ; ce ne sont pas eux que touche de plein fouet sa part ouvertement barbare, et la mémoire d'Auschwitz leur est un culte laïque voué à les alléger de bien des charges et responsabilités face au présent qui, naguère, leur revenaient ; c'est elle, par exemple, qui leur a fourni quelques alibis solides quant à leur apathie face au désastre yougoslave, en leur permettant de rappeler fermement, lorsqu'une affiche s'avisait de les apostropher, à propos des camps serbes et du reste (« Un camp de prisonniers où l'on purifie les ethnies, ça ne vous rappelle rien ? »), qu'il est malséant voire interdit de rapprocher (comparer) les crevards des récents camps des « musulmans » de l'univers concentrationnaire nazi. Se souvenir, en ce sens, d'une manière psalmodique, peut être la plus subtile des trahisons.

La mémoire tend d'une manière croissante à devenir, au fil de son instrumentalisation plus ou moins douce ou brutale, le visage dévot et présentable de la politique. Là où la politique politicienne subit la désaffection et suscite l'aversion que l'on sait, la politique mémorielle (celle qui passe par la mémoire) conserve une aura et une trompeuse apparence de neutralité, de désintéressement, de moralité qui en assure (provisoirement) l'efficacité. La mémoire institutionnalisée des crimes occupe, dans ces nouveaux dispositifs, une place de choix. C'est ainsi qu'un ministre de l'Intérieur qui a puisé allégrement dans le fonds de commerce de la xénophobie ambiante a pu, sans s'exposer à la risée et l'opprobre publics, mettre en place d'opportunes « cellules » chargées de surveiller et de punir les actions antisémites. C'est, bien sûr, dans de tels usages de l'écho du génocide que gît la vraie profanation, la véritable obscénité et qu'il ne s'est trouvé, en l'espèce, aucun ténor, aucune organisation communautaire pour se lever et clamer que la ficelle était un peu grosse et que les enfants des raflés du Vél' d'Hiv' n'avaient rien à demander au premier des chasseurs de têtes « clandestines » d'aujourd'hui – voilà la vraie misère de la tant vantée et omniprésente mémoire d'aujourd'hui, voilà où s'annonce son proche discrédit.

Alain Brossat

Bibliographie

Ouvrage généraux

Alfred Grosser, *Le Crime et la Mémoire*, Flammarion, 1989 (rééd. 1992).

Guy Richard, *L'Histoire inhumaine. Massacres et génocides, des origines à nos jours*, Armand Colin, 1992.

Francis Pichon, *Histoire barbare des Français*, Seghers, 1964.

Marc Ferro, *L'Histoire sous surveillance*, Calmann-Lévy, 1985.

A. Brossat, S. Combe, J.-Y. Potel et J.-C. Szurek (éd.), *À l'Est, la mémoire retrouvée*, La Découverte, 1990.

Gernot Erler, Rolf Dieter Müller et al., *L'Histoire escamotée. Les tentatives de liquidation du passé nazi en Allemagne*, La Découverte, 1988.

Nicole Loraux, « L'oubli dans la cité », in *Le Temps de la réflexion*, 1980.

« Politiques de l'oubli », *Le Genre humain*, numéro dirigé par Nicole Loraux, automne 1988.

« La mémoire et l'oubli », *Communications*, numéro dirigé par Nicole Lapierre, 49, 1989.

« Film/Mémoire », *Hors Cadre*, 9, printemps 1991.

« Le poids de la mémoire », *Esprit*, n° 193, juillet 1993.

La République, de la mémoire au mythe, et retour

• Bastille

Alice Gérard, *La Révolution française. Mythes et interprétations (1789-1970)*, Flammarion, 1970.

Gérard Belloin, *Entendez-vous dans nos mémoires ?... Les Français et leur Révolution*, La Découverte, 1988.

Olivier Bétourné et Alaia I. Artig, *Penser l'histoire de la Révolution. Deux siècles de passion française*, La Découverte, 1989.

« Concevoir la révolution »,
Espaces Temps, n° 38/39, 1988.
Patrick Garcia, Jacques Lévy,
Marie-Flore Mattei, *Révolutions, fin
et suite*, Espaces Temps/Centre
Pompidou, 1991.
Pascal Ory, *Une nation pour mémoire.
1889-1939-1989 : trois jubilés
révolutionnaires*, Presse de la FNSP,
1992.
Jean-Clément Martin, *La Vendée de
la mémoire, 1800-1980*, Le Seuil,
1989.

• **République**
Maurice Agulhon, *Marianne au
combat. L'imagerie et la symbolique
républicaines de 1789 à 1880 ;
Marianne au pouvoir. L'imagerie et
la symbolique républicaines de 1880
à 1914*, Flammarion, 1979 et 1989.
Claude Nicolet, *L'Idée républicaine
en France*, Gallimard, 1982 ; *La
France républicaine*, Gallimard, 1992.
Serge Bernstein et Odile Rudelle
(éd.), *Le Modèle républicain*, PUF,
1992.
Pierre Nora (éd.), *Les Lieux de
mémoire*, tome 1 : *La République* ;
tome 2 : *La Nation* ; tome 3 : *La
France*, Gallimard, 1984, 1986 et
1992.

• **Nation**
Raoul Girardet, *Mythes et
mythologies politiques*, Le Seuil, 1986.
Suzanne Citron, *Le Mythe national.
L'histoire de France en question*, Les
Éditions ouvrières/Études et Docu-
mentation internationales, 1987.

Christian Amalvi, *De l'art et la
manière d'accommoder les héros de
l'histoire de France. Essais de
mythologie nationale*, Albin Michel,
1988.
Stanley Hoffmann, *Essais sur la
France. Déclin ou renouveau ?*, Le
Seuil, 1974.
Edmond-Marc Lipiansky, *L'Idéologie
française. Représentations, mythes,
idéologies.* Éditions de
l'Espace européen, 1991.
Gérard Noiriel, *La Tyrannie du
national. Le droit d'asile en Europe
(1793-1993)*, Calmann-Lévy,
1991 ; *Population, immigration et
identité nationale en France, XIXᵉ-
XXᵉ siècle*, Hachette, 1992.
Espaces 89, *L'Identité française*,
Éditions Tierce, 1985.

• **Concorde**
Georges Bensoussan, *L'Idéologie du
rejet. Enquête sur le Monument Henry,
ou archéologie du fantasme antisémite
dans la France à la fin du XIXᵉ siècle*,
Manya, 1993.
Michel Winock, *Nationalisme,
antisémitisme et fascisme en France*,
Le Seuil, 1982 (rééd. 1990) ; *La
Fièvre hexagonale. Les grandes crises
politiques de 1871 à 1968*, Calmann-
Lévy, 1986 (rééd. Points/Seuil,
1987).
Pierre Birnbaum, « *La France aux
Français* ». *Histoire des haines
nationalistes*, Le Seuil, 1993 ; (éd.),
La France de l'affaire Dreyfus,
Gallimard, 1994.

« Les guerres franco-françaises »,
Vingtième Siècle, n° 5, 1985.
Jean-François Sirinelli, *Intellectuels
et passions françaises, manifestes et
pétitions au XXᵉ siècle*, Fayard, 1990.
Stéphane Courtois et Marc Lazar
(éd.), *Cinquante ans d'une passion
française. De Gaulle et les
communistes*, Balland, 1991.

Vichy, de l'histoire à la mémoire

• L'État

Robert O. Paxton, *La France de
Vichy. 1940-1944*, Le Seuil, 1973.
Michael R. Marrus et Robert
O. Paxton, *Vichy et les Juifs*,
Calmann-Lévy, 1981.
Serge Klarsfeld, *Vichy-Auschwitz. Le
rôle de Vichy dans la solution finale
de la question juive*, Fayard, 1983-
1985 (2 vol.).
André Kaspi, *Les Juifs pendant
l'Occupation*, Le Seuil, 1991.
Claude Singer, *Vichy, l'Université et
les Juifs*, Les Belles Lettres, 1992.
Dominique Rémy, *Les Lois de Vichy*,
Romillat, 1992.
Michel Stilinsky, *Le Pouvoir
préfectoral lavaliste à Bordeaux.
Stratégie de la Déportation au pays
des droits de l'homme*, Wallâda,
Bordeaux, 1983.
Rita Thalmann, *La Mise au pas.
Idéologie et stratégie sécuritaire dans
la France occupée*, Fayard, 1991.
Pierre Durand, *Le Train des fous.
1939-1945. Le génocide des malades
mentaux en France*, Messidor, 1988.

• La société

Pierre Laborie, *L'Opinion française
sous Vichy*, Le Seuil, 1990.
Jean-Pierre Azéma et François
Bédarida (éd.), *Vichy et les Français*,
Fayard, 1992.
Pascal Ory, *Les Collaborateurs
(1940-1945)*, Le Seuil, 1976.
Ralph Schor, *L'Antisémitisme en
France pendant les années 1930.
Prélude à Vichy*. Complexe, 1992.
Philippe Ganier Raymond, *Une
certaine France. L'antisémitisme
1940-1944*, Balland, 1975.
Stéphane Courtois et Adam
Rayski, *Qui savait quoi ?
L'extermination des Juifs 1941-1945*,
La Découverte, 1987.

• Le cinéma

François Garçon, *De Blum à Pétain.
Cinéma et société française (1936-
1944)*, Éditions du Cerf, 1984.
Jean-Pierre Bertin-Maghit, *Le
Cinéma sous l'Occupation*, Olivier
Orban, 1989.

• L'épuration

Peter Novick, *L'Épuration française*,
Balland, 1985 (rééd. Points/Seuil,
1991).
Herbert Lottman, *L'Épuration (1943-
1953)*, Fayard, 1986.
François Rouquet, *L'Épuration dans
l'administration française. Agents de
l'État et collaboration ordinaire*, CNRS
Éditions, 1993.
« L'épuration », *Vingtième Siècle*,
n° 33, janv.-mars 1991.

Alain Brossat, *Les Tondues. Un carnaval moche*, Manya, 1992.

• **Les mémoires**

Henry Rousso, *Le Syndrome de Vichy, de 1944 à nos jours*, Le Seuil, 1987.

Annette Wieviorka, *Déportation et génocide. Entre la mémoire et l'oubli*, Plon, 1992.

Annette Kahn, *Le Fichier*, Robert Laffont, 1993.

« Que faire de Vichy ? », *Esprit*, n° 181, mai 1992.

« Présence du passé, lenteur de l'histoire. Vichy, l'Occupation, les Juifs », *Annales* ESC, mai-juin 1993.

Gérard Namer, *Batailles pour la mémoire. La commémoration en France de 1945 à nos jours*, Papyrus, 1983.

Institut d'histoire du temps présent, *La Mémoire des Français. Quarante ans de commémoration de la Seconde Guerre mondiale*, Éditions du CNRS, 1986.

Les Échos de la mémoire. Tabous et enseignement de la Seconde Guerre mondiale, Le Monde-Éditions, 1991.

Pierre Vidal-Naquet, *Les Assassins de la mémoire. « Un Eichmann de papier » et autres essais sur le révisionnisme*, La Découverte, 1987 (rééd. 1991) ; *Le Trait empoisonné. Réflexions sur l'affaire Jean Moulin*, La Découverte, 1993.

• **La justice**

Alain Finkielkraut, *La Mémoire vaine. Du crime contre l'humanité*, Gallimard, 1989.

André Frossard, *Le Crime contre l'humanité*, Robert Laffont, 1987.

Bernard Lambert, *Bousquet, Papon, Touvier, inculpés de crimes contre l'humanité. Dossiers d'accusation*, FNDIRP, 1991.

René Rémond (éd.), *Paul Touvier et l'Église*, Fayard, 1992.

Michel Slitinsky, *L'Affaire Papon*, Alain Moreau, 1983.

Gérard Boulanger, *Maurice Papon. Un technocrate français dans la collaboration*, Le Seuil, 1994.

Les camps de concentration, de la République à Vichy

• **Années 1940**

Julie Crémieux-Dunand, *La Vie à Drancy. 1941-1944. Récit documentaire*, Librairie Gedalge, 1945.

Joseph Weill, *Contribution à l'histoire des camps d'internement dans l'Anti-France*, Éditions du Centre, 1946.

Arthur Koestler, *La Lie de la terre*, Calmann-Lévy, 1947 (rééd. Presses de la Cité, 1987).

• **Années 1960 et 1970**

Claude Lévy et Paul Tillard, *La Grande Rafle du Vél' d'Hiv'*, Robert Laffont, 1967 (rééd. 1992).

Georges Wellers, *L'Étoile jaune à l'heure de Vichy. De Drancy à*

Auschwitz, Fayard, 1973 (rééd. *Un Juif sous Vichy*, Éditions Tirésias-Michel Reynaud, 1991).
Gilbert Badia *et al., Les Barbelés de l'exil. Études sur l'émigration allemande et autrichienne (1938-1940)*, Presses universitaires de Grenoble, 1974.
Hannah Schramm et Barbara Vormeier, *Vivre à Gurs. Un camp de concentration français 1940-1941*, Maspero, 1979.

• **Années 1980**
Barbara Vormeier, *La Déportation des Juifs allemands et autrichiens de France*, Éditions La Solidarité, 1980.
Jacques Sigot, *Un camp pour les Tziganes. Montreuil-Bellay 1940-1945*, Wallâda, Bordeaux, 1983.
Claude Laharie, *Le Camp de Gurs, 1939-1945. Un aspect méconnu de l'histoire du Béarn*, Infocompo, Pau, 1985.
Lion Feuchtwangler, *Le Diable en France*, Godefroy J.-C., 1985.
André Fontaine, *Un camp de concentration en Provence ? Le camp d'étrangers des Milles, 1939-1943*, Édisud, Aix-en-Provence, 1989.

• **Années 1990**
Jacques Grandjonc et Theresia Grundtner (éd.), *Zone d'ombres. 1939-1943. Exil et internement d'Allemands et d'Autrichiens dans le sud-est de la France*, Alinéa, Aix-en-Provence, 1990.
Anne Grynberg, *Les Camps de la honte. Les internés juifs des camps français, 1939-1944*, La Découverte, 1991.
Éric Conon, *Sans oublier les enfants. Les camps de Pithiviers et de Beaune-la-Rolande, 19 juillet-16 septembre 1942*, Grasset, 1991.
Maurice Rajsfus, *Drancy. Un camp de concentration très ordinaire 1941-1944*, Manya, 1991.
Annette Muller, *La Petite Fille du Vél' d'Hiv'*, Denoël, 1991.
Blanche Finger et William Karel, *Opération « Vent printanier ». 16-17 juillet 1942. La rafle du Vél' d'Hiv'*, La Découverte, 1992.
« Voyage de la Mémoire en France. Paris, Drancy, Pithiviers, Beaune-la-Rolande », *Cahier du judaïsme laïc*, n° 1, février 1992.
Christian Oppetit, *Marseille, Vichy et les nazis, le temps des rafles. La déportation des Juifs*, Amicale des déportés d'Auschwitz et des camps de Haute-Silésie, Marseille, 1993.
Monique Lise-Cohen et Éric Malo, *Les Camps du sud-ouest de la France, 1939-1944. Exclusion, internement et déportation*, Privat, Toulouse, 1994.

La République (bis), de la colonisation à la décolonisation

• **Métropole**
Raoul Girardet, *L'Idée coloniale en France, de 1871 à 1962*, La Table ronde, 1972.
Claude Liauzu, *Aux origines des*

tiers-mondistes. *Colonisés et anticolonialistes en France (1919-1939)*, L'Harmattan, 1982.

Jean-Pierre Biondi, *Les Anticolonialistes (1881-1962)*, Robert Laffont, 1992.

Jean Lacouture et Dominique Chagnollaud, *Le Désempire. Figures et thèmes de l'anticolonialisme*, Denoël, 1993.

• **Empire**

Victor Augagneur, *Erreurs et brutalités coloniales*, Montaigne, 1927.

Frantz Fanon, *Peau noire, masques blancs*, Le Seuil, 1952 ; *Les Damnés de la terre*, préface de J.-P. Sartre, Maspero, 1961 (censuré).

Albert Memmi, *Portrait du colonisé, précédé du Portrait du colonisateur*, Buchet Chastel, 1957.

Albert Spaggiari, *Faut pas rire avec les barbares : récit*, Robert Laffont, 1977.

Alain Ruscio, *La Décolonisation tragique (1945-1962). Une histoire de la décolonisation française*, Messidor, 1987.

• **Indochine**

Georges Garros, *Forceries humaines. L'Indochine litigieuse. Esquisse d'une entente franco-annamite*, André Delpeuch, 1926.

Andrée Viollis, *Indochinesos*, préface d'André Malraux, Gallimard, 1935.

P. Paret, *French Revolutionary Warfare from Indochina to Algeria*, Pall Mall Press, Londres, 1964.

Patrice Morlat, *La Répression coloniale au Viêt-nam (1908-1940)*, L'Harmattan, 1990.

Alain Ruscio, *La Guerre française d'Indochine (1945-1954)*, Complexe, 1992.

• **Nouvelle-Calédonie**

Edwy Plenel et Alain Rollat, *Mourir à Ouvéa*, La Découverte/*Le Monde*, 1988.

Jean-Paul Besset, *Le Dossier calédonien. Les enjeux de l'après-référendum*, La Découverte, 1988.

• **Afrique noire**

André Gide, *Voyage au Congo. Carnets de route*, Gallimard, 1927 ; *Retour du Tchad*, Gallimard, 1928.

Michel Leiris, *L'Afrique fantôme*, Gallimard, 1984.

Gaston Donnat, *Afin que nul n'oublie. L'itinéraire d'un anticolonialiste. Algérie-Cameroun-Afrique*, L'Harmattan, 1986.

Jean Suret-Canale, *Afrique noire, l'ère coloniale. 1900-1945*, Éditions sociales, 1962.

Christian Roche, *Conquête et résistance des peuples de Casamance (1850-1920)*, Nouvelles éditions africaines, 1976.

Jeanne-Marie Kanibou-Ferrand, *Peuples voltaïques et conquête coloniale. 1885-1914. Burkina-Faso*, L'Harmattan, 1993.

Yarisse Zoetizoum, *Histoire de la Centrafrique, tome 1 (1879-1959). Violence du développement,* domination et inégalités, L'Harmattan, 1983.

Bernard Doza, Liberté confisquée. Le complot franco-africain, BibliEurope, 1991.

Mongo Beti, La France contre l'Afrique. Retour au Cameroun, La Découverte, 1993.

• **Madagascar**

Pierre Stibbe, Justice pour les Malgaches, Le Seuil, 1952.

Jacques Tronchon, L'Insurrection malgache de 1947, Maspero, 1974.

• **Maghreb**

Louis Roubaud, Mograb, Grasset, 1934.

Robert Barrat, Justice pour le Maroc, préface de François Mauriac, Le Seuil, 1953.

Charles-André Julien, Une pensée anticoloniale. Positions. 1914-1979, Sindbad, 1979 ; Le Maroc face aux impérialismes. 1415-1956, Éditions Jeune Afrique, 1978 ; Et la Tunisie devint indépendante... 1950-1958, Éditions Jeune Afrique, 1985.

Bernard Violet, L'Affaire Ben Barka, Fayard, 1991.

Mostefa Lacheraf, « Psychologie d'une conquête », in Cahiers internationaux, 1956.

La guerre d'Algérie, de l'histoire à la mémoire

• **Sétif, 1945**

Redouane Aïnad Tabet, Le Mouvement du 8 mai dans le Nord-Constantinois, SNED, Alger, 1968.

Mahfoud Kaddache, Le 8 mai 1945, Éditions du Centenaire, 1975.

Charles-Robert Ageron, « Les troubles du Nord-Constantinois en mai 1945 : une tentative insurrectionnelle ? », in Vingtième Siècle, n° 4, octobre 1984, p. 23-38.

• **Faits**

Colette et Francis Jeanson, L'Algérie hors la loi, Le Seuil, 1955.

Germaine Tillion, L'Algérie en 1957, Éditions de Minuit, 1957.

Georges Arnaud et Jacques Vergès, Pour Djamila Bouhired, Éditions de Minuit, 1957.

Henri Alleg, La Question, Éditions de Minuit, 1957 (censuré).

Jean Dresch, Charles-André Julien, Henri Marrou, Alfred Sauvy, Pierre Stribbe, La Question algérienne, Éditions de Minuit, 1958.

B. Boumaza, M. Francis, B. Souami, A. Belhadj, M. Khebaïli, La Gangrène, Éditions de Minuit, 1959 (censuré).

Frantz Fanon, L'An V de la révolution algérienne, Maspero, 1959 (censuré).

Benoist Rey, Les Égorgeurs, Éditions de Minuit, 1961 (censuré).

Pierre Vidal-Naquet, L'Affaire Audin, Éditions de Minuit, 1958 (édition remaniée, 1989) ; La Raison d'État, Éditions de Minuit, 1962 ; La Torture dans la République, Éditions de Minuit, 1972 (rééd. La

Découverte, 1983) ; *Les Crimes de l'armée française*, Maspero, 1975 ; *Face à la raison d'État. Un historien dans la guerre d'Algérie*, La Découverte, 1989.

Jean-Luc Einaudi, *L'Affaire Fernand Iveton*, préface de P. Vidal-Naquet, L'Harmattan, 1986 ; *La Ferme Ameziane. Enquête sur un centre de torture pendant la guerre d'Algérie*, L'Harmattan, 1991.

Bernard W. Sigg, *Le Silence de la honte. Névroses de la guerre d'Algérie*, Éditions sociales, 1989. Voir aussi les revues d'époque (*Les Temps modernes, Esprit...*), les hebdomadaires (*France-Observateur, L'Express, Témoignage chrétien...*), les feuilles d'information (*Témoignages et documents, Vérité-Liberté...*) et les archives militaires.

• **Réceptions et mémoires**
Jean-Pierre Rioux (éd.), *La Guerre d'Algérie et les Français*, Fayard, 1990.
Jean-Pierre Rioux et Jean-François Sirinelli (éd.), *La Guerre d'Algérie et les intellectuels français*, Complexe, 1991.
Hervé Hamon et Patrick Rotman, *Les Porteurs de valises. La résistance française à la guerre d'Algérie*, Albin Michel, 1979.
Benjamin Stora, *La Gangrène et l'Oubli. La mémoire de la guerre d'Algérie*, La Découverte, 1991.
Gilles Manceron et Hassan Remaoun, *D'une rive à l'autre : la guerre d'Algérie, de la mémoire à l'histoire*, Syros, 1993.

L'ordre républicain, de la répression à la « bavure »

• **Répressions sociales et politiques**
Société d'histoire de la révolution de 1848, *Maintien de l'ordre et polices en France et en Europe au XIXe siècle*, colloque 1983, Créaphis, 1987 ; *Répression et prison politiques en France et en Europe au XIXe siècle*, colloque 1986, Créaphis, 1990.
Georges Carrot, *Le Maintien de l'ordre en France au XXe siècle*, Henri Veyrier, 1990.
Jean-Claude Vimont, *La Prison politique en france*, Anthropos-Economica, 1993.
Robert Badinter, *La Prison républicaine*, Fayard, 1992.
Jacques Rougerie, *Procès des Communards*, « Archives », Gallimard/Julliard, 1978.
Michel Devèze, *Cayenne. Déportés et bagnards*, « Archives », Julliard, 1965.
Jacques Julliard, *Clemenceau, briseur de grèves. L'affaire de Draveil-Villeneuve-Saint-Georges*, « Archives », Julliard, 1965.
UNEF-SNE. Sup., *Le Livre noir des journées de mai*, Le Seuil, 1968.

• **Fusillés pour l'exemple**
Roger Monclin, *Les Damnés de la guerre*, 1935 (rééd. Union pacifiste, 1978).

Joseph Jolinon, *Les Mutineries de mai-juin 1917*, Éditions de la Patrie humaine, 1938.
Guy Pedroncini, *Les Mutineries de 1917*, PUF, 1967.

• **17 octobre 1961**
Paulette Péju, *Ratonnades à Paris*, Maspero, 1961 (censuré).
Michel Levine, *Les Ratonnades d'octobre. Un meurtre collectif à Paris en 1961*, Ramsay, 1985.
Jean-Luc Einaudi, *La Bataille de Paris. 17 octobre 1961*, Le Seuil, 1991.
Anne Tristan, *Le Silence du fleuve. Octobre 1961*, Au nom de la mémoire/Syros, 1991.

• **Faits divers**
Denis Langlois, *Dossiers noirs de la police française*, Le Seuil, 1971.
Michel Levine, *Affaires non classées. Enquêtes et dossiers de la Ligue des Droits de l'Homme*, Fayard, 1973.
Jean-Michel Belorgey, *La Police au rapport*, PUF/LDH, 1991. « L'État assassine, meurtres racistes et sécuritaires », *Réflexes*, 1992.

Quelques romans

Jules Roy, *Le Tonnerre et les Anges*, Grasset, 1975.
Jean-François Rolland, *Le Grand Capitaine : un aventurier inconnu de l'épopée coloniale*, Grasset, 1976.
Didier Daeninckx, *Meurtres pour mémoire*, Gallimard/Folio, 1984 ; *Le Der des ders*, Gallimard/Série noire, 1984.

Nacer Kettane, *Le Sourire de Brahim*, Denoël, 1985.
Jacques Syreigol, *Un mort dans le Djebel*, Gallimard, 1990.
Azzedine Bounemeur, *Cette guerre qui ne dit pas son nom*, L'Harmattan, 1993.

Quelques documentaires sur Vichy et la guerre d'Algérie

Paul Carpita, *Rendez-vous des quais*, 1955 (censuré).
René Vautier, *Algérie en flammes*, 1957 (censuré).
Jacques Panijel, *Octobre à Paris*, 1962 (censuré).
Marcel Ophüls, *Le Chagrin et la Pitié*, 1971 (non diffusé à la télévision avant 1981).
Yves Courrière et Philippe Monnier, *La Guerre d'Algérie*, 1972.
André Harris et Alain de Sédouy, *Français, si vous saviez*, 1972-1973.
Jean Kanapa, *La République est morte à Diên Biên Phu*, 1974.
André Halimi, *Chantons sous l'Occupation*, 1976.
Bernard Mangiante, *Les Camps du silence*, 1990.
Peter Batty, *La Guerre d'Algérie*, 1984.
P. Alfonsi, B. Favre, P. Pesnot et B. Stora, *Les Années algériennes*, 1992.
Bertrand Tavernier et Patrick Rotman, *La Guerre sans nom*, 1992.
Agnès Denis et M. Lallaoui, *Le Silence du fleuve*, 1992.

Blanche Finger et William Karel, *Vent printanier*, 1992.

Quelques films de fiction autour de Vichy et de la guerre d'Algérie

Stanley Kubrick, *Les Sentiers de la gloire*, 1957.

Alain Resnais, *Hiroshima mon amour*, 1959.

Jean-Luc Godard, *Le Petit Soldat*, 1959 (censuré).

Jacques Doniol-Valcroze, *La Dénonciation*, 1962.

Alain Resnais, *Muriel ou le Temps d'un retour*, 1963.

Robert Enrico, *La Belle Vie*, 1963.

Gillo Pontecorvo, *La Bataille d'Alger*, 1966 (censuré).

René Vautier, *Avoir vingt ans dans les Aurès*, 1971.

Yves Boissset, *R.A.S.*, 1973.

Louis Malle, *Lacombe Lucien*, 1974.

Michel Mitrani, *Les Guichets du Louvre*, 1974.

Joseph Losey, *Monsieur Klein*, 1976.

Laurent Heynemann, *La Question*, 1977.

Gérard Mordillat, *Cher frangin*, 1989.

Serge Moati, *Des feux mal éteints*, 1994.

Biographie des auteurs

François Bédarida

Directeur de recherche au CNRS, a présidé l'Institut d'histoire du temps présent (IHTP) de sa fondation à 1990. A dirigé, avec Jean-Pierre Azéma, *Vichy et les Français* (Fayard, 1992).

Miguel Benasayag

Psychanalyste et philosophe, a notamment écrit *Utopie et Liberté* (La Découverte, 1986), et, en collaboration avec Édith Charlton, *Cette douce certitude du pire* (La Découverte, 1991). Dernier ouvrage paru : *Penser la Liberté. La décision, le hasard et la situation* (La Découverte, 1994).

Alain Brossat

Chercheur, enseigne la philosophie à Paris VIII. A écrit *Le Stalinisme entre histoire et mémoire* (Éditions de l'Aube, 1991), et dirigé *Ozerlag, 1937-1964* (Autrement, 1991).

Suzanne Citron

Professeur agrégée, a enseigné l'histoire en lycée et à l'université de Paris XIII. A publié *Le Mythe national* (Les Éditions ouvrières/EDI, 1987) et *L'Histoire de France autrement* (Les Éditions ouvrières/Éditions de l'atelier, 1992).

Sonia Combe

Chercheur, codirecteur de l'ouvrage *À l'Est, la mémoire retrouvée* (La Découverte, 1990).

Hélène Dupuy

Enseignante, agrégée de lettres. A publié « Terroirs et mémoires. Généalogie d'un mythe national » (*Espaces Temps*, n° 42, 1989), et « Le roi dans la patrie » (*AHRF*, avril-juin 1991).

Stéphane Gacon

Enseignant, agrégé d'histoire, prépare à l'université de Bourgogne une thèse sur l'amnistie.

François Garçon

Docteur en histoire. Directeur de la société *Films Garantie Finance*, chargé d'enseignement à l'École polytechnique. Réalisateur de films historiques, auteur de *Cinéma et Histoire, autour de Marc Ferro* (CinémAction, 1992) et *Gaumont, a Century of French Cinema* (Éditions Harry Abrams, New York, 1994).

Alfred Grosser

Professeur à l'Institut d'études politiques de Paris, spécialiste de l'Allemagne. A notamment écrit *Le Crime et la Mémoire* (Flammarion, 1989).

Anne Grynberg

Docteur ès lettres, maître de conférences à l'Institut national des langues et civilisations orientales (INALCO). A publié *Les Camps de la honte. Les internés juifs des camps français, 1939-1944* (La Découverte, 1991).

Michael Jeismann

Docteur ès lettres. Assistant du professeur Reinhart Kosselleck. Rédacteur au *Frankfurter Allgemeine Zeitung*. A publié autour de la question des stéréotypes nationaux et du rapport franco-allemand.

Jean-Clément Martin

Professeur à l'université de Nantes, auteur de *La Vendée de la mémoire, 1800-1980* (Le Seuil, 1989), *La France en révolution* (Belin, 1990).

Dimitri Nicolaïdis

Enseignant. A publié « Penser l'identité nationale » (*Les Temps modernes*, mars 1992), et *D'une Grèce à l'autre* (Les Belles Lettres, 1992).

Alain Ruscio

Docteur ès lettres, auteur de *La Décolonisation tragique (1945-1962). Une histoire de la décolonisation française* (Messidor, 1987), et de *La Guerre française d'Indochine (1945-1954)* (Complexe, 1992).

Christophe Sabouret

Vit au Japon. Après avoir travaillé sur la censure dans les manuels scolaires au Japon, prépare actuellement une thèse de doctorat sur l'historiographie japonaise.

Benjamin Stora

Professeur à l'université de Paris VIII. Auteur de *La Gangrène et l'Oubli. La mémoire de la guerre d'Algérie* (La Découverte, 1991), *Ils venaient d'Algérie. L'immigration algérienne en France. 1912-1992* (Fayard, 1992), et de la série télévisée *Les Années algériennes*, diffusée sur Antenne 2 en 1992.

Pierre Vidal-Naquet

Directeur d'études à l'École des hautes études en sciences sociales, et directeur du Centre Louis Gernet. Auteur de nombreux ouvrages sur la Grèce ancienne et sur l'histoire contemporaine. A notamment publié *Les Assassins de la mémoire* (La Découverte, 1987), *Face à la raison d'État. Un historien dans la guerre d'Algérie* (La Découverte, 1989). Dernier ouvrage paru : *Le Trait empoisonné. Réflexions sur l'affaire Jean Moulin* (La Découverte, 1993).

Table des matières

L'histoire de France est ponctuée de trous noirs, de crimes oubliés, commis pourtant au nom de la nation. Les sociétés ont la mémoire sélective et entretiennent les obsessions autant que les refoulements. Nous nous souvenons de la violence subie, mais qu'en est-il des actes commis en notre nom ? Des plantations d'Afrique aux bleds d'Algérie, en passant par les camps français de Vichy et d'avant, que reste-t-il de ces cicatrices mal refermées puisque jamais officiellement ouvertes ? Voyage dans la mémoire collective des Français...

Comment une vision idéalisée de la colonisation, débarrassée du génocide calédonien ou de

l'esclavagisme moderne – tardivement dénoncé
par Gide – et ne gardant que les « bienfaits de
la civilisation », a permis, lors des luttes pour
l'indépendance, de torturer des Algériens ou de
massacrer en toute légitimité des Malgaches par
dizaines de milliers.

43. Les camps français, des non-lieux de mémoire
Anne Grynberg

Les camps d'internement français ont existé,
dès la Première Guerre mondiale. Sous la
IIIᵉ République agonisante, ils ont de nouveau
accueilli des étrangers, républicains espagnols et
antinazis bientôt livrés à Hitler par Vichy, avant
que les Juifs n'attendent là les prochains convois
pour Auschwitz. Mais l'herbe recouvre vite les
barbelés...

60. Le cinéma écran
François Garçon

Le cinéma suggère que le crime ne paie pas,
que l'État assimilé au droit en triomphe toujours.
Parfois, il lui arrive aussi de retourner la caméra,
d'enquêter sur les crimes que l'autorité publique
commet au nom de la nation. Avec environ dix
mille films produits en un siècle, dans quelle
mesure les cinéastes français ont-ils instruit le
procès de l'État, comment ont-ils conçu leurs
réquisitoires ou leurs plaidoiries ?

72. Bleus – Blancs = rouge
Jean-Clément Martin

En France, la violence révolutionnaire est
paradigmatique : la guillotine ou les « noyades »
de Nantes, les cadavres de Marat ou du petit Bara,

les massacres des Bleus par les Blancs et des Blancs par les Bleus... toute une mythologie s'est mise en place dès la Révolution, dans chaque camp et pour longtemps. Mutisme d'une mémoire frappée d'hypermnésie...

85. 2. Amnistie.
Les contraintes de la mémoire officielle

À travers les monuments, les musées et les commémorations, à travers surtout les livres d'école et le service public, à travers encore la télévision, les éditions et la presse à grand tirage se tisse un discours officiel sur le passé de la France, ses origines et ses épisodes les plus marquants. Ce récit fait partie du sens commun, cimente la communauté nationale, offre une image à laquelle les Français s'identifient. On comprend que dans ces conditions il ait été difficile de déceler chez eux de la mauvaise conscience ; car le discours officiel, celui des agents de l'État comme des médias ou des instances morales, a joué un rôle fondamental dans le conditionnement des esprits. « Du passé, faisons table rase ! »

86. L'oubli institutionnel
Stéphane Gacon

L'amnistie est en France un acte politique traditionnel, caractéristique de la logique unitaire au fondement de la nation. De la Commune à la Nouvelle-Calédonie, en passant par Dreyfus, Vichy ou l'Algérie, la nécessité d'éviter les ruptures, de gommer les aspérités s'est à chaque fois imposée.

167. Lointain goulag
Alain Brossat

En Russie, comme en Bulgarie ou en Albanie, la redéfinition d'une identité nationale passe aujourd'hui par le rejet du communisme. Mais les crimes staliniens, loin de constituer un exutoire pour toute la société, passent à la trappe en même temps que les criminels. Mémoire d'Auschwitz à l'Ouest et oubli de la Kolyma à l'Est dessinent chacun à leur manière deux configurations mémorielles ambiguës.

185. 4. Remémoration.
La mémoire savante à l'œuvre

La France change, vit à l'heure des particularismes, abandonne ses oripeaux tricolores. En contrepartie la société se libéralise, la « génération morale » exige la vérité. Devant cette nouvelle demande, les intermédiaires culturels, historiens en tête, répondent présent. Ils dévoilent pièce par pièce les zones d'ombre de notre histoire et trouvent désormais des citoyens prêts à les écouter. Mais cette inflation de la parole comporte ses risques et ses dérapages. La responsabilité de nos intellectuels est grande ; elle demande notre vigilance.

186. La morale de l'histoire
Table ronde avec François Bédarida, Alfred Grosser et Pierre Vidal-Naquet

Peut-on parler d'une spécificité française dans le rapport que les Français entretiennent à leur passé ? Est-ce que l'inflation d'informations à laquelle nous assistons depuis une vingtaine d'années contribue à éclairer un passé enfin démythifié, ou au contraire l'obscurcit ? Quels sont le rôle et la responsabilité des historiens, en amont comme en aval, depuis que s'accélère le processus de dévoilement ?

203. Cicatriser l'Algérie
Entretien avec Benjamin Stora

Comment transmettre le fruit d'un travail scientifique sans diluer ou figer l'événement ? Comment passer d'une didactique de l'écrit à une pédagogie de l'audiovisuel ? Sujet chaud par excellence, propice à tous les malentendus, l'Algérie entremêle le passé et le présent, l'histoire et la mémoire. Comment dire le dérapage quotidien quand celui-ci revêt le masque de l'universalisme républicain ?

218. À qui profite le crime ?
Miguel Benasayag

À ceux qui, en toute irresponsabilité, se figent dans une position immuable qui les conduit à répéter inlassablement les certitudes d'hier. Car le refoulement, au lieu de nous éloigner de l'acte refoulé, rend celui-ci éternellement actuel. L'être libre, quant à lui, ne se conçoit qu'en devenir, prend le risque de l'indiscernable, et découvre, en nommant le crime passé, ce qui fonde sa liberté présente.

228. À l'heure du consensus
Alain Brossat

Désormais, il existe un « devoir de mémoire ». Conscients de la nature irréductible d'Auschwitz, professeurs et hommes publics sanctifient le souvenir du désastre, élaborent, dans les écoles ou les musées, une mémoire institutionnelle suffisante à elle-même qui délégitime sans appel toute tentative de rapprocher le présent du passé. Sous le signe du nouveau consensus, on braque les projecteurs sur un passé dévitalisé, pour mieux laisser dans l'ombre les taches les plus actuelles.

Éditions Autrement

Abonnements au 1er janvier 2002 : la collection « Mémoires », est vendue à l'unité ou par
abonnement (France : 75 € ; étranger : 91 €) de 5 titres par an.
L'abonnement peut être souscrit auprès de votre libraire ou directement
à Autrement, Service abonnements, 77, rue du Faubourg-Saint-Antoine, 75011 Paris. Établir votre
paiement (chèque bancaire ou postal, mandat-lettre) à l'ordre
de NEXSO (CCP Paris 1-198-50-C). Le montant de l'abonnement doit être joint
à la commande. Veuillez prévoir un délai d'un mois pour l'installation
de votre abonnement, plus le délai d'acheminement normal.
Pour tout changement d'adresse, veuillez nous prévenir avant le 15 du mois
et nous joindre votre dernière étiquette d'envoi. Un nouvel abonnement débute avec le
numéro du mois en cours. Vente en librairie exclusivement.
Diffusion : Éditions du Seuil.

Achevé d'imprimer en septembre 2002 chez Corlet Imp. S.A., 14110 Condé-sur-Noireau, France.
N° 60408. Dépôt légal : 3e trimestre 2002. ISSN : 1157-4488. ISBN : 2-7467-0283-5.
Imprimé en France.